本书

获得福建省社科基地厦门大学中国特色社会主义
研究中心重大课题"全面深化改革背景下的
农村综合改革研究"（项目编号：FJ2015JDZ004）和
厦门大学"中央高校基本科研业务费"专项资金项目
"'五位一体'战略布局下的农村改革发展研究"
（项目编号：20720161092）的资助

国家社科基金重大项目"农村基本经营制度实施及
变革路径研究"（项目批准号14ZDA036）阶段性研究成果

福建省社会科学研究基地
厦门大学中国特色社会主义研究中心

厦门大学中国特色社会主义研究中心丛书 / 贺东航 主编

农业治理转型与
土地流转模式绩效分析

朱冬亮◎著

中国社会科学出版社

图书在版编目(CIP)数据

农业治理转型与土地流转模式绩效分析／朱冬亮著．—北京：
中国社会科学出版社，2016.5
ISBN 978-7-5161-8259-8

Ⅰ.①农…　Ⅱ.①朱…　Ⅲ.①农村—土地流转—研究—
中国　Ⅳ.①F321.1

中国版本图书馆 CIP 数据核字(2016)第 116761 号

出　版　人	赵剑英
责任编辑	冯春凤
责任校对	张爱华
责任印制	张雪娇

出　　　版	中国社会科学出版社
社　　　址	北京鼓楼西大街甲 158 号
邮　　　编	100720
网　　　址	http://www.csspw.cn
发　行　部	010-84083685
门　市　部	010-84029450
经　　　销	新华书店及其他书店

印　　　刷	北京君升印刷有限公司
装　　　订	廊坊市广阳区广增装订厂
版　　　次	2016 年 5 月第 1 版
印　　　次	2016 年 5 月第 1 次印刷

开　　　本	710×1000　1/16
印　　　张	19
插　　　页	2
字　　　数	308 千字
定　　　价	69.00 元

凡购买中国社会科学出版社图书,如有质量问题请与本社营销中心联系调换
电话:010-84083683

前　言

　　"三农"问题始终是中国农村社会发展的核心议题，也是中国现代化建设和发展的关键核心议题之一。"三农"问题的核心是农村土地问题，土地问题则是中国农村基本经营制度的核心问题所在。本书要讨论的专题是农村土地流转问题，这是当前农村土地制度变革和实践中的主要核心议题之一，自然也是农村基本经营制度实施和变革路径研究中需要探讨的关键问题之一。

　　作为农村土地制度变革和实践的基本呈现形式，土地流转不仅集中反映了当前农村土地利用的基本现状，反映了农民生活的方方面面，而且也从微观层次上反映了当前我国宏观城乡社会制度改革实践在农村基层社会所取得的具体进展和突破。因此，研究农村土地流转问题，必须站在一个更广的学术视野下进行。基于此，本研究将从农业治理转型角度，对当前的土地流转模式及绩效问题展开讨论和研究。

　　必须特别指出的是，本书是作者2014年至今主持的国家社科基金重大项目"农村基本经营制度实施及变革路径研究"（项目批准号14ZDA036）的阶段性研究成果，同时也是作者近十年来从事"三农"问题研究的一个重要阶段性成果体现。从这个角度上看，本研究实际上是奠基于此前作者承担的多个相关课题研究积累的基础上的。2006年，作者因入选"福建首届新世纪优秀人才支持计划"而获得专门资助开展农村集体林权制度改革研究，重点对福建、江西两省的农村集体林地制度变革进行了持续三年的研究。2009年，作者因主持国家社科基金规划项目"农村治理视角下的土地使用权流转模式及绩效评估研究：闽、赣、鄂、豫四省30村调查"（项目批准号：09BZZ022）而在全国多个省的数十个村庄开展土地问题调查研究，此书的相当部分内容是在该课题的积累上形成的。2010—2014 年，作者作为负责人与华中师范大学中国农村研究院贺东航教授[①]合作承担国家林业局委托的集体林权制度改革"百村跟踪观察"项目，累计到全国 25 个省（直辖市、自治区）的 150 多个县（市、区）的近 200 个村庄展开关于农村集体林权制度改革实践的实地调查，搜集了数百万字有关集体林地制度改革的各类一手研究文献。所有这些研究历程，都是本研究的不可或缺的前期积累。就这个意义而言，本研究很难完全说是作者主持的国家社科基金重大项目"农村基本经营制度实施及变革路径研究"的阶段性研究成果。但作者要特别强调说明的是，正是因为有了前期的丰富的研究积累，才有可能申请并承担这项国家社科基金重大项目课题。基于这点，作者仍然有所牵强地把本书归属于"农村基本经营制度实施及变革路径研究"这项国家重大社科基金项目课题的阶段性研究成果之一。

作为本研究课题项目的首席专家，作者要借此机会，特别感谢厦门大学马克思主义学院贺东航教授、厦门大学经济学院陈永志教授、上海大学社会学系张佩国教授、福建师范大学经济学院林卿教授等子课题负责人对本课题研究计划拟订、课题项目实施的辛勤付出。他们的热情加盟对于推进本课题项目进展发挥了至关重要的作用。同时，作者还要感谢本课题项目开题报告会上专家评议组成员国家林业局农村林业改革发展司刘拓司长和齐联处长，华中科技大学农村治理研究中心主任贺雪峰教授、中国人民大学人口与社会学院陆益龙教授、福州大学社会学系甘满堂教授、国家林业局高级工程师及《林业经济》期刊社许勤副社长、厦门大学人文学院徐梦秋教授、公共管理系高和荣教授、经济学院郭其友教授等专家学者对课题项目实施所提出的宝贵的修改意见和建议。另外，作者还要对厦门大学社科处领导对本项目申请及开题报告会所提供的指导和支持表示真诚的谢意。

与此同时，作者还要借此机会感谢自己指导的博士生和硕士研究生们。在过去的近十年中，肖佳、王威、张梅、高杨、李金宇、崔云霞、江金娟、蔡惠花、黄增付、谢冰露、郭双凤、洪利华、王洪雷、朱婷婷、李艺宝、王美英等都参与了本课题或者前期课题的田野调查和资料整理研

---

① 贺东航教授 2014 年调到厦门大学马克思主义学院任教，成为作者的同事。

究。他们随同作者一道利用寒暑假时间，冒着严寒酷暑，深入农村，走进田野，走村串户，开展田野调查研究。他们还认真参与调查资料的整理和数据的分析，为本课题研究顺利实施付出了辛苦的劳动。在此过程中，他们也增长了自己的学识和才干。另外，我还要特别感谢杭州师范大学钱江学院社会工作系的邱幼云博士，她作为作者的学生，参与了对浙江和江西部分田野点的调查。特别需要指出的是，高杨博士还参与本书第六章内容资料的整理研究。

土地流转模式及绩效评估涉及农村政治、经济、社会、文化乃至生态因素。如何才能全面客观地评估土地流转模式及绩效，始终是一个复杂的议题。作为一项学理性的研究，本研究的不足和缺陷在所难免。我们衷心希望广大读者对本研究提出中肯的批评意见，这样有利于我们更好地继续推进和完善本课题项目研究，并进一步推动中国农村基本经营制度改革顺利实施。

目　录

第一章 导 论[①]

一 研究背景与研究意义

"三农"问题始终是我国社会发展问题的重中之重，而土地制度则是"三农"问题之基础，是农村基本经营制度的核心所在。我国每一次重大的农村基本经营制度变革，都直接与农村土地制度的变革息息相关。土地制度变革始终是我国社会中牵一发而动全身的关键问题。按照十七届三中全会和十八届三中全会表述，我国现行农村基本经营制度的核心内容主要包括三个层面：(1)坚持土地（包括集体所有的耕地、林地、草地）集体所有，实行家庭承包经营为基础、统分结合的双层经营体制；(2)赋予农民更加充分而有保障的土地承包经营权，现有土地承包关系要保持稳定并长久不变；(3)推进农业经营体制机制创新，建立现代农业经营体系。在坚持和完善最严格的耕地保护制度前提下，赋予农民对承包地占有、使用、收益、流转及承包经营权抵押、担保权能，允许农民以承包经营权入股发展农业产业化经营，发展多种形式规模经营。这三个层面中，第一、第二个层面是前提，而第三个层面才是农村基本经营制度实施的最终目标。而要实现这个目标，推进土地流转是主要实践路径。由此可以看出，土地流转是当前整个农村基本经营制度实施中的重中之重。本研究将要探讨的主题是农村治理转型视角下的土地流转模式及绩效评估问题。

土地流转问题一直是我国"三农"学界关注和争论的焦点所在，相

① 本研究系国家社科基金重大项目"农村基本经营制度实施及变革路径研究"（项目批准号14ZDA036）的阶段性研究成果之一，同时也是在课题负责人主持的国家社科基金规划项目"农村治理视角下的土地使用权流转模式及绩效评估研究：闽、赣、鄂、豫4省30村调查"（项目批准号：09BZZ022）的前期研究成果基础上完成的一个阶段性研究成果。

关的研究可谓汗牛充栋。农村土地流转及绩效评估研究涉及经济学、政治学、社会学、法学等众多学科领域（刘守英，1994；周其仁，1994、2002；陈锡文，1998；陈锡文、韩俊，2002；贾生华等，2003；等），具体研究领域则包括土地产权改革、土地流转模式及发展概况、土地流转绩效评估等几个关键议题。

改革开放至今，围绕农村土地制度变革核心，我国农村基本经营制度大致经历了三个发展阶段：第一个阶段是从 20 世纪 80 年代前后至 90 年代中后期，实施第一轮家庭联产承包制（土地承包"15 年不变"）；第二个阶段则是从 90 年代中后期开始，实施第二轮土地延包制（土地延包"30 年不变"）。2003 年国家颁布施行《土地承包法》，重申了土地延包"30 年不变"政策；第三阶段则是以十七届三中全会所提出的"土地承包关系要保持稳定并长久不变"为标志，这一政策被解读为土地延包"30 年不变"之后将继续延包。十八届三中全会再次强调要"稳定农村土地承包关系并保持长久不变"。由此可以看出，农村土地家庭承包制度是我国的一项基本制度，将长期坚持并进一步完善。

不过，坚持土地家庭承包关系不变，并不意味着土地的承包权及经营使用权也不能变动。事实上，十八届三中全会通过的《中共中央关于全面深化改革若干重大问题的决定》（以下简称《决定》）对我国未来的农村土地制度变革作出了新的顶层设计。《决定》强调指出，在"坚持家庭经营在农业中的基础性地位"，稳定农村土地承包关系并保持长久不变，及坚持和完善最严格的耕地保护制度前提下，可以"赋予农民对承包地占有、使用、收益、流转及承包经营权抵押、担保权能，允许农民以承包经营权入股发展农业产业化经营。鼓励承包经营权在公开市场上向专业大户、家庭农场、农民合作社、农业企业流转，发展多种形式规模经营。"《决定》试图搞活农村土地承包权及经营使用权的流转，并"赋予农民更多的财产权利"。这种改革愿景将对农村土地产权配置、土地流转乃至农村基本经营制度产生深远的影响。

按照我国现行的土地制度设计，农村土地所有权属于村集体所有，农户拥有的只是土地的承包使用权。这种双层经营体制一直是我国农村土地制度的基本特征。目前，能够进行市场化流转的只是土地的承包权及经营使用权。有学者指出，土地流转的含义是指拥有土地承包经营权的农户将土地经营使用权转让给其他农户或经济组织，即保留承包权，转让使用权（郑景骥、葛云伦，2006：58）。实际上，自十七届三中全会《决定》规定土地承包权"长久不变"以来，我国的农村基本经营制度在制度设计和实施层面上已经从过去的所有权与承包经营权"两权分离"发展到现在的所有权、承包权和经营（使用）权"三权分离"。鉴于此，当前的正式的土地流转实践实际上包括承包权和经营使用权流转两个层面。为了便于表述，本研究把土地承包权、土地经营使用权两个层面的产权流转统称为土地流转。不过，考虑到实践中还有一些诸如土地私下"买卖"等非正式流转形式存在，本研究将把这类土地流转纳入研究范围。同时，本研究也将对土地征用、土地调整等现象纳入土地流转范畴一并加以讨论。另有一点，从广义的角度看，农村土地包括耕地、林地、草地、池荡等，但在本研究中，除非特别说明，一般的土地仅指耕地，不包括林地等。

实际上，我国土地流转和农民外出务工几乎是同步发生的。20世纪80年代实施的土地家庭联产承包制改革，不仅使农民获得了土地的承包经营使用权，同时也使他们逐步获得了离开土地、离开乡土社会的自由。因此，从20世纪80年代中后期开始，随着土地承包制改革潜能的逐步释放，从事农业经营的比较收益也开始逐步下降，由此构成促使农民离开农村外出谋生的"推力"因素。与此同时，城市经济的快速发展，需要大量的低层次劳动力，成为吸引农民到城里务工的"拉力"因素。这两种相互作用的"推拉力"因素共同引发了全球范围内最大的"民工潮"现象。[①] 而与此现象相伴生的，就是从事农业劳动力的数量下降和农村土地经营权的流转。

随着我国农村外出务工经商的农民工越来越多，农民内部的分层和分

---

① 国内外学术界关于人口移民的研究，被引用的最多的是"推—拉力的理论"（push - pull theory）。最早提出这一理论的是巴格内（D. I. Bagne）。他认为，人口流动的目的是为了改善生活条件，这样，流入地的那些使移民改善生活条件的因素就成为拉力（pull - factor），而流入地的那些不利于实现这个目的的社会经济因素就成为推力（pull - factor）。在巴格内研究之后，很多学者如迈德尔（G. Mgrdal）、索瓦尼（Sovani）、布朗（Brown）等都对此作过研究。现代的推—拉力理论则除了强调经济因素外，也突出社会文化因素，有的人参与流动是为了获得更好的生活条件，更好的教育和居住环境，文化设施和交通条件。对于参与流动的农民来说，作出是否外出的选择之前，他们会从综合的社会—经济—文化的多元角度来权衡，最终的结果取决于这几个方面的"合力"性质的推—拉力因素（参见李强，1996；宋林飞，1996；"中国农村劳动力流动"课题组，1997；等）。

化会愈加明显，土地流转也变得越来越频繁。参与土地流转的农户、业主以及流转的土地面积也相应增加。因此，如何引导土地走向有序规范流转，就理应成为国家和地方政府土地管理中的应有之义。2003年3月1日实施的《农村土地承包法》率先使用了土地承包经营权流转的概念。这部法律还用专门章节规定了土地承包经营权的流转问题，在立法上确立了农村土地承包经营权流转的法定方式。2005年，农业部制定《农村土地承包经营权管理办法》，对土地流转的方式、管理等进行了更为详细的规定。2007年，《物权法》实施，从法律上确定了土地承包经营权的流转。十七届三中全会通过的《中共中央关于推进农村改革发展若干重大问题的决定》指出，在坚持"不得改变土地集体所有性质，不得改变土地用途，不得损害农民土地承包权益"等"三不原则"的前提下，要"加强土地承包经营权流转管理和服务，建立健全土地承包经营权流转市场，按照依法自愿有偿原则，允许农民以转包、出租、互换、转让、股份合作等形式流转土地承包经营权，发展多种形式的适度规模经营。有条件的地方可以发展专业大户、家庭农场、农民专业合作社等规模经营主体。"《决定》为提高我国农村土地的集约化经营水平、发展现代农业提供了强有力的政策支撑。

当前，适度加快土地流转对于提高土地资源利用率、有效配置资源、加快农村富余劳动力有序流动、推动现代农业产业建设新进程将起到积极的促进作用，这点似乎已经成为社会各界的共识（陈锡文，2013）。不过，如果进一步思考，可以发现土地流转是一个牵涉面非常广的议题。正如我们在后文中将要讨论的，土地流转问题在我国既是一个经济问题，也是一个社会、政治甚至是生态问题。妥善处理好这个问题，不仅关系到农民的切身利益，也关系到国家的粮食战略安全及社会的稳定，乃至关系整个社会的可持续发展。就当前社会发展形势来看，要不要促进土地流转？如何才能促进土地规范有序、有组织可持续地流转？如何在提高土地流转效益的同时防止农民失去土地？各级政府在土地流转中究竟应该扮演什么角色？等等诸如此类的议题，都是很有争议却又必须研究面对的议题。

为了尽可能对当前我国农村土地流转状况有个客观准确的认知，必须从不同区域、不同角度调查了解和评估当前土地流转的现状。本研究的目的就是侧重从农业治理和村级土地制度实施角度探讨农村土地流转的现状，并给农民自身以表达权，体现农民在土地流转中的产权主体地位。本研究课题组通过详细的田野调查，获得一手研究数据和研究信息，在此基础上分析当前农村正在呈现的各类土地流转模式，并对其实施绩效进行评估和对比。在此基础上，再与国家现行的土地流转政策进行对话，并提出针对性的政策建议。

二 土地流转概念界定及解析

研究土地流转模式的绩效评估，首先必须对土地产权、土地流转概念、土地流转模式及土地流转的发展概况及相关的研究进行大致的梳理和归纳，这是开展本研究的基础和前提。

（一）土地流转概念界定及土地流转模式

1. 土地流转政策界定及农业治理政策演变

虽然我国农村民间私下的土地流转早在 20 世纪 80 年代中后期就已经出现，但是国家法律层面对土地流转的引导和规范约束却相对较晚。直到进入 90 年代，国家才陆续出台了一系列的政策文件对此进行规范。1994 年 12 月 30 日，农业部《关于稳定和完善土地承包关系的意见》规定："在坚持土地集体所有和不改变土地农业用途的前提下，经发包方同意，允许承包方在承包期内，对承包标的，依法转包、转让、互换、入股，其合法权益受法律保护，但严禁擅自将耕地转为非耕地。"1999 年 1 月 1 日施行的《土地管理法》第 2 条规定："土地使用权可以依法转让。"2003 年 3 月 1 日颁布实施的《农村土地承包法》第 32 条则规定："通过家庭承包取得的土地承包经营权可以依法采取转包、出租、转让或者其他方式流转"，首次从法律上明确了土地使用权流转的具体形式，这也是官方机构经常采用的土地使用权流转分类模式。2007 年的《物权法》第 128 条重申："土地承包经营权人依照农村土地承包法的规定，有权将土地承包经营权采取转包、转让、互换等方式流转。"2005 年 3 月 1 日实施的农业部《农村土地承包经营权流转管理办法》则对土地使用权流转的转让、转包、互换、入股、出租五种具体形式进行了明确的界定。

党的十七届三中全会通过的《中共中央关于推进农村改革发展若干

重大问题的决定》再次强调指出，在加强土地承包经营权流转管理和服务，建立健全土地承包经营权流转市场的同时，"按照依法自愿有偿原则，允许农民以转包、出租、互换、转让、股份合作等形式流转土地承包经营权，发展多种形式的适度规模经营。"党的十八届三中全会通过的《中共中央关于全面深化改革若干重大问题的决定》（以下简称《决定》）则对我国未来的农村土地制度变革作出了新的顶层设计。《决定》强调指出，在稳定农村土地承包关系并保持长久不变及坚持和完善最严格的耕地保护制度前提下，可以"赋予农民对承包地占有、使用、收益、流转及承包经营权抵押、担保权能"，允许农民以承包经营权入股发展农业产业化经营。从这个政策条文表述中可以看出，农民的土地承包权、经营使用权包括占有、使用、收益、流转及抵押担保权，而且农户可以把承包权和经营使用权在市场上加以流转。《决定》试图进一步搞活农村土地经营使用权的流转，并"赋予农民更多的财产权利"，从而为进一步搞活土地经营使用权流转提供了新的政策实施依据。但这些新的政策设计都是政策意义上的解读，还有待于上升到国家正式法律的界定和认可。[①]

值得一提的是，2014 年 11 月底中央印发《关于引导农村土地经营权有序流转发展农业适度规模经营的意见》（以下简称《意见》）。和以往的政策文件相比，《意见》有几个明显的政策指导性创意：（1）明确提出要推进农村集体土地所有权、承包权、经营权"三权分置"改革实践；（2）积极探索新的集体土地流转经营方式，包括土地流转中可以实施"确权确股不确地"；（3）提出要确保流转土地用于农业生产，防止企业下乡引发"非农化"；（4）强调指出要重点扶持"两个相当于"：一是务农收入相当于当地二、三产业务工收入；二是鼓励土地经营规模相当于当地户均承包土地面积 10—15 倍的"适度规模经营"的土地流转机制。总体而言，从《意见》中可以看出，国家对土地流转的政策导向又有新的变化。

与土地流转政策界定相关的另一个关键问题是农业治理政策的演变与

---

① 最近几年，我国积极推进土地确权工作，其法律依据是 2007 年《物权法》，该法规定要确定建立物权登记制度原则。2008 年，国家提出要建立土地承包经营权登记制度。2011 年 5 月国土资源部、财政部、农业部发布《关于加快推进农村集体土地确权登记发证工作的通知》。2013 年，国家有关部门明确提出，用 5 年时间基本完成承包地确权登记颁证工作。事实上，农村集体林地的确权工作随着集体林权制度改革实施也已经基本完成。

转型。众所周知，以 2006 年全国推行农村税费改革为分水岭①，在此之前我国的农业治理政策总体上属于"汲取型"治理体制，凸显的是城市对农村的生产剥夺，在此之后，国家开始对农村采取"反哺型"治理体制，强调城市"反哺"农村。这一政策转向被认为是新中国成立至今继农村土地改革、农村土地家庭承包之后的第三次重大改革，也被称之为是减轻农民负担的治本之策。

2015 年 11 月 2 日，作为国家全面深化改革战略部署的重要组成部分，有关部门发布《深化农村改革综合性实施方案》（以下简称《方案》）。这标志着我国的农业治理体制开始朝向综合治理转型。《方案》强调我国农村综合改革的目标是围绕推进市场化改革和健全城乡发展一体化体制机制，明确提出要实现强农惠农利农目标，用财政资金撬动金融和社会资本投向"三农"领域，并强调财政补贴资金要向新型农业经营主体倾斜。具体而言，《方案》明确提出新时期农业综合改革的主要任务包括：（1）建立农业农村投入稳定增长机制。提出确保投入只增不减，用财政资金撬动金融和社会资本投向农业农村；（2）健全农业支持保护制度，完善农产品价格形成机制和农业补贴制度。一是强调农产品价格改革将"分品种施策、渐进式推进"，补贴资金向新型农业经营主体倾斜，不让种粮农民和主产区"吃亏"；二是开展农业补贴改革试点，将现行的"三项补贴"（农作物良种补贴、种粮直补、农资综合补贴）合并为"农业支持保护补贴"，优化补贴支持方向，突出耕地保护和粮食安全；三是保持与现有政策的衔接，调整部分存量资金和新增补贴资金向各类适度规模经营的新型农业经营主体倾斜。

为了推进农业综合改革工作，在 2011 年底农业部批准设立第一批 24 个农村改革试验区的基础上，2014 年农业部又在全国新批了 34 个县市作

① 2000 年 3 月，中共中央、国务院发布《关于进行农村税费改革试点工作的通知》，标志着我国农业治理政策的重大转型。该通知提出，农村税费改革试点的主要内容是："取消乡统筹费、农村教育集资等专门面向农民征收的行政事业性收费和政府性基金、集资；取消屠宰税；取消统一规定的劳动积累工和义务工；调整农业税和农业特产税政策；改革村提留征收使用办法。"之后 2001 年开始，国家按照试点先行的策略，逐步取消大部分农业税费。2005 年 12 月 29 日，第十届全国人民代表大会常务委员会第十九次会议通过决定：第一届全国人民代表大会常务委员会第九十六次会议于 1958 年 7 月 3 日通过的《中华人民共和国农业税条例》自 2006 年 1 月 1 日起废止，在中国延续了 2000 多年的农业税正式成为历史。

为第二批农村改革试验区。试验区的目的是尽快推进农业综合改革实施。另外，国家"十三五"规划纲要中则提出要整合已有的各项惠农政策，建立农业支持保护制度，提高农业补贴政策效能。国家农业治理政策转变与转型，无疑会对土地流转实践产生直接而深远的影响。

2. 土地流转模式

2005 年实施的农业部《农村土地承包经营权流转管理办法》把我国的土地流转分为转让、转包、出租、互换、股份合作五种模式，并对不同的流转的具体含义进行了较为明确的界定。但在实际操作中，不同地方的实践对这五种流转模式还是会呈现出不同的政策解读差异。

（1）转让模式。按照农业部《农村土地承包经营权流转管理办法》的规定，土地转让是指"承包方有稳定的非农职业或者有稳定的收入来源，经承包方申请和发包方同意，将部分或全部土地承包经营权让渡给其他从事农业生产经营的农户，由其履行相应土地承包合同的权利和义务。转让后原土地承包关系自行终止，原承包方承包期内的土地承包经营权部分或全部灭失"。在实际操作中，"转让"这种土地流转形式可能被误读是对土地承包经营权的"买卖"甚至是"土地买卖"。后文将呈现这类的案例。

（2）转包模式。农业部政策文本对此的界定"是指承包方将部分或全部土地承包经营权以一定期限转给同一集体经济组织的其他农户从事农业生产经营。转包后原土地承包关系不变，原承包方继续履行原土地承包合同规定的权利和义务。接包方按转包时约定的条件对转包方负责。承包方将土地交他人代耕不足一年的除外。"换言之，"转包"的意思是农村土地的承包方将土地委托给村委会或其他第三人，后者作为中介再流转给别人耕种，这点是它有别于土地"出租"的主要特征。

（3）出租模式。农业部政策文本把它界定为"是指承包方将部分或全部土地承包经营权以一定期限租赁给他人从事农业生产经营。出租后原土地承包关系不变，原承包方继续履行原土地承包合同规定的权利和义务。承租方按出租时约定的条件对承包方负责。"同时，承租方一次性或分期付给承包方租金的行为。和"转包"不同的是，租赁指承包方直接将土地流转给别人耕种，而没有假手其他组织或者个人。

（4）入股模式。这种模式在经济发达地区较为常见，农业部政策文本把它规定为"是指实行家庭承包方式的承包方之间为发展农业经济，将土地承包经营权作为股权，自愿联合从事农业合作生产经营；其他承包方式的承包方将土地承包经营权量化为股权，入股组成股份公司或者合作社等，从事农业生产经营"。一般而言，股份合作双方是联合经营从事农业综合开发，彼此共享权益，共担风险。

（5）互换模式。农业部政策文本规定为"是指承包方之间为方便耕作或者各自需要，对属于同一集体经济组织的承包地块进行交换，同时交换相应的土地承包经营权"。在实践中，这种流转模式并不多见。

以上这五种经营模式分类法也是地方政府常用的统计分类法，地方政府常以此来引导当地土地流转工作开展。不过，需要特别说明的是，无论是哪一种土地流转形式，都以不能变更土地的农业用途为前提。

实际上，从我国各地的土地流转实践来看，在早期的土地流转过程中，出租模式是最主要的一种形式，这种模式中涉及的土地产权权利交换比较简单且多半属于非正式流转，往往是农户个体之间的个私流转居多。到了后期，出租流转朝向长期化、规模化、正规化流转转变。而到了21世纪，特别是从十七届三中全会之后，土地流转的形式又出现了一些新的变化。特别是随着国家和地方政府对土地规模流转政策激励的加强，政府力量介入和干预土地流转的力度开始加大，效果也逐步显现。这一时期，转包和入股的比例开始迅速上升。可以说，这两种土地流转模式是规模化、市场化和规范化发展程度都更高的模式，参与流转的各方涉入的产权博弈和交换也更为复杂多样。至于转让和互换流转形式始终不是主流方式，在土地流转总数量中所占比例极少。

进入2010年之后，随着国家农业治理体系的改变，地方政府对土地流转的政策干预和介入的程度进一步提升，这不仅使得诸如土地入股之类的流转的比例快速上升，甚至出现了土地信托经营等更为复杂的土地流转形式。后文分析中我们将呈现出这类案例。

综合我国农村基本经营制度变迁路径，可以看出，以土地家庭承包制为基础，实行土地所有权、承包权、经营使用权统分结合的三层经营体制是我国农村基本经营的主要构成内容（以往更多是强调土地所有权和承包经营权双层经营体制）。而在土地制度实施过程中，产权实践及产权明晰问题始终居于核心地位。按照国家政策设计，我国农村基本经营制度实施及变革过程中必须始终遵循的基本原则是坚持和落实土地集体所有权，稳定和保障农户承包权，搞活放活土地经营权，因此，如何通过土地流转来搞活放活土地经营权，进而建立现代农业经营制度和增加农业产出，这点是考量和评价土地流转绩效的主要依据之一。图1—1展示的是土地制度实践在我国农村基本经营制度实施框架中所处的位置。

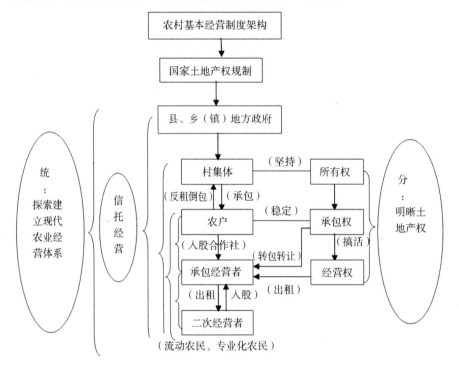

图1—1   土地制度实践与我国农村基本经营制度的基本框架

不过，正如我们后文将要探讨的，土地流转问题在我国是一个带有政治性、经济性、社会性和生态性等多重复合意义的关键问题，如何兼顾这四者之间的平衡关系，始终是土地流转实践过程及评价土地流转绩效必须慎重对待的关键环节。

（二）土地流转的学术层面的解析

1. 产权实践视角下的土地产权研究争论①

和官方的土地流转概念界定不同，学术界非常重视从土地产权实践层

---

① 这小节内容有小部分发表于拙作《村庄社区产权实践与重构——关于集体林权纠纷的一个分析框架》，《中国社会科学》2013年第11期。

面对土地流转展开研究，并视之为核心问题。产权明晰和产权稳定是所有学者对土地流转展开讨论的基石。经济学的产权研究普遍强调产权的清晰界定是市场化交易的前提，强调有效率的产权应是竞争性的或者排他性的（诺思，1994：14）。这点几乎成为所有产权研究者的参照假设。如产权经济学者阿尔钦（Alchian）和德姆塞茨（Demsetz，1973）就认为，土地产权的稳定性是土地所有者进行长期投资的关键。这些权利受到的限制越多，投资激励就越弱，相应的土地产权的稳定性就越低。例如，终身持有的产权在激励作用上不如可继承的土地产权，30 年土地使用期限比 10 年土地使用期限有更大的激励作用。国内学者张红宇、杨学成等也认为，土地产权越稳定，土地使用权流转的可能性也越大（张红宇，1998；杨学成、曾启，1995）。反之，如果土地调整频繁，土地就很难流转。

不过，在产权实践中，产权问题远比我们想象的要复杂得多。黄宗智（1986、1992）、费孝通（1986）、陈翰生（1984）、周其仁（1994）等学者都注意到，从古至今，我国各级政府无不是通过对土地的控制来获取利益。各方互相博弈的结果就是，一个原本完整的土地产权制度就被分割为所有权、使用权等不同的权能，不同的利益群体则通过控制其中的某个权能来施加自己的影响。即使时至今日，这种格局仍然没有发生大的改变。实际上，正如有学者指出的，从本质上看，农村土地流转本质上就是土地产权的流转。土地流转的实质是土地产权的商品化，只不过其价格并不完全由市场供需关系及价值规律决定，而更多的是受到社会价值的影响（张献、郭庆海，2012）。

以往国内学者立足于既有的集体土地产权实践，主要围绕两个核心问题展开讨论：第一，在集体土地所有制中，集体土地产权及承包人的权利是按照什么行为逻辑界定的？第二，当实行承包制后，集体土地产权又是如何明晰到个人？（曹正汉，2008）事实上，早期的研究都揭示了这样一个基本事实，即中国的土地产权的实践主体和规则充满模糊性，而这点对土地流转产生了明显的消极影响。正如周其仁所指出的："集体地权的包产到户制度，其内在矛盾的症结并不是承认了农户家庭生产和经营的合法性，而在于集体地权主体界限的模糊，缺乏明晰的排他性以及产权权能的不完整。"（周其仁，1994：725）魏世军也认为，农村土地所有权主体的模糊性和所有权本身的脆弱性以及农民土地使用权的模糊性，直接制约土地正常流转（魏世军，2005）。张军也指出，农村土地产权主体界定为"农民集体"是不清晰的，村民委员会和村民小组长更多成为乡镇政府的代理人，农村集体土地所有权和使用权的外部流转完全受到政府的控制，从而导致了农村土地流转供给主体的错位（张军，2007）。

从20世纪90年代末至今，学术界对土地产权的研究出现了一个新的转向，就是围绕土地产权的社区实践进行了一系列卓有成效的研究，他们关注的是土地承包权及经营使用权流转的具体实践规则的结构和重构，属于产权治理的范畴。在这方面，社会学界对土地产权实践的研究作出了独特的学术贡献。社会学者普遍认为，集体土地产权建构是一个不确定的过程。基于不同的案例文本分析经验，不同的社会学者提出了"集体成员权"（张乐天，1998；周其仁，1994；张佩国，2006）、"复合产权"、"关系产权"、"非正式产权"①、"习俗性产权"等诸多分析性的概念，并在学术上展开学科间的对话（朱冬亮，2013）。如张静在研究土地纠纷处理问题时特别突出强调权利和利益关系的重要性，指出土地经营使用权的界定并不是建立在稳定的法律制度之上，而是常常随着政治权力和利益集团的参与而不断变化，由此使得土地产权归属表现出极大的弹性。她认为，土地产权的界定是特定场景中强力博弈的结果（张静，2003）。持类似观点的还有熊万胜。通过对1867—2008年间"栗村"林地权纠纷史的研究，熊万胜发现，小农土地产权的不稳定与土地产权规则的不确定有关联。在村级实践中，能够参与土地产权规则界定的有法律裁定、政策决定、干部决定、集体意愿、习俗等力量，但这其中缺乏一种起主导作用的能够规制其他规则的力量。不同规则力量相互博弈所导致的结果是"（土地产权界定）规则只能成为主体利用和选择的对象，而不能约束主体"，而这点恰是土地产权稳定的必要条件（熊万胜，2009：2）。

总体而言，产权社会学对土地产权流转实践的研究归根结底都有一个共同的支撑点，就是强调集体土地产权实践是嵌入到村庄的政治—经济—社会—文化结构中的。然而，正如有的学者所担忧的，产权这个分析概念

---

① 倪志伟和苏思进认为，"非正式产权"是"嵌入于更为广泛的规范和习俗的框架之内的"，转引自折晓叶、陈婴婴：《产权怎样界定——一份集体产权私化的社会文本》，《社会学研究》2005年第4期，第26页。

及其建构逻辑是以市场化为前提的，在当前中国农村市场机制远没有建立健全的情况下，经济学的经典产权诠释范式是否真的适用于分析当前中国农村的土地产权建构形态，产权实践是否有更多的形式？① 要探讨这些问题，我们或许要突破已有的土地产权实践思维定式。

实际上，国外学术界产权的跨文化历时研究表明，产权的社区实践有着极为明显的地域差异性，而基于西方市场制度的产权形态只不过是现代产权实践的一种形式。在市场经济并不发达的广大发展中国家，它们的农村土地产权实践形式可能迥异于西方市场化国家。因此，如果贸然地按照西方的产权变革思维对发展中国家的土地产权设计进行改革，就可能出现所谓的"产权失灵"情形。Seabright 曾经指出，就具体的产权安排方面，全球范围内的产权形式大概可以分为开放式存取产权（open access property）、公共产权（common property）、国有产权（state property）和私有产权（private property）四种类型（Seabright，1993：113 - 134）。这四种产权制度大体上呈现"进化论"式的逐步演进状态。其中公共产权的产权主体包括部落、村庄、宗族或家族、用户委员会、自治区或地方政府。尽管我国土地产权变化的沿革有其自己的国情特点，我国现行的农村土地产权制度仍可大体视为公共产权类型。② 公共产权的基本设计是包括土地、林地在内的生产资料属于村庄社区共有，其实践机制与其他产权有很大区别。

国外的研究还显示，在发展中国家，"产权失灵"和"市场失灵"、"政府失灵"一样广受关注。一些研究者对传统的社区中解决公共土地资源问题的机制及其衰弱的原因进行了分析。Carney（1993：329 - 348）、Blaikie 和 Brookfield（1987）认为，传统社区中具有一套对包括土地在内的公共资源进行管理的复杂体系，其中，宗教、禁忌、乡土道德以及地方

---

① 如张小军就对经济学产权理论在解释非私有经济体制的解释效力方向提出疑问（张小军，2007）。

② 产权经济学家德姆塞茨引述人类学家对北美印第安人狩猎皮毛贸易的研究，认为是印第安人创造了产权的概念，把原本属于开放式存取的土地归属给不同的家庭和部落，进而建立了产权起源模型（详见 H. Demsetz，"Toward a Theory of Property Rights"，*The American Economic Review*，Vol. 57，No. 2，1967，pp. 347 - 359.）。本文引述希布莱特的产权进化论，只是为了凸显中国的农村产权实践必须与当前农村发展实际相符，并不是说我国的农村土地产权实践处于"落后"状态。

权威等都对土地问题的解决起到了促进的作用。Klooster 甚至认为正是因为传统社区的衰弱才导致哈丁所说的"公地灾难"① 模型的出现，真正的"公地灾难"根源在于现代化，后者破坏传统产权实践的规则，却无法建立有效的市场经济产权体制（Klooster，2000：1－20）。② 因此，很多学者告诫，如果政策制定者对当地社区的体制、文化、技术与自然环境缺乏充分了解而贸然干预当地社区产权实践，就有可能破坏社区的权威结构和治理机制（Rasmus Heltberg，2002：189－214），最终出现"产权失灵"的局面。

即使是从更宏观的角度看，在国际学术界，对于农村土地制度的研究可以说总体上是围绕"小农制"议题展开探讨，且不同学科学者也是观点各异。美国著名的农民学家 Shanin 指出：西方的小农研究（农民学）有特定的传统理论渊源，包括马克思的阶级理论，俄国乡村统计学派的代表人物恰亚诺夫的农场经济组织理论，人类学对农民的传统民族志研究（注重对第三世界国家农民的研究），以及从杜尔克姆、克罗伯（Kroeber）到雷德菲尔德（R. Redfield，1956）一脉相承的农民研究流派等（Shanin，1987）。黄宗智则把美国经济学家舒尔茨、波普金等人为代表的"理性的小农"学派也纳入到"农民学"研究的理论传统之一（黄宗智，1986：1－2）。此外，还有比较政治学者斯科特（J. Scott）提出的"道义小农"论（斯科特，1976）也颇受关注（沃尔夫，1983）。为了解释"小农"何以会有持久的生存力，不同学派的学者从不同的立场出发，提出各种不同的反思性见解。这些研究都表明，推进土地流转实践并没有统一的范式可循。即使是在发达国家，不同的国家之间的实践也有很大的差异（参见

---

① 哈丁（G. Hardin）于 1968 年在《科学》（Science）杂志上发表了著名的《公地灾难》（*The Tragedy of the Commons*）一文，抛出"公地悲剧"这个著名命题。哈丁认为，由于公共牧场、森林、渔场之类的公共资源不能清晰地界定其产权边界，由此导致的"搭便车"行为将过度消耗这类资源，最终引发"公地灾难"。而要避免出现这种局面，唯一的解决之道是将公共资源私有化，明晰其产权（Hardin，1968：1243－1248）。

② 不过，也有学者对社区产权实践中的自主性提出了质疑。例如，Biebrouck 就认为，在自然资源管理中，所谓的社区治理概念是创造出来的"神话"，原因在于，即使是在一个社区中，人们的利益、政治经济权力也很不相同（Biesbrouck, K., "New perspectives on forest dynamics and the myth of 'communities'：Reconsidering co-management of tropical rainforests in Cameroon", *IDS Bulletin - institute of Development Studies*, Vol. 33, No. 1, 2002）。

科恩，1992；韦加庆，2010；华彦玲等，2007；等）。

国内学术界对社区土地产权实践的争议，可以给我们提供一种历时性的跨学科思维借鉴，并且有助于我们更好地认识和评估当前我国农村土地流转现状及流转绩效。当前我国的农村集体土地制度显然具有社区产权的主要特征。这种集体产权制度是以村集体拥有土地所有权为基础，而农户家庭拥有土地的承包经营权。如果农户把土地经营权流转给其他业主，那么后者就获得相对独立的土地经营权。实际上，目前我国的土地流转实践中已经逐渐清晰地显示出土地的所有权、承包权和经营使用权"三权分立"的实践形态。这种统分结合的土地实践体制构成我国农村基本经营制度的主要特征。

在土地流转中，无论是国家力量（包括地方政府），还是村集体、普通农户抑或是土地流转经营者（如大户、合作社、农业企业等），都必须充分估计到他们在土地流转中有不同的权益和利益诉求。土地所有权归属于村集体（社区）是为了保障村庄社区公共福利的最大化，并在意识形态上体现我国的"社会主义制度属性"，而农户拥有土地的承包经营权，则是在这个节点上与市场机制嫁接，但恰恰是在这个节点上要注意平衡土地产权实践的公平和效率。至于通过市场流转方式获得土地经营使用权的经营者，他们主要是以追求经济利益为目标，其对土地流转的效率考量显然不同于村集体和普通农户。因此在土地流转中，必须统筹兼顾到不同的土地产权权能主体的权益诉求的差异。

当前，学术界不同学科的不同研究者之所以会对土地流转绩效作出不同的评价，其深层的原因一方面与他们的学科研究立场有关（如经济学偏重土地流转的效率评价，社会学强调对土地流转的社会绩效评价，政治学可能偏重对土地流转的政治绩效评价）；另一方面也与他们站在哪一个土地产权权能的主体有关。问题的关键在于，无论是国家的顶层土地流转政策设计，还是基层的土地流转实践，都不能只从某个特定利益群体的角度出发来促进土地流转工作。而这点恰恰是当前土地流转实践中被社会各方所经常忽视的，也是本课题研究将要尽量避免出现的一个倾向。

2. 土地流转模式探讨

尽管绝大多数学者试图遵循官方的土地流转的概念界定，只讨论土地承包经营权的流转议题，但也有的研究者把土地所有权的流转纳入研究范畴（主要是指国家征用，如丁光良，2002），但这不是主流研究所关注的。由于不同的研究者根据各自的研究视角开展实地调查，因此他们所采用的分类法有明显差异。李秉濬等把我国的土地流转分为分散流转和集中流转等两类形式（李秉濬、谢玉仁，1998）。至于具体流转形式，目前理论界和实际工作者提出的土地使用权流转的形式至少有转让、转包、入股、抵押、互换、出租、反租倒包、托管、退包、赠予、继承、联营、"四荒"土地使用权拍卖、竞价承包、出让、征用、代耕等多种类型（张照新，2002）。其中代耕代种是指有些没有能力或是不愿意经营承包地的农户临时把承包地交给别人耕种，以前的承包合同关系维持不变；而反租倒包则是指在明确土地所有权、稳定承包权的前提下，村集体征得农民同意，把已经承包给农户的土地反租过来，并向农民支付租金，再转包给种植大户，原来的土地承包关系也保持不变。这种流转方式在经济发达地区（如浙江）较为常见（黄延廷，2010；李雅莉，2011）。

　　董国礼等则以对六省各县市的大量实地调研为基础，总结出私人代理、政府代理和市场代理模式等三种流转模式，并对各种模式下的土地代理绩效作出比较分析（董国礼、李里、任纪萍，2009）。魏沙平等对重庆市北碚区的三个行政村的土地流转模式进行了调查，也把当地的土地流转模式分为业主主导、政府主导、农民主导等三种类型（魏沙平、蒋孝亮、田永，2011）。而高雅等对河南省全省的土地流转进行调查，发现该省的土地流转包括集体组织带动土地流转，经济能人带动土地流转，龙头企业带动土地流转，市场带动土地流转等四种典型形式（高雅，2011）。也有的学者从法律实践角度对土地流转进行区分。如丁光良认为，我国的土地流转可基本分为四类：一是物权性质的农村土地承包经营权流转，如转让、抵押、互换、赠予、继承、遗赠等；二是债权性质的承包农村土地流转，如租赁、托管等；三是股权性质的土地流转，如入股、联营等；四是如农村土地征占等其他性质的流转（丁关良，2007）。

　　也有的学者注意到，我国不同农村地区的土地流转形式也各有侧重，如传统农区流转以代耕、出租为主（刁怀宏，2011），经济发达地区长三角、江苏南京等地以转包为主（史清华、徐翠萍，2007；谢正磊、林振山、蒋萍莉，2005）。尽管流转形式多样，但总体而言，可分为由土地承包经营权所有者之间流转出去和经由中介人或机构流转出去两种形式

（谢晓蓉、傅晨，2008）。

对土地流转的具体形式，不同的学者也有认识上的分歧。如傅晨、刘梦琴认为，土地置换或者互换不属于土地流转范畴（傅晨、刘梦琴，2007）。同时也有学者认为，土地调换是两个农户相互之间的两次流转。在诸多土地流转形式中，有些学者通过对江苏省一些地方的实地调查，认为转包是土地流转的主要形式（史清华，2007；谢正磊，2005）。邹伟等则将土地流转的形式归纳为两种路径，一种途径是土地由拥有者直接流转给受让者的"直流式"流转，另一种途径则是土地由拥有者通过"中间人"流转给受让者的"间流式"流转（邹伟等，2006）。

按照一般的理解，土地流转如果是一种市场意义上的经济交换行为，那么参与土地流转的双方必须有利益上的交换。《中共中央关于推进农村改革发展若干重大问题的决定》也是强调允许农民"按照依法自愿有偿原则"进行土地流转。而事实上，如果从这个角度来看，我国很多村庄的土地流转并不属于这个范畴。正如我们在后文将要分析的，很多村庄尤其是南方偏僻的山村，由于多方面的原因，这些村庄有相当部分土地要不无偿给人耕作，要不就是抛荒。而在农业税费改革前，由于农民负担的税费沉重，有的农户不愿耕种土地，为了使自家的承包地免于抛荒，甚至"倒贴钱""请人"耕作，这种现象是否也算是一种土地流转行为呢？从严格的市场交换角度而言，这种形式属于一种土地的临时"赠予"，并不属于通常意义上的流转范畴。虽然这部分土地没有进入流转市场，但我们在分析土地流转现象时，仍然不能忽视这种现象对整个土地流转体制机制的影响。

在土地制度实施过程中，还广泛存在一种现象，即有的村社在执行"集体成员权"实践规则时，存在定期或者不定期地按照农户家庭人口增减变化调整承包地的现象。这种做法尽管与第二轮土地延包制规定的"增人不增地、减人不减地"政策相违背，但在村级土地制度实施中为了追求公平效益，不少村组仍然延续以往的做法而对土地进行调整。由于这种现象不完全是市场交换行为，因此绝大多数学者都没有把这种现象纳入土地流转范畴而加以研究。但事实上，土地调整是借助村庄或者村民小组名义进行的，其初衷也是为了更好地配置土地资源，以实现村庄社区公共福利的最大化，且这种村级土地制度实践规则会对其他土地流转的运作机制产生很大的影响，因此本课题研究仍把其纳入土地流转范畴而加以讨论。

在土地流转中，还会涉及依附在土地上的一些政策性的附加值算计的问题。在农业税费时期，这个政策附加值是负的。而在农业税费取消之后，现在农户种田，不仅不用交税，甚至国家还给予各种补贴，政策附加值由负转为正。对于底层的农民而言，他们自然无法预知国家政策的变化。因此，在土地流转时，他们可能会把这些政策附加值一起捆绑性流转出去。此种情形中，如果双方约定的经营期限过长，就很容易引发纠纷。重庆忠县新立镇村民就发生一个典型例子：

> "几年前，（村民）邹某知道国家出台了'两补一减'的惠农政策后，决定找邻居王某要回自己的 3 亩农田。几年前，邹某丢掉自己地质较差的 3 亩口粮田，几经转换，这 3 亩农田转到了邻居王某的手里。起初，王某明确拒绝了她的要求，说：'当初你嫌田不好，丢掉不管，这几年你一不交公粮水费，二不负担防汛排涝，现在政策好了，你就要田，没门。'邹某一连找了好几次，王某都不答应，两人为此大打出手，一气之下，邹某跑回家里，喝了农药。幸亏抢救及时，没有酿出人命。王某赶紧把田还给了邹某。"①

从这个案例可以看出，在当前国家农业治理体系尚未完全定型且政策多变的情况下，土地流转的产权权利及权益算计是不确定的。如果土地流转双方贸然地签订长期性的流转契约合同，一旦政策发生变动，则意味着契约约定的利益关系也将随之发生重大变化。对于双方而言，这种外部政策条件的变化都是事先难以预料的，因此也很容易导致土地流转合同纠纷。事实上，在 2003 年试点 2008 年推向全国的新集体林权制度改革中，就出现了很多这种现象。由于在林改中，国家在明晰林地产权的同时大幅度地降低林业税费，其结果是使得林改前后的林地市场价格机制发生重大变化，很多村集体和普通农户都纷纷要求修改原先的林地承包经营契约，

---

① 转引自董国礼、李里、任纪萍：《产权代理分析下的土地流转模式及经济绩效》，《社会学研究》2009 年第 1 期，第 35 页。

结果引发了大量的林权纠纷（朱冬亮、程玥，2009；朱冬亮，2007、2010）。类似这种情形也是耕地流转中必须引以为戒的。

结合本研究课题的实地调查资料，我们认为，目前我国的土地流转有两种分类方法：第一种是按照是否改变土地用途，分为把农业用地转为非农建设用地流转和不改变土地农业用途的流转，其中最主要的形式是国家征用农村土地；而在不改变土地农业用途的前提下，土地流转方式又可以分为两大类：第一类是市场交换意义上的土地流转。流转的目的是为了对土地资源进行市场化配置，以增加其产出。这其中有农户之间的个私土地流转和私下土地"买卖"，也有高度组织化的规模经营，而后者中涉及的土地流转规模较大，流转的期限也相对较长；第二类是由村集体组织统一对农户承包的土地进行定期或者不定期的大调整和小调整。其中大调整是把全村或者村民小组所有的农户承包地打乱，然后按照各农户的实有人口数均等地进行重新分配，而小调整则多半是采取"动钱不动地"的小范围调整的方式，由人口增加和人口减少的农户私下进行调整，并没有在全村或者全组范围内打乱重分。也有少数村从80年代开始时就预留了少量"机动田"作为农户间小调整的备用地。在后面的分析中，我们将把这些土地变动现象都列入土地流转模式范畴而加以讨论，并对其实施绩效展开多角度的探讨和评估。这点是本课题研究有别于其他研究的一大特色。

我们认为，研究农村土地流转，必须把任何的土地变动因素都考虑在内，包括村庄社区内部的土地调整、国家征用农村土地以及农户私下间的土地"买卖"等都属于广义的土地流转的范畴，因为这些土地变动形式在实践中都有发生，而且都可能对土地流转的实践规则和产权配置产生重大的影响。例如，一个定期约定每五年调整一次土地的村庄，要想对土地进行长期流转，其遇到的阻力因素肯定比没有类似约定的村庄要大得多。

3. 土地流转发展概况

自20世纪80年代以来，全国各地自发开展了一系列土地流转的创新实践，其目的在于克服和改变家庭经营、分散经营引发的生产低效率问题。总体而言，我国的土地流转有一个渐进的发展过程，总体上呈逐步加快的发展趋势，但不同省份不同区域之间发展并不平衡，且不同的学者的调查研究结果也有明显的差异。

James根据1995年的农业调查显示结果指出，尽管全国有75.0%的村庄出现了土地流转现象，但是土地的流转率仅为3.0%。即使是在非农产业发展较快的地区，土地流转率也没有达到8.0%（James，2002）。到了1998年，有学者对8省所做的调查显示，参与流转的土地只占全部土地的3%—4%，发生面最广的浙江省也只有7%—8%（贺振华，2006）。陈锡文、韩俊对浙江绍兴县、上虞市和余姚市等几个县（市）的实地调查发现，到2000年底，这几个县（市）已流转出的耕地分别占其耕地面积的30.7%、24.8%和32.9%，这个比例显然比其他地方高得多（陈锡文、韩俊，2002）。张照新对6省的实地调查表明，土地流转在各地发展并不平衡。在他所调查的6个省中，以浙江、湖南和陕西3省的土地流转市场规模较大，其中，浙江和湖南两省都已经形成了相当规模的土地流转市场，进入土地转让市场的农户达30%以上，而河北、山东和安徽3省的土地转让市场发育相对慢些（张照新，2002）。

　　进入21世纪，我国的土地流转开始加快。截至2001年底，全国以各种形式流转承包经营权的耕地占承包耕地总面积的6%—8%（张谋贵，2003）。到2003年底，这一比重提升为7%—10%，而沿海发达地区则更高一些（戴中亮，2004）。而刘守英估计，截至2008年，从全国范围来看，土地流转的比例并不高，整体在10%左右，但区域之间的差异大，其中东部地区超过了10%，中部地区多在5%—10%之间，而西部地区低于5%（刘守英，2008）。

　　据祝金甫等对全国土地流转形势的分析认为，我国农地流转的主要特点有：（1）流转进程不断加快。各地发展设施农业，针对土地的集约化要求使土地流转规模不断扩大，速度明显加快。（2）流转形式呈现多样化。各地积极探索和创新农村土地经营制度，出现了一些新的组织形式和形态，如"农村土地信用合作社"、"土地托管"、地上附着物抵押贷款、土地折价入股等。（3）流转趋于组织化、规模化。随着设施农业的发展，农村土地流转逐步由以农户自发流转向有组织、有规模、有序化方向转变，规模化趋势明显。（4）经营主体趋于多元化。政府积极引导各类经济组织和个人共同参与农村土地使用权的流转，农业产业化龙头企业、经营大户、农民专业合作组织等经营主体脱颖而出，逐渐成为农村土地流转的参与主体。（5）流转取向趋于市场化。流转双方以市场为导向，根据土地供求状况、地力条件和经营产业的经济效益，协商确定土地使用权流转价格，实现土地等农业生产要素的优化配置，使得流转土地的经营权价值得到了充分体现（祝金甫等，2011）。而根据黄祖辉等对浙江省56个行政村的样本调查显示，该省的土地流转呈现出一些新的特点，包括：（1）流转方式趋于多元化。主要存在出租、互换、转让以及委托第三方经营、反租倒包和土地股份合作等方式。（2）流转过程趋于市场化。这一特点主要体现为运用价格机制、流转合约等市场机制，将农户分散经营的土地集中流转给企业化、市场化运作方式为主导的工商企业和农业龙头企业。（3）流转工作趋于规范化。从2003年起，浙江省引导流转农户补签合同18.3万份，涉及9.1万户农户和45.8万亩土地，逐步使土地流转合同的签订工作走向规范化。（4）土地流转价格趋于合理化。随着农民认识水平和地方政府、村集体的协调能力不断提高，土地流转价格合理化的趋势越来越明显（黄祖辉、王明，2008）。

从十七届三中全会至今，由于地方政府普遍加强了对土地流转的政策干预，我国农村土地流转进一步加快。据农业部官员透露信息，截至2013年11月底，农民承包土地的经营权流转面积比重占到全国耕地面积的26%左右，全国农村承包50亩土地以上的大户达到287万家，家庭农场的平均面积达到200亩左右。[1] 另外，据安徽省政府提供的信息显示，截至2014年3月，该省流转的耕地面积达2085.27万亩，约占全省耕地总面积的33.36%。[2]

4. 土地流转绩效评估

土地流转绩效评估有三层含义：第一层含义是指土地流转程序的效率高低，包括流转的速度高低、流转的程序是否规范等，这是从管理学的角度讲；第二层含义是指土地流转对农业生产效率的影响，其最主要的衡量标准是农业产出是否因此而增加，这是从经济学角度讲的；第三层含义则是指土地流转是否有利于促进农村社会的均衡发展与公平正义，这是从社会学和政治学角度来评判。实际上，土地流转的这三层含义是相辅相成的，都从不同侧面反映出土地流转绩效评估的多样性和复杂性。如果处理得好，可以实现多赢。但如果处理不当，这三个层面也可能相互排斥，导

---

[1] 数字根据农业部张红宇司长在2013年清华农村研究院"三农论坛"的演讲稿整理得来。

[2] 安徽省人民政府：《农村土地承包经营权流转情况汇报》，2014年5月5日。

致"多输"的局面。

多数研究者认为，从总体上来看，我国的土地流转对农业发展、增加农民的收益及促进城镇化进程有多方面的促进意义。王利明认为，土地流转促进了农业规模经营和科技进步，加快了农业产业结构调整步伐，提高了土地产出效益，同时有利于推动我国农村市场化的进程（王利明，2001）。刘启明则指出，农村土地流转，有利于促进土地资源在土地经营者之间合理流动，优化土地资源配置，加快农村土地经营规模化和集约化的进程，有利于加快农业产业化进程（刘启明，2002）。刘友凡则认为，土地流转有利于农村劳动力向第二、三产业转移和农民增收。土地流转机制的建立，改变了部分农民"亦工亦农，亦商亦农"的兼业化状态，解除了土地对这些农民的束缚，促进了农村劳动力向非农产业转移，推动了城市化和农业现代化的进程（刘友凡，2001）。还有的研究者认为，土地流转促进了农民观念的更新和科技素质的提高（浙江大学农业现代化与农村发展研究中心，2001）。也有学者提出，土地流转是统筹城乡发展的关键（刁孝堂等，2007）。

不过，另有一些学者提醒土地流转存在的一些负面效应。如朱冬亮、贺雪峰、温铁军等都注意到土地包括林地的流转尤其是长期流转可能会导致农民失山失地（朱冬亮，2001；2003；2010；贺雪峰，2009；等），因此，必须注重土地流转中可能引发的社会保障效用不足的问题（温铁军，2006）。而张正军则指出，由于土地流转存在一些非正当的操作因素，结果造成了集体土地资产大量流失，冲击了国有土地市场，诱发了土地投机。同时，由于农业用地在市场竞争中处于劣势，致使耕地资源受到威胁（张正军，2002）。

值得注意的是，国外有些学者对不同的土地流转方式所可能产生的绩效差异进行了比较研究。有学者指出，在土地资源配置过程中，土地利用开发的最普通方式就是土地租赁（Arnab K. Basu，2002）。不过，在不少发展中国家，由于农村金融和保险市场以及社会保障制度的缺失，土地市场买卖不但使贫穷和无地的农户无法获得土地，反而可能使其进一步失去土地（Carter，1998）。也有的学者强调指出，"二战"后进行土地改革的国家在市场机制作用下绝大多数出现了土地集中和两极分化，从而导致了经济效率和社会稳定的丧失。在此情况下，土地租赁被认为是带来土地资源分配效率的最有效方式（Binswanger、Deininger，1995），而且这种方式被认为比土地买卖市场更有效率（Feder，1998）。这就不难理解为什么从世界各地实际情况看，土地租赁方式已成为土地交易的最主要方式（Binsw、Rosenzweig，1986：503 – 539；Dong，1996：915 – 918），甚至比土地买卖市场更有效。

从国外的研究可以看出，发展中国家如何在土地流转中维护农民的权益，是土地流转中必须特别注意的一个问题。在城镇化尚不发达的国家，不宜盲目地推进土地买卖，以免农民在市场竞争中失去土地。这就是为什么土地租赁的绩效好于土地买卖的根本原因。类似这样的研究，对于我们客观评价我国土地流转的绩效，以及如何积极稳妥地推进我国的土地流转有很高的借鉴价值。

三　研究方法与研究框架

（一）研究方法和资料获取

1. 研究方法

作为一项实证研究，如何通过细密的实地田野调查以获取一手的详细的各类研究资料，乃是本研究之基础。研究农村土地流转，必须把握两个关键的研究步骤，一是对国家的相关政策文本及变革路径进行全方位的了解和把握，了解国家的政策设计及实施意图；二是要全面详细了解农村基层村庄的土地流转实践。为此必须对其进行深度的田野调查，以掌握翔实的一手研究资料。本研究课题组即以此来展开研究工作。而在总体思路上，本研究将以宏观指导微观，以微观透视宏观的方式来展开整个课题研究。具体言之，本研究课题组采用社会学、人类学学科意义上的定量分析和定性分析研究方法搜集和整理研究资料，同时结合经济学、社会学、公共政策分析等学科的理论视角，分析当前土地流转实践，并对不同的土地流转模式的实施绩效展开多学科角度评估。

为了尽可能多获取研究信息资料，本研究以典型抽样与随机抽样相结合的方式选择调查样本。按照地理区位、资源禀赋、经济发展程度的不同，兼顾典型样本与一般样本相结合的原则，课题组选取了福建、江西、湖北、浙江、河南5省10县（市、区）的43个村进行重点田野调查。与此同时，正如"前言"中已经交代过的，本研究负责人还利用从事集体林权制度改革及其他项目研究的实地调查机会，到其他一些省（自治区、直辖市）的县（市）的村庄做了一些零星的调查，主要采取搜集典型个案的方式搜集资料。这些调查进一步扩展了本课题研究的深度和广度。在具体的资料分析中，我们将一并把这些研究信息纳入分析和研究范畴。总体而言，本研究选取的村庄尽可能多地涵盖我国不同经济发展程度和不同地理环境的农村地区，能够较好地代表我国不同地区尤其是南方农村地区农村的基本情况（具体参见表1—1，其中黑字体县（区）是重点调查地）。

表 1—1　　　　　　　　　　课题组实地调查的县（市）

样本省（直辖市、自治区）	样本县（市）
福　建	**武平县、将乐县、厦门市翔安区**、沙县、晋江市、漳浦县
浙　江	安吉县、庆元县、龙泉市
河　南	**郸城县**、汝南县
湖　北	京山县、崇阳县、恩施市
江　西	**铜鼓县**、铅山县、兴国县、崇义县、婺源县

在具体开展田野调查中，本研究首先是以抽样问卷方式进行调查。课题组调查员以户为抽样单位，抽取980个农户进行了问卷调查。问卷调查的重点是了解村庄基本情况、农户的家庭结构、经济收入状况、农户土地承包经营现状、经营权市场化流转现状、农业产业化发展程度、农户的土地经营和流转意愿、农户的土地观念及对未来地权制度的变革预期、农户的种粮意愿、粮食生产及家庭储粮情况等。

其次，课题组调查员采取访谈座谈、实地考察等方式搜集各类研究信息资料。课题组调查员不仅对近500户农户进行了不同形式的访谈，而且还对村干部、流转大户、农业专业合作社负责人、涉及土地流转的农业产业化企业负责人等其他各类相关研究主体进行了深度访谈，目的是获取各类质性研究资料，以了解研究对象对土地流转的深层的感受和认知。

在对资料进行分析时，本研究综合运用了个案剖析、比较分析等方法。其中个案剖析有两类：一是以土地承包、流转经营典型县、乡镇、村庄为对象进行剖析；二是以土地流转的典型个案如流转大户、合作社或者农业企业为重点考察对象。而在比较分析中，本研究主要采用三种比较的方法：一是求同法。课题组通过对各地土地流转经营模式的比较研究，寻找其共性因素和共性规律；二是求异法。课题组将探讨同样的政策条件、资源禀赋和经济发展条件下，各地的农村土地流转方式会出现差异的原因；三是历史比较法。实践证明，我国现行的土地流转产权实践，包括农民的地权观念不可忽视地受到数千年的传统地权观念及人民公社时期集体产权实践历史遗产的影响。这种产权文化因素的路径依赖始终是研究土地流转议题不可忽视的基础，因此必须对此进行比较研究。

2. 田野调查经历与资料获取

由于本研究负责人在高校从事教学科研工作，因此大部分调查是利用暑假和寒假时间进行的。总体而言，课题组到了一个调查点，其调查程度大致可分为两个阶段：第一阶段是课题组调查人员与当地县（市）、乡（镇）政府土地经营管理部门负责人、财政局等有关部门工作人员进行座谈，以了解当地土地流转、国家惠农利农政策实施等整体情况。第二阶段则是课题组调查员进入村级层面，先与村干部进行座谈，了解全村的人口结构、经济发展水平、土地资源结构、土地使用权流转情况等基本信息。之后调查员分散开来，采取走村串户的方式，各个调查员随机自由选择调查样本户进行调查。

在入户调查中，调查员采取问卷调查与访谈调查同步进行的方式展开。特别是调查员如果发现一些特殊价值的样本户，则采取深度访谈的方式，以获取更详细的研究信息。这类样本户包括土地承包经营大户、长期出租或者租入土地使用权的农户、已经多年不耕作土地的农户、土地流转经营大户、加入订单农业产业链的农户、组织农业合作社的农户等。从这些受访者身上，可以发现更多有研究价值的资料信息。

在本书"前言"部分已经交代过，本研究前期的田野调查始于2006年7月，前后断断续续历时近10年时间，一直延续到2015年10月。不仅如此，我们对其中的一些村庄进行两次甚至多次的回访调查，以便进行跟踪观察研究。大致而言，每个调查县（市、区）的大致历程如下：

（1）湖北省调查：2009年7月上中旬，课题负责人前期带领调查组一行4人到湖北省京山县和崇阳县进行了为期12天的调查。由于距离远，我们对这两个县的调查只有这一次。调查范围包括京山县的曹武镇、崇阳县的沙坪镇的 6 个村。在这 6 个村中，调查人员共发放了 190 份问卷，访谈了其中的 31 户农户的户主（其中女性 6 人），受访谈者的平均年龄为52 岁。平均每户家庭人口为 6.5 人，每户外出务工经商人口为 2.6 人。另外，2013 年 8 月 20 日前后，课题负责人前期曾经到湖北恩施市龙马镇及所属的 1 个村进行了为期 2 天的短暂调查，调查内容是该镇的农业综合扶贫开发实施情况，重点了解当地的退耕还林和土地征用情况。

（2）江西省调查：2009 年 7 月底 8 月初，课题负责人前期带领调查组一行 3 人到江西省铜鼓县大塅镇、三都镇进行了约 10 天的调查，这也是唯一的一次调查。在铜鼓调查期间，调查人员共走访了 4 个镇 8 个村，共发放问卷 200 份，并访谈了其中的 86 位户主（其中女性 7 人），受访谈者平均年龄为 45.6 岁。平均每户人口为 5.5 人，其中外出人口户均为 2.1人。另外，2010 年 12 月和 2013 年 7 月，课题组利用从事集体林权制度改革调查之机，分别到江西铅山县、兴国县和崇义县、婺源县等县的近 10个村庄进行了调查，访谈了约 30 户农户。

（3）福建省调查：2009 年 8 月中旬前后，课题负责人带领前期调查组到福建将乐县、武平县进行了为期 8 天的调查。在随后的 2010—2015年，调查人员又多次到这两个县进行跟踪和补充调查。其中将乐县总共涉及的调查范围包括 3 个乡（镇），8 个村，发放问卷 220 份，并访谈其中的 68 户户主（其中女性 10 人）。这个县受访谈者平均年龄 49.1 岁，其家庭户均人口为 6.7 人，户均外出人口为 3 人。而在武平县，调查人员调查范围包括 5 个乡（镇），共 7 个村，发放调查问卷 200 份，并访谈了其中60 户户主（其中女性 11 人），受访谈者平均年龄 47.7 岁。平均每个受访农户家庭人口为 5.1 人，户均外出务工劳动力为 2 人。2010 年 8 月和2015 年 10 月，课题组调查人员两次到厦门翔安郊区 2 个村进行调查，发放问卷 20 份，访谈农户 5 户。并与当地的镇领导干部和村干部进行座谈。另外，2013 年 6 月 10—11 日和 2014—2015 年，课题组调查人员曾经先后三次到福建沙县夏茂镇进行了总计为期 20 天的调查。这次调查涉及 3 个村，访谈了镇领导、村干部、15 户农户和 5 个农业专业合作社负责人，重点了解当地的土地流转状况。

（4）河南省调查：课题负责人前期对河南汝南县、郸城县的调查分别是在 2010 年、2012 年寒假进行。共调查了 2 个乡 6 个村，共发放问卷 50 份，重点访谈了 10 户农户，受访谈者平均年龄为 44 岁。受访农户户均 4.8 人，其中户均外出人口 2.3 人。

（5）浙江省调查：2011 年 8 月和 2013 年 6 月，调查人员先后两次到浙江省安吉县进行调查，范围涉及该县的 3 个镇 5 个村，发放问卷 100 份，访谈农户 40 户（其中女性 5 户），受访者平均年龄 48.5 岁，平均家庭人口 4.9 人，其中外出劳动力 2.3 人。2012—2014 年，课题组负责人带领调研组曾经多次到龙泉市和庆元县调查，访谈了 30 多户农户，并与林业局和农业局相关部门人员座谈访谈。

除此之外，在 2006—2016 年年初期间，课题负责人还利用从事其他项目研究获得的调查机会，在福建省的漳浦县、晋江市、建阳市、顺昌县，四川的大邑县、合江县、武胜县，湖南的靖州县、洪江市，黑龙江克山县、铁力市，陕西省安塞县，广东始兴县、蕉岭县，江苏南京市江宁区等县（市）的数十个村庄做了一些零星的调查访问，累计访谈的农户近 300 户。其中也顺带了解这些农户的土地使用权流转情况，因此所获取的一些有价值的调查资料将一并纳入本课题的研究框架中。

总计而言，在 2006—2016 年年初陆陆续续的调查过程中，本研究重点调查（包括前期调查）了福建、江西、浙江、湖北、河南等 5 省 10 个县（区）的 43 个村，其他零星调查的村庄则还有数十个。[①] 2012 年，本研究负责人在前期项目研究中进行了问卷调查，整个调查共发放了 980 份问卷，回收 970 份，其中有效问卷为 956 份，问卷有效率达 97.6%。至于访谈的农户数则有 481 户，其中重点访谈的农户有 333 户，同时进行了问卷调查的有 268 户。后文的量化分析主要是以这次调查获得的问卷数据分析为主。

需要说明的是，为了使得本课题研究有更高的信度和效度，在选取调查村庄点的时候，我们尽量兼顾到不同类型村庄的搭配和组合。例如，我们选取的浙江省安吉县可以为沿海经济发达地区的代表。这个县因距离杭州市区只有 45 公里，经济也较为发达。而江西省的铜鼓县整体经济发展水平滞后，可以较好地反映中部落后地区农村的状况。这个县地处江西和

---

① 与本书研究主题没有太多直接关联的县（市、区）没有计入在内。

湖南交界处，是个典型的山区县。最近几年，课题组则选取了福建沙县的夏茂镇作为调查点。作为闻名全国的"沙县小吃"的发源地，这个镇70%以上的农村劳动力外出务工经商，其土地使用权流转颇有自己的特点。在开展入户访谈调查时，我们也尽量选取一些在当地有代表性的农户进行深度的访谈。

和一般的横切面式的问卷调查研究不同，本课题不仅尽量通过详细的大范围大样本的深度访谈案例来提高研究的信度和效度，同时课题组也尽量通过历时性调查研究来提升研究的整体层次。事实上，正如后文将要呈现出来的，我们对一些重点调查村的跟踪补充调查显示，和早期调查时候相比，2015年的最近一次回访调查所显示的研究信息已经有很大的不同，使得我们不得不对同样一个事实作出不同的判断和解释。

（二）研究的基本架构

和已有研究不同的是，本课题研究将从历时性角度，探讨农村社会变迁和农业治理转型语境下的土地流转演进过程，从而跳出以往只对土地流转绩效评估的单向或"静止"研究套路。而在研究切入点上，本研究从村级土地制度实施角度探讨农村土地流转的现状，并给农民自身以表达权，体现农民在土地流转中的产权实践主体地位。另外，在研究思路上，注重分析农业治理变量与土地流转变量之间内在的互动关系，这在以往研究中尚很少有人涉及。以此三点为基础，本研究的学理性和实践意义将得以凸显。

众所周知，关于"小农制"问题，学术界曾经围绕"理性小农"（舒尔茨，1987；Shanin，1987）、"道义小农"（Scott，1976）、"小农生存理性"（恰亚诺夫，1996）、"社会化小农"（邓大才，2006）等议题产生了广泛的争论。本研究课题组的研究将突出普通农民在土地流转中的主体地位。而本研究的基本假设是，和国家层面更重于土地流转的经济、政治绩效评估视角不同，从农村治理的视角来看，村级土地流转试图在政治、经济绩效和社会绩效之间寻找一种平衡。这种平衡基于农民不断变化的现实生活实践，而且并非一成不变的。在当前社会转型期的农业治理形势下，包括农村治理结构、农民群体结构、土地资源禀赋、村庄外部环境等因素都会对土地流转绩效评估产生影响。在本研究中，我们试图总结归纳出不同生存环境下的农民群体对土地流转的模式选择和偏好。

具体而言，本研究共分为七个章节：

第一章是导论，主要交代本研究选题的理论和实践意义，并对土地产权、土地流转、土地流转模式等基本概念及土地流转发展研究概况等进行说明，同时介绍本研究采取的调查研究方法及资料获取的方式途径，展示本研究的基本研究架构。

第二章是对本研究前期进行的问卷调查及田野访谈调查获取的资料进行分析，呈现土地流转的基本概况，包括受访农户个人及家庭的基本信息、土地流转的数量、范围、土地流转的路径特点、土地流转的期限、合同约定方式、土地流转租金收益、农民对土地流转所持的认知和评价体系等内容。

第三章则主要是探讨不同生计环境下、不同政策环境下的农户有不同的土地流转选择偏好。而不同的土地流转模式也会呈现不同的实施绩效。和已有研究不同的是，本研究主要从土地流转的参与主体及组织运作机制对土地流转模式进行分类，并把现有的土地流转模式分为两大类：一类是农民主导型土地流转；一类是政府主导型土地流转。本章重点是对农户主导型土地流转模式进行描述、讨论和分析。依据田野调查中所获取的各类研究资料，本研究又把农户主导型土地流转分为农户个私土地流转、农业专业合作社流转及土地私下"买卖"等几种流转模式，并对不同的流转模式的实施绩效进行分析。

第四章则是从政府主导型土地流转视角出发，对工商资本介入型土地流转、土地股份合作流转、土地信托流转、土地调整、土地征用等几种主要的土地流转模式进行描述性分析，并对其实施绩效进行多角度的探讨。

第五章是以福建武平县为重点个案，探讨国家及地方政府惠农利农政策实施的背景及政策激励目标。通过对地方政府政策干预前后的土地流转变化情况的分析，可以看出，这种政策干预取得了一定的成效，土地流转率上升，规范化程度也较以往有提高，经济绩效也有提升。不过，从武平县的实践中，也呈现出一些值得重视的问题。最突出的一点是，地方政府的政策激励和国家政策激励的目标并不完全一致，甚至可能相互冲突。

第六章主要是以土地流转为背景，以田野调查中获取的深度访谈及追踪调查资料为基础，探讨土地流转中呈现的"非粮化"及粮食种植业退化现象。具体表现为农户产出率降低、农户种粮意愿下降、农作物复种指数下降、土地抛荒等。而导致这一现象的主要原因在于种粮成本大幅度上涨，包括农资价格、劳动力价格都在持续上涨，使得从事粮食种植业的比较收益持续下降，致使各类主体在土地流转中大都是以种植"非粮"作物为目标。而从这一现象中，不仅可以管窥传统农业正向现代农业的转型发展趋势，也可以看出其中可能蕴含着某种不容忽视的影响国家粮食战略安全的潜在危机。

第七章属于结论和余论部分。在这一章的结论部分，本研究将对前面几章的内容进行简要的归纳，总结当前我国土地流转中呈现的五个主要特征，并探讨不同治理环境即不同经济发展程度下的农民的土地流转选择偏好。而在余论部分，本研究主要是对土地流转中涉及的不同耕作条件下单个农户的"适度规模"经营水平进行推算，同时对土地流转中涉及的产权治理，国家惠农利农政策实践、城镇化发展等三个重要的关键议题进行了反思，评估国家农业治理转型视角下的土地流转的绩效，其中也简要地探讨相关政策体系可能的演变路径。

第二章　土地流转基本概况

本章的主要议题是通过对本研究（前期）研究中抽样问卷调查数据及访谈资料的分析，探讨土地流转的基本概况及不同农民群体的土地观念。而在此之前，我们首先对本研究前期抽样调查的样本特征进行必要的说明，然后再对问卷调查的样本户的基本情况进行介绍。

一　调查点和样本特征介绍

在导论章节我们已经提到，本研究选取的重点调查县（区）共有10个，包括福建省的将乐县、武平县、沙县，厦门市的翔安区，江西省的铜鼓县，湖北省的京山县、崇阳县，浙江省的安吉县，河南省的汝南县、郸城县，重点调查的村庄43个，其中有9个是自然村，其余都是行政村意义上的村。在这些被调查的县（区）中，就整体的县域经济发展形势来看，以浙江省安吉县和厦门市翔安区经济最为发达，福建的沙县、将乐县、京山县等县经济相对落后，而江西的铜鼓县、湖北的崇阳县、河南的汝南县、福建的武平县经济则相对更为落后。总体而言，经济越发达的县，其土地流转相对更为频繁，流转的形式也更为多样化，组织化规模化程度也相对更高。

不过，如果就以农业经济发展程度，特别是从农业产业化发展水平高低来分类，则还有另外一种分类法。就我们调查的10个县（区）而言，依据农业产业化发展程度，大致可以分为农业产业化落后、农业产业化初级发展，农业产业化中等发展三种类型。虽然总体上，经济越发达的地区，农业产业化发展水平也相对较高，但事实并非完全如此。决定一个地方农业产业化发展水平高低的因素有很多，和当地的经济整体发展水平没有必然的联系。有的时候农业产业化发展程度取决于当地客观的地理环境以及所种植的农作物，也有可能取决于地方政府对农业产业化的政策扶持和引导。

一般来看，在农业产业化发展相对落后的地方，当地农民从事农业生产依然是以传统耕作方式为主，小农经营色彩浓厚，农产品市场化和商品化率相对也更低，农业产业化组织极少甚至尚未显现。在这类农村地区，当地农户基本上维持传统的人力耕作方式，除了偶尔使用耕牛或者小型农业机械之外，大部分是以人工投入为主。因此，这些地方的土地流转现象较少，流转面积所占比例也较少，主要是以农户间私下的短期协商流转为主。江西铜鼓县农业经济大体上属于此种类型。在我们调查的一些山区县的村庄，有的山垅田因为交通不便，田块小或者是因为属于烂泥田，无法使用机械，当地农户不得不以传统的人工耕作方式进行耕作。因劳动力短缺，有的甚至已经开始抛荒，如福建省武平县、沙县、将乐县及江西省铜鼓县都有发生这类土地抛荒现象。

至于农业产业化初级发展模式是指当地农业市场化和商品化发展已经开始起步，并有一些小型的农业产业化经营组织。在这类地区，小型农业机械已经相对普及使用，并在比较劳累的耕作环节实现对人工劳力的替代。福建的将乐县，湖北的京山县、崇阳县，河南的汝南县、郸城县都是属于此种耕作方式。其中河南省汝南县、郸城县地处平原地带，其种植的是小麦和玉米作物，加上当地大量的年轻劳动力外出务工，因此农业机械化经营水平比较高。而湖北省的京山县和崇阳县也因大量劳动力外出，当地95%以上的家庭已经购置了小型农业机械。类似的情况在福建省武平县和将乐县也存在，只是这两个地方的农业机械化使用率略低些。尽管小型农业机械在这些县已经基本普及，但是当地的土地流转依然停留在早期阶段，以农户的短期化口头协议流转为主，农业产业化发展相对缓慢。

在本研究（前期）重点调查的10个县（区），由于不同的县（区）所处的地理和区位条件不同，彼此之间的经济发展程度有很大的差异。如果就以农业人口人均占有耕地数量来看，当以湖北省京山县为最多，该县的农业人口人均占有耕地为1.85亩。表2—1中，我们选取几个代表性村庄的人口、土地资源、人均纯收入及土地流转等基本概况，从中可以看出每个村庄所代表的农村地区的一些基本特征。①

表 2—1 代表性村庄的基本状况

省、县（区）（调查年份）	典型村庄	人口总数（人）	土地资源	人均纯收入及生计模式	土地流转的基本情况
福建将乐县（2009 年）	余坑村	1499	耕地 1600 多亩；林地 1 万多亩	5500 元；本地务农 + 外出经商	流转面积约 55%，口头协议的短期流转为主；有外村业主到本村发展"有机稻"订单农业
福建武平县（2009 年）	黎畲村	2810	耕地 1750 亩；林地 9900 亩	4900 元；本地务工 + 外出务工	流转率 50% 左右；全村成规模地流转 400 亩耕地给一个合作社种植蔬菜（有订合同）；其余是以口头协议的短期流转为主
福建沙县（2013—2015 年）	俞邦村	—	—	7450 元；烟稻轮作 + 外出做"沙县小吃"	土地流转率 80% 以上，流转期限最长 16 年，但仍以口头协议的短期流转为主；建立合作社发展水稻制种业，有很多外面的流动农民来本村承包土地种烟及培育杂交水稻种子
福建厦门翔安区内厝镇（2015 年）	后田村	800 多人	全村 1100 多亩耕地（国土局的数字是 1400 多亩）、果林地数百亩多亩	15000 元以上；胡萝卜、大葱轮流种植 + 外出务工	流转率为 60% 以上。村里共有 5—6 个农业专业合作社，主要是种植胡萝卜，但 2014 年行情大跌。2015 年土地流转亩年租金大约在 1500—2000 元。村里近几年有到福建惠安等地进行跨区域流转土地，主要是种植胡萝卜

---

① 这些村庄的数据都是课题组（前期）当时调查的数据，时间跨度 2009—2015 年，不同年份调查的信息会有较大差异。表格中呈现出的各村的数据信息是当时调查年份的信息。

省、县(区) (调查年份)	典型 村庄	人口总 数(人)	土地资源	人均纯收入 及生计模式	土地流转的基本情况
湖北崇阳县 (2009年)	东关村	5200	5800亩耕地(其中旱地300亩);林地数千亩;另有退耕还林地1200多亩	3480元;水稻种植+外出务工经商	流转率45%,以村民内部的口头协议的短期流转为主,没有规模流转
江西铜鼓县 (2009年)	浒村	658	947.3亩(其中旱地168亩);林地4568亩	4000多元;水稻种植+外出务工	订单农业有机稻种植120多亩;土地流转率45%;本村组内部口头协议的短期流转为主
河南郸城县 (2012年)	黄楼村	约2500人(另全村还有黑户约200人)	2700亩	3500元;种地+外出务工	流转率不足10%,只有亲属或邻居短暂代耕(分家后父母代耕不算,收益归儿子),几乎没有其他形式的流转

二　调查样本户家庭及土地承包基本情况

在实地调查中,本研究负责人前期于2009年暑假和寒假在5省10县(市)发放了980份问卷进行调查,回收970份,其中有效问卷为956份,问卷有效率达97.6%。必须特别交代的是,当初在抽取调查对象时,是按照户均一人并且尽可能是以户主为调查对象,因此956份问卷调查的实际上是户数。不过，由于有的村庄的调查是在暑假期间进行，因此我们无法访谈那些外出打工的家长，样本的客观性因此可能受到一定的影响。

下面先对受访农户的个人、家庭基本情况进行简单的统计分析。

（一）受访者个人的基本情况

调查显示，受访农户中，有13.4%的受访者为女性，这是由于户主是男性居多，而且了解土地政策的也多是男性，所以即使调查中有接触到部分的女性户主，但是她们中相当多人认为家里承包土地及土地耕作是男人的事，她们不了解。第二，从受访者的年龄来看，以36—50岁的受访者居多，占了49.0%。第三，从受访者的文化程度来看，他们的文化程度普遍不高，以初中居多，高中以上的只有5.2%，小学及以下的占了19.0%。问卷调查的样本整体反映了农户的基本情况（参见表2—2）。

表2—2　　　　　　　　　　受访者个人基本情况

		个案数（人）	有效百分比（%）
性别	男	828	86.6
	女	128	13.4
年龄	35岁及以下	252	26.4
	36 - 50岁	468	49.1
	50岁以上	234	24.5
文化程度	小学及以下	182	19.0
	初中	500	52.3
	高中	225	23.5
	高中以上	50	5.2

（二）受访者的家庭基本情况

受访者的家庭特征包括家庭人口数、家庭劳动力、家庭外出务工人数、家庭年纯收入等基本信息。问卷调查显示，在受访者中，家庭人口数在3口及以下的仅占少数（22%），大多数都在3口以上。3—4口之间所占比例最高，达48.6%，5口以上的占22.7%。在城市，核心家庭占多数，但是在农村，2 口之家、3 口之家仍然不是主流。当然，这一方面也跟农村家庭的子女数有关，在农村仍然有不少家庭有 1 个以上的孩子。至于家庭劳动力的数量，调查显示，家庭劳动力以 2 个居多，占 50.3%。而在受访农户中，将近七成的农户家里有人外出务工（69.3%），说明外出务工是一种普遍现象，而且，外出务工的绝大部分是青壮年劳动力。特别是年龄在 25 岁以下的年轻人，外出的比例高达 87% 以上。[①]

本研究前期调查的问卷调查还显示，受访农户的家庭收入普遍不高。以 5000 元及以下、5001 - 1 万元两个档次居多，各占 38.5% 和 31.8%，2 万 - 3 万元的占 4.1%，3 万元以上的占 8.7%。不过，有一点需要说明，农民对家庭纯收入的理解和官方统计意义上的家庭纯收入并不一样。他们一般把家庭纯收入理解为是扣掉成本和各项花费的纯收入，这种收入可用于储蓄而不需要支出。尽管如此，调查中可以发现，农民的经济收入仍然不高（参见表2—3）。

表 2—3　　　　　　　　　受访者的家庭基本情况

家庭人口（口）	比例（%）	家庭劳动力（人）	比例（%）
1—2	2.7	0—1	7.5
3	19.3	2	50.3
4	29.3	3	16.3
5	26.0	4	19.0
5 以上	22.7	4 以上	6.8
家庭外出务工（人）	比例（%）	家庭年纯收入（元）	比例（%）
0	30.7	5000 及以下	38.5
1	30.1	5001—10000	31.8
2	26.0	10001—20000	16.9
3	10.5	20001—30000	4.1
全家都在外面	2.7	30000 以上	8.7

① 访谈调查显示，家庭成员中有人外出务工的实际比例占调查村庄的75%以上，因课题组调查一般都是在暑假进行，有些全家外出的农户无法调查。

（三）受访者家庭土地承包基本情况

自 80 年代土地承包制实施至今，家庭经营规模小且土地细碎化一直是我国土地承包经营的主要特征（谭淑豪、曲福田、哈瑞柯，2003）。调查显示，1984 年，全国平均每个农户只耕种 8.35 亩的土地，这 8 亩多土地又分为 9.7 块。[①] 国务院农村发展研究中心 1986 年对 27568 个农户的调查数据表明，土地承包制实施后，每个农户平均经营土地面积 9.2 亩，分成 9 块，平均每块 1.02 亩。[②] 1997 年全国第一次农业普查结果则表明，我国 90% 以上农户的土地经营规模在 1 公顷（15 亩）以下，这些农户经营的农地占全国的 79.07%。另外，2003 年农业部农村固定观察点调查发现，我国农户家庭平均土地经营规模为 7.517 亩，户均有土地块数 5.722 块，平均每块大小为 1.314 亩。2006 年全国第二次农业普查则显示，我国土地经营面积不足 1 公顷的农户数量比重高达 92%，全国农地总面积的 84.8% 由小农户分散经营。2011 年国务院发展研究中心"统筹城乡发展中农民土地权益保障研究课题组"对全国范围内 669 户农民的调查表明，拥有自有承包地的受访者共有土地 4.82 块，其中 10.9% 的受访者共有土地 1—2 块，53.1% 的受访者共有土地 2—5 块，25.7% 的受访者共有土地 5—10 块，10.3% 的受访者共有土地 10 块以上。这说明，农户家庭经营土地规模过小、土地分散细碎化至今仍是一种普遍现象。

和全国情况类似，本研究前期调查的结果表明农户户均承包的面积普遍不多。从表 2—4 中可见，受访者家庭大部分承包的土地不多，高达 87.9% 的农户承包的土地数量在 6 亩以下，其中又以承包 3—6 亩的居多，占调查总数四成，仅有 12.1% 的农户家庭承包的土地在 6 亩以上。总体而言，本研究调查的户均承包土地比 2003 年农业部农村固定观察点调查的户均土地经营规模 7.517 亩更低。究其原因，一是农村家庭人口规模呈逐渐缩小态势，因此，户均承包的土地也随之下降；二是课题组调查的村庄属于南方"八山一水一分田"山区地带的比例偏高，农民人均占有的

[①]　参见蔡昉：《十字路口的抉择——深化农业经济体制改革的思考》，中国社会科学出版社 1992 年版，第 40 页。

[②]　参见王琢、许浜：《中国农村土地产权制度论》，经济管理出版社 1996 年版，第 179 页。

土地相对数量更少些，但人均占有的林地数量则更高。

表2—4 家庭承包土地面积

土地数量（亩）	频数（人）	频率（%）
3以下（含3）	440	46.0
3—6（含6）	400	41.9
6—10（含10）	75	7.8
10以上	41	4.3
合计	956	100.0

如果以人均计算，本研究前期调查的样本户中，人均占有耕地最多的是湖北省京山县，达1.85亩，其余大部分的村庄人均土地在0.8—1.3亩之间。当然，这个数字是统计账面的数字，实际数字可能会略有出入。特别是在一些地方，由于过去规避税费的因素，以至于长期以来有的村庄一直有瞒报耕地数量的传统（Judd，1994；Smil，1999；朱冬亮，2003：86）。对此本文后文将会作进一步的探讨。

不仅如此，从20世纪80年代初实行土地家庭承包制至今，由于农村人口的持续增长，加上部分土地因各种原因被征占，农村人均承包的土地总体上呈下降趋势。据各村村民估算，从80年代初开始搞土地承包制至今，各村人均占有土地普遍下降了20%—30%。如福建省武平县高梧村只在1995年重新调整过一次土地。这次调地发现，全村人均土地从1981年的8分地下降到了1995年的6分地。湖北省崇阳县东关村最早搞承包制是1978年，当时全村平均一个人口有1.2亩地，后来下降到人均9分田。目前，全村估计人均还剩8分地。而江西铜鼓县谭坊村全村最早分地时人均有1亩多地，现在全村人均大概是8分地。

不过，也有的地方存在一些较为特殊的情况。如湖北京山县曹武镇的耕地面积变化情况就较为特殊。1997年该镇开展第二轮土地延包时，全镇共有6095户，总人口是22758人，承包的总耕地面积是65782.816亩，其中包含机动田6821.99亩。如果扣除机动田部分，则该镇平均每个人口承包的耕地面积是2.89亩。到了2004年因贯彻土地承包法，统计发现全镇人口为19265人，他们一共承包的（计税）耕地是67715.586亩，人均

3.51亩。和1997年相比，该镇的人口总数少了很多，导致人均承包的耕地数反而上升了21%。2005年该镇开始推进农村确权确地工作，由于在此之后国家推行税费改革，不仅减免了农业税费，而且开始实施种粮补贴政策，因此该镇对全镇的耕地进行了重新统计，结果显示，全镇共有户数是7358户，总人口是26170人，全镇确权的（计税）耕地面积仍为67715.586亩，其中机动田是2308.305亩，耕地总量比1997年增加了1932.77亩。不包括机动田，全镇人均可承包的耕地面积是2.58亩，比1997年的人均2.89亩下降了0.31亩。至于为什么会出现这种情况，主要与此前农民税费负担重，农地大量抛荒与隐瞒耕地面积有很大关系。①

调查显示，截至2009年，该镇因瞒报、开荒和国土整治而新增的耕地面积达15000亩。如果把这部分耕地及机动田计算在内，则全镇实有耕地数应为85024亩，人均3.24亩。在课题组（前期）调查的所有乡、镇中，曹武镇是人均耕地面积最多的镇。也正因为这样，这个镇吸引了近300户外地农民在此建房租地甚至"买地"耕作。

事实上，土地细碎化也一直是我国传统农业生产中的一个突出特征（黄宗智，1986）。林毅夫甚至认为，农业经营规模过小是形成90年代中国农村地区和城乡差距的重要原因之一（林毅夫，1994）。尽管有学者认为，土地细碎化有利于提高农户物质投入效率、进行多样化农作物种植、合理配置劳动力和提高粮食产量及收入等（李功奎、钟甫宁，2006）。但更多研究者从经济学角度，对现行分散细碎化的土地承包制经营算"经济账"。他们普遍认为，土地规模过小阻碍了农业生产效益和粮食产量的提高，降低了农户收入水平，造成农村劳动力资源的浪费。如有的学者甚至测算得出，如果所有家庭的零散土地完全归整，即每户只有一块土地，则我国的粮食产量每年可以增加7100万吨（许庆、田士超等，2008）。

---

① 我国各地的实际耕地面积有较大出入。人民公社时期，有的地方隐瞒本地所拥有的实际耕地数字，以逃避农业税收。70年代末至80年代初，有的村子在实行土地承包过程中，由于土地的质量本身有好有坏，对于一些质量比较差的山坡地，就以1.25—1.5亩折算为1亩承包给农户经营，这样报上去的田地面积就比实际数字少了。虽然近些年，中国利用卫星测绘等先进的技术手段来测量中国的实际田地面积，但是其准确性依然值得怀疑，主要原因在于中国很多地方是山区，很难估算这些山区的梯田的实际面积（参见 Smil, Valav, 1999, *China's Agricultural Land*, The China Quarterly Nov. 128, 1999/June）。

也有的学者反过来计算，认为地块数量增加1%，将导致农户资本投入减少0.32%（秦立建、张妮妮，2011）。还有的学者指出，即使农业生产效率不变，只要解决土地细碎化问题，我国农业产出就能增加5%—10%（孔祥智、刘同山，2013）。另外，有的研究者从农业标准化生产视角审视了农业分散经营制度的缺陷，认为难以实现投入物品、生产程序的统一、优质优价和对优质农产品的认证（孔有利等，2008）。还有研究者注意到，分散的家庭经营难以独立完成水利、道路等公共性的农业基础设施建设，也缺乏对效益有限的土地进行科技投入的资本（陈锡文，2009）。

　　上述学者的研究之所以计算土地细碎化经营的规模不经济账，无非是为促进土地流转，提高规模经济水平进行造势。然而，现实生活中，土地流转的具体情况及实施绩效到底如何呢？这是我们后面将要讨论的核心议题。

三　土地流转整体概况

（一）农户家庭土地流转面积

　　在本研究前期研究问卷调查的956个有效样本农户中，近六成农户（59.1%）即有565户有发生土地流转行为（包括土地转入和转出）。这565户农户中，转入的有373户，转出的有192户，还有35户是既有转出又有转入。[①] 而在转入的农户中，转入土地面积在2亩及以下的农户占49.3%，转入面积在2—5亩的则占33.09%；转入面积5—8亩的占9.7%，8亩以上的占8.0%。至于转出的农户中，转出2亩及以下的农户占46.9%，2—4亩的占29.2%，4—6亩的占20.3%，6亩以上的则占3.6%（参见表2—5）。由于农户本身的土地面积不多，所以转出的土地数量为数不多。因此，大多数农户转入土地以后，土地经营规模不会有实质性的变化；只有少数农户通过流转土地，实现了更大规模经营，成了"大户"。

---

　　① 调查中之所以流入土地的受访者较多，而留出的受访户较少，是因为有相当部分土地流转出的农户可能长期或者短期内不待在村里面，因此访谈到的这类农户自然比较少。可以推算，实际有发生土地流转行为的家庭可达农村户数的80%以上。

表 2—5　　　　　　　　　　调查农户家庭流转土地的亩数

土地转入			土地转出		
土地数量（亩）	农户（户）	比例（%）	土地数量（亩）	农户（户）	比例（%）
2 及以下（含 2）	184	49.3	2 以下（含 2）	90	46.9
2—5（含 5）	123	33.0	2—4（含 4）	56	29.2
5—8（含 8）	36	9.7	4—6（含 6）	39	20.3
8 以上	30	8.0	6 以上	7	3.6
合计	373	100.0	合计	192	100.0

　　我们还可以从访谈的资料看土地流转的情况。表 2—6 呈现的是本研究前期在江西铜鼓县调查的 8 个村共 86 个农户的访谈统计数据。从中可以看出，86 个受访农户，共承包租赁经营土地面积 1091.2 亩，户均经营面积为 12.69 亩。其中转出土地面积占 88.2 亩，转入的土地面积占 529 亩，如果仅以转入土地数量计算，则这 8 个村的受访农户经营的土地中有 48.5% 是租自别的农户。[1] 一般情况下，转入土地的农户很少会把自家的土地租给别的农户耕种。86 个受访户中，土地转出的总面积只有 88.2 亩。以此推算，扣除转入面积，则铜鼓县 86 个受访农户承包的土地面积为 650.4 亩，户均仅有 7.56 亩。而事实上，这些农户实际户均经营的土地面积为 12.69 亩，那么意味着他们平均每户转入 5.13 亩的土地，相当于其家庭承包土地面积的 67.9%。

　　调查还表明，2009 年时，铜鼓县的每亩土地年租金大部分在 50—150 斤干谷，有的山垅田甚至是免费给人耕种，只有少部分农户出租的土地租金达 300 元/亩·年，而这部分租金较高的土地基本上是和当地一个名为 L. Z. Q. 的大户尝试"抛秧"规模经营试验有关（这点后文再作探讨）。至于租地的期限则一般是一年一议，且凭口头协议，只有极少部分农户约定的租地期限是在 1 年以上，但最长的也只有 5 年。

　　由此不难看出，在铜鼓县这个偏僻且经济相对落后的山区县中，其土地流转呈现的总特征是土地流转率高，但多为个私土地流转，一年一议，

---

　　① 土地流转率是指农户流转土地总面积占农户承包总面积的比例，在一个封闭的农村社区环境内，流转土地总面积一般只以流转出或者流转入的土地面积计算。

租期短租金低，且以农户间的口头协议为主。该县的土地流转情形在经济落后的山区农村较有代表性。不过，铜鼓县因山高水冷，土地耕作条件相对较差，土地产出率低，加上当地农业产业化发展相对滞后，因此其土地租金也是较低的。而同时期调查的其他县的土地流转年租金基本上在200—300斤干谷。① 相比之下，铜鼓县的土地流转租金只有其他地方的一半左右。

表2—6   江西铜鼓县10村86户的土地流转的基本情况

村庄	访谈样本户数	样本户承包经营总面积（亩）	转出面积（亩）	转入面积（亩）	租金（干谷）	流转期限（约定方式）
谭坊村	13	136.5	12	55	50—150	大部分是口头协议1年,1户是5年(有订合同)
高山村	7	70	2.6	31	50—150	1年(口头协议)
交山村	5	32.8	0	8	50—150	1年(口头协议)
古桥村	8	101	19.5	48	50—100	1年(口头协议)
双红村	15	54.8	6	8	100	1年(口头协议)
小芬村	8	43.3	3	11	100	1—3年(口头协议)
太平村	6	38.5	5.5	20	100	1年(口头协议)
浒村	17	262.1	21.6	38	100—300	1年(口头协议)
东山村	6	36.2	18	0	300	1年(口头协议)
光明村	1	316	0	310	300	1年(口头协议)
合计	86	1091.2	88.2	529	—	—

注：调查样本户经营的总面积是指其实际经营的土地总面积，是农户自家承包经营的土地面积＋土地租入经营面积，但农户租出的土地面积不计算在内。

有一点需要说明一下，由于本研究前期进行的大部分问卷调查的时间是在2009年暑期，因此访谈的样本农户以土地转入为多，土地转出的案

---

① 例如2009年，湖北京山县的土地出租的每亩年租金大都在150—200元左右，相当于200斤干谷，而福建武平县、将乐县普遍在200元以上，很少低于100元的。

例相对更少。因为土地转出农户有的甚至全家外出打工经商。例如，在铜鼓县访谈的 8 个村中，几乎每个村都有 10 多户人家全家外出从事非农产业了，约占全村总户数的 5%—10%。而留守家乡的农户超过 2/3 是租入土地耕作的。在该县访谈的 86 个个案中，转入土地耕作的有 69 户，占总访谈样本户的 80.2%，而转出土地的个案只有 7 户，占 8.1%。另有 10 户是只耕作自家的地，占 11.6%，既不转入别的农户的地，也不转出自家的地。

陈锡文等注意到，在过去十几年中，我国土地承包经营权流转快速提升（陈锡文、韩俊，2002）。抽样调查显示，1992 年我国流转的耕地仅占承包土地农户总数的 2.3% 和承包土地总面积的 2.9%（张红宇，2002）。2012 年年底，土地流转率已经上升到 26%（张红宇 2013 年在清华大学"三农论坛"演讲稿），增长了近 10 倍，说明土地流转取得了明显的成效。一般而言，经济越发达、农业产业化发展程度和农业机械化程度越高的村庄，土地流转率也越高（叶建平、姜研、丰雷，2006）。不过，也有个别的村庄例外。

根据本研究对受访的 43 个重点样本村的估算，这些样本村总的土地流转率大概维持在 45% 左右。这个比例比以往已有研究提到的流转率要高得多（参见表 2—7）。究其原因，大概有以下几点：一是从 2008 年至今，随着农机补贴政策实施效力的逐步显现，农业机械化开始日益普及，增加了土地流转的频率。机械化耕作在替代人力耕作降低土地耕作成本的同时，也增加了经营大户对土地流转的需求；二是随着农业经营"老龄化"趋势的加快，一批已近耕作年龄极限的老农不得不退出耕作土地行列，把自家的土地出租；三是农业产业化发展趋势加快，而这往往要以规模化经营为前提，农户加入农业产业化产业链，意味着土地使用权流转的几率也大大提升；四是本研究调查的村庄大部分在南方山区地带，其土地流转率明显高于北方平原地区的村庄，后者因农村机械的普及反而抑制了土地流转率的上升。例如，河南郸城县黄楼村尽管近年来农业机械化经营发展程度持续上升，但土地流转率却并没有相应地提升，甚至出现下降的迹象。原因在于，该村地处平原地区，机械化实现对劳动力的替代，耕作成为一件相对轻松的事情，因此农户即使缺乏劳动力，也没有必要转出土地，只要雇请机械耕作即可。

表 2—7　　　　　福建、湖北、江西 4 县访谈样本户的土地流转情况

县（区）	访谈样本户数	土地转入户数	土地转出户数	土地流转户数占调查总户数比例(%)	流转土地面积（亩）	土地流转率（%）	租金（中等地或是良田）
将乐县	68	21	26	69.1	322	46.9	200—300 斤干谷
武平县	60	24	9	55	223.5	53.2	200—500 斤干谷
崇阳县	31	12	10	71	158	56.4	100—200 斤干谷
铜鼓县	86	34	13	54.7	521	79.1	50—300 斤干谷

注：铜鼓县被调查的农户的流转率之所以比其他县市高，是因为当地有一个大户 L. Z. Q. 当年在这附近的几个村以每亩年租金 300 斤干谷的价格租入 300 亩土地搞"抛秧"耕作试验，一下子拉高了本地的土地流转率，同时也拉高了土地租金标准。但 L. Z. Q. 的试验当年并没有获得成功，这点后文还将进行分析。

（二）农户土地流转发生的范围

土地流转行为发生的范围可以分为区域范围和社会空间范围，它是衡量土地流转市场发育程度的重要指标。其中空间范围是指土地流转的地理空间，而社会空间范围主要是指土地转入户与转出户之间的社会关系范畴。在本研究中，我们将土地流转的区域范围分为本村和外村，把社会空间关系范围分为兄弟叔侄或亲朋好友、左邻右舍、其他本村人和外村人。从表 2—8 可知，农户转入土地的来源和转出土地的去向以本村人为主，且在本村人里又以亲缘或朋友关系为基础转入土地的占多数，而从外村人那里转入土地的情况很少见。

调查显示，就土地流转中转入土地的社会关系而言，发生在兄弟叔侄等亲属范围内的超过一半，占 53.4%，而在邻里间流转的占 26.8%，在其他同村人流转的占 12.9%。考虑到亲属和邻里也基本在同村，因此可以推算土地流转发生在本村庄的达到 93.1%，只有 6.9% 的受访农户是从外村转入土地。从土地转出的方向看，情况会略有差异，但也只有 4.2% 的人把土地转给外村人耕作，这点和土地转入的情况基本一致。这说明总体上土地流转还是局限在传统的血缘、地缘村庄社区空间内，属于一种较为初级的土地流转形式。

表 2—8　　　　　　　　　　转入土地的来源和转出土地的去向

转入土地的来源		频数（人）	频率（%）	转出土地的去向		频数（人）	频率（%）
本村人	兄弟叔侄	195	53.4	本村人	兄弟叔侄	76	39.6
	左邻右舍	98	26.8		左邻右舍	82	42.7
	其他本村人	47	12.9		其他本村人	26	13.5
外村人		25	6.9	外村人		8	4.2
合计		365	100.0	合计		192	100.0

　　问卷调查还显示，农户转入土地的来源大部分是在 1—3 户之间，其中转入 1 户土地的占 41.4%，转入 2 户的占 39.7%，转入 3 户的占 13.2%，3 户以上的极少，仅占 5.7%。而从土地转出户的角度，土地流转给 1 个农户的最多，占了整个样本的 69.3%，还有部分是流转给 2 户和 3 户，分别占 24.0 和 5.2%，流转给 3 户以上的极少，仅占 1.5%（见表 2—9）。

表 2—9　　　　　　　　土地转入来源和转出去向的户数情况

流转的户数（户）	转入户		转出户	
	频数（户）	比例（%）	频数（户）	比例（%）
1	151	41.4	133	69.8
2	145	39.7	46	24.0
3	48	13.2	10	5.2
3 以上	21	5.7	3	1.5
合计	365	100.0	192	100.0

　　对于土地转入的农户来说，很大部分是因为分到的土地太少而又有余力，所以多租种一些土地，目的是获得更多经济收入。在众多土地流入农户家庭中，近八成的家庭人口都在 4 人或 4 人以上，受访的农户家中至少都有 2 名劳动力从事农业生产[①]。一般而言，土地流入的农户中，流转的

———————————

　　①　包括同时经营农业生产及其他副业的劳动力。

土地面积越小，越倾向于将土地用于种植粮食作物，而超过 5 亩流转面积则多为种植一些经济作物、蔬菜等等。

（三）农户土地流转的约束条件

农村土地家庭承包制使农村土地所有权与承包权、使用权发生了分离，所有权依然属于村集体，而承包权则属于农户，流转出去的经营使用权则属于土地租赁经营者。农户转入土地不仅要受到土地流转市场的约束，而且还要受到土地所有者——集体经济组织的约束。因此，可以从农户土地流转的年限、租入户与租出户之间有无签订合同及合同约定的形式等几个方面来考察土地流转的约束条件。

1. 土地流转的期限

农户流转土地约定的年限，不仅体现了农户对流转土地拥有的时间尺度，而且也反映了农户对流转土地的经营预期。流转的年限越短，说明农户对流转土地的经营预期越不确定；流转的年限越长，说明农户对流转的土地经营越有较高的预期。

从土地转入者约定的土地流转年限范围看，样本问卷调查显示，土地流转期限在 1 年及以下的为最多，占 41.4%，约定期限 1—3 年的占 36.7%，约定期限在 3—5 年的占 14.0%，而流转期限在 5 年以上的仅仅占受访农户数的 7.9%。从土地转出的农户的角度看，约定流转期限在 1 年及以下的占 38.0%，略低于转入户数。流转期限在 1—3 年的占 45.4%，而在 5 年以上的比例为 8.7%，基本和土地转入的比例一致（表 2—10）。由此不难看出，当前我国的土地流转期限整体上是以短期租赁流转为主，这点和已有的其他调查研究也基本相似（刘守英，2008）。本研究负责人前期在湖北京山县曹武镇的调查显示，截至 2008 年，该镇累计流转的土地为面积 7300 亩，不足全镇总土地面积的 10%，流转最长的期限也只有 5 年，且所占比例极少。

实际上，土地转入的农户或者其他业主和转出的农户之间对土地流转期限的期望值并不一致。对于土地转入的一方而言，他们整体上希望能够得到更长的流转期限，并且考虑的因素也比较单一。他们转入土地经营，无非是想如何获取更多的经济利益，因此"经济理性"始终是他们流转土地主要考虑甚至是唯一考量的因素。转入土地的农户希望流转时间长一

表2—10　　　　　　　　　　　土地流转约定年限的分布

约定年限（年）	转入土地使用权		约定年限（年）	转出土地使用权	
	户数(户)	比例(%)		户数(户)	比例(%)
1 及以下	151	41.4	1 及以下	73	38.0
1—3（含3）	134	36.7	1—3（含3）	87	45.4
3—5（含5）	51	14.0	3—5（含）	16	8.3
5 以上	29	7.9	5 以上	16	8.3
合　计	365	100.0	合　计	192	100.0

点，至少有三五年，这样就能较放心地在土地上做投资，如果流转时间太短，显然他们就不愿意在土地上做长期投资了。调查中我们发现，流转期限在3年以上的这部分土地大多数是由开展规模化经营的业主转入的。由于农业生产的特点，这些业主必然会要求较长的土地流转期限。与此同时，他们也会给农户相对较高的流转租金。而且乡、镇政府为了促进土地流转，往往鼓励农户把土地流转给外来的经营主体，在延长土地流转期限谈判中扮演着积极的角色。

但是从土地转出农户的角度看，他们对土地流转期限会有更多样化的理解和选择。转出土地的农户普遍不希望流转时间太长，他们主要担心土地流转出去以后如果政策有变化，流转出去的土地收不回来。而在流转期限短的情况下，以后自己想种的时候也比较容易收回来。实际生活中，对于土地转出方而言，他们是否转出土地乃至于转出土地的期限多长，他们都会结合"经济理性"、"社会理性"等多方面因素进行综合考量。不仅如此，不同生活经历、不同经济状况、不同年龄的农民或者农户在进行土地流转抉择时也有很大的差异。

在调查中，我们还对转入土地的农户的流转年限期望进行了测量（参见表2—11），结果发现，有37.5%的受访农户认为"理想的土地流转年限"在1年之内，所占比例最高，而紧随其后的是有25.3%的受访农户希望流转期限在5年以上。进一步分析则显示，赞成土地流转期限在1年以内的基本上是属于土地转出的农民，而赞成土地流转期限在5年以上的则主要是土地转入的农民。他们的期望有明显的分歧。

表 2—11　　　　　　　　　理想的土地流转年限

理想的土地流转年限（年）	户数（户）	比例（%）
1 及以下	137	37.5
1—3（含3）	72	19.7
3—5（含5）	64	17.5
5 以上	92	25.3
合　　计	365	100.0

调查还表明，认为理想的土地流转年限是 1 年及以下的主要是转出土地的那些农户。反过来，对于那些转入土地的农户而言，他们中也有一部分人不愿长期租种别人的土地。毕竟一般的户主只是把种地作为权宜之计。一旦有好的机遇，他们随时准备放弃耕作土地。田野调查中访谈的江西铜鼓县的两个农户户主表达了他们的见解：

江西铜鼓县大塅镇某主任（54 岁）：全家共 6 口人，2 个孩子长期在外打工，一个还在读书。在家劳动力只有自己 1 个。家里有 6 亩田，现在全部租给亲戚朋友种，没有固定的租金，别人给多少算多少。田的租期都是一年，原因有两个：一个是当地人有一年一租的习惯；二是别人也不一定愿意长期租田，别人也有可能外出打工。长期租下来反而是个负担。之所以想把地租给别人，原因主要也有两个：第一个是家里只有自己 1 个劳动力，自己又在镇里工作（每月工资 1400 元），没时间种田；第二个原因则是前几年雇人种田，除去成本和工资，平均每亩田只能赚 150元，和租给人收田租差不了多少。想想就干脆租给人种，还省事些。①

江西铜鼓县大塅镇受访户 S.G.S.：69 岁，是个文盲，也是个残疾人。该户主没有娶过妻，妹妹送了 1 个儿子，儿子生了 3 个女儿，

① 2009 年 8 月 1 日访谈。

现在儿子在镇上开店做生意。全家有 6 口人，有 6 亩田，但家里没有种，全部租给人，因为家里没有劳动力，自己也是残疾人。租出去的田每年总共收 1000 斤干谷的租金，其中山边的田不要租金，路边的交通便利、耕作条件好的田每年每亩收 200 斤实物（干谷）地租。户主表示，出租土地可以一次定 3 年，反正自己肯定种不了，但再长就不行了。一是担心政策有变化，二是自己的儿子如果哪天回家，可能要种地。①

2. 土地流转的约定形式

农户转入土地的约定形式既反映了农户转入土地行为的约束方式，也反映了土地流转的契约化程度。现阶段的土地流转方式主要有两种，一种是农户之间私底下自发地进行流转，另一种是通过政府和村集体的行政性推动。有调查研究表明，我国有 50% 以上的土地流转是农民自发私下进行的，随意性和不稳定性强，在流转手续和程序方面也存在不少问题，留下许多隐患，主要表现为口头协议居多，合同管理不规范（傅晨、范永柏，2007）。这种情况与我们调查的情况也基本类似。表 2—12 的调查数据显示，近九成的土地流转约定是以"非正式"约定方式达成。其中有近六成（57.1%）的农户在流转土地时只是通过双方的"口头约定"达成协议，有近三成（29.6%）的农户是以"签订书面协定，但没有到村镇备案"方式达成土地流转协议，而"签订协议并到村镇备案"达成土地流转协议的受访农户仅占 13.3%。之所以会呈现这种现象，主要与土

表 2—12　　　　　　　　　　土地流转的约定形式

约定形式	户数（户）	比例（%）
签订书面协议并到村镇备案	74	13.3
签订书面协定，但没有到村镇备案	165	29.6
只有口头约定	318	57.1
合　计	557	100.0

---

① 2009 年 8 月 2 日访谈。

地流转期限短有直接关系。在农民看来，短期流转特别是 1 年之内的流转根本没有必要签订正式合同。

另外，在田野调查受访的 481 户农户中，超过 80% 的农户（394 户）是按照"一年一租"的方式约定转出土地，且大都是"口头约定"，双方没有正式签订流转契约。在福建将乐县，调查员随机访谈了 8 个村的 68 个农户中，只有 5 户人家表示自家的土地一次性转出 1 年以上，其中转出 3 年以上的只有 3 个农户。这两个农户在城市已经置有丰厚家产，在城里的生活可以衣食无忧了。

进一步访谈得知，农户未经过村组同意私下协商流转土地的，一般来说转入方往往是亲朋好友或者就在本村内，交易双方都相互熟悉，信用度也比较好，不需要用书面合同来保障合同的执行，当然，这也可能与中国农民比较注重乡亲的人际关系和谐有关，认为"立字据"可能会破坏彼此之间的人际关系。由于不签订书面合同，农户可能不愿意与自己不熟悉或不了解的农户进行交易，从而可能限制了农户土地转包的交易对象，降低了实现土地跨村流转的意愿。再者，土地流转约定的短期化，可以使得土地租出方保持足够的弹性空间。

费孝通在《乡土中国》里谈道："在乡土社会中法律是无从发生的，……乡土社会的信用并不是对契约的重视，而是发生于对一种行为的规矩熟悉到不假思索时的可靠性。"（费孝通，2005：8）。这种不重契约的社会产生了一种因为熟悉而产生的天然信任。正如格兰诺维特的"嵌入"理论所说，在这种亲属邻里构成的熟悉的社会里经济利益嵌入于关系、人情、习俗等感性因素中。正是农户间的这种与生俱来的乡土诚信使农户间乡里乡亲的土地流转决策绕开了正式书面的契约约定，彼此间只要通过"口头协议"就能达成流转约定。

调查发现，凡是流转期限越长的约定，其"正式化"程度也越高。对于组织化较强的农业专业合作社，合同签订的概率显然会大大高于个体农户。通常情况下，如果在本村内进行短期性土地流转，不需要履行正式的租赁手续。但如果和村庄社区外部的业主尤其是大户或者农业企业发生土地流转关系，则基本上会签订正式的土地流转契约。如果农户经过村组统一流转土地，一般是与土地转入户无特殊社会关系的情况下，为确保附着在土地之上的收益和权利随着土地的转让在转让期间有更好的保障，会选择让村组介入。农户经过村组统一再进行土地流转的情况大都是由村组出面扮演土地流转中介角色。由于大多数农户转出土地数量少且分散细碎，而需要转入土地开展农业规模经营的经营主体则希望土地连片集中，村组在解决这一矛盾的过程中发挥了重要的作用。后者所起的作用是充当中介，适当调剂承包地、适度集中无劳户的抛荒和缺少劳动力农户希望转出的土地，再按市场运作的方式寻找需要转入土地的经营主体。

本研究在闽西武平县随机访谈的 60 个普通农户中，只有 8 户与土地转入者签订了正式合同。其中该县的黄坊村有一个农户（长期担任村支书）以 20 年的合同约定期限租种了 25 亩的土地，用于种植"富贵籽"花卉。在他的带动下，黄坊村的"富贵籽"种植面积扩展到 175 亩，由几个大户参与，并成立了专业合作社。此外，其他签订土地流转合同的受访农户大都是居住在黎畲村，因有一家"金富果蔬专业合作社"2009 年在本村共流转土地面积 400 亩，都有签订正式合同。所流转的土地中，种植槟榔芋的有 200 多亩，种仙草的有 150 多亩，另有 20 多亩种植花卉。双方明确约定，租种土地者每年分上、下半年支付租金。每年每亩地租为 300—500 元不等，平均租金每年一亩为 400 元。该合作社的主要股东（理事长）L. W. P. 认为：

> 我们合作社所涉土地流转都是在平等自愿的基础上，并且受到法律保护。但合作社所种植的土地面积大，所涉及的农户数也多，因而土地流转合同签订量巨大。以合作社种植的芋头为例，200 多亩耕地共需涉及 300 多户。合作社不仅要和每户签订合同，而且需要每年重新签订一次，这无疑是一项烦琐巨大的任务。在此过程中，也会遇上个别农户没有流转意愿甚至变更合同的，影响了合作社整体的运作。[①]

L. W. P. 谈到，为了降低合同约定成本，必要的时候他会请当地镇

---

① 2009 年 8 月 13 日访谈。

政府的土地流转机构帮助对农户进行劝说，以确保连片土地的流转。[①]
可以看出，农业专业合作社的契约意识更强，土地流转的程序也显得更
规范。

另外，我们的调查还显示，经济相对发达、政府干预程度更多的地
方，土地流转的正式化程度也相对更高。如浙江的土地流转走在全国前
列，大部分农村有正式的交易规则。但是在福建，更多的情况则是土地流
转程序不够规范，农户间自发流转是普遍现象，绝大部分农户没有按照程
序，而只是习惯以口头形式商定双方的权利义务关系，包括土地转让金支
付方式、转让期限等。不签合同的现象较为普遍。有的即使签有协议，但
是没有明确流转双方的权利和义务。如在湖北省崇阳县，2009 年调查时，
我们随机入户访谈了 22 户农户，有 3 户租种土地者签订的合同在 2 年以
上。其中有 1 个大户租种土地 200 亩，并成立了专业合作社。该农户和出
租土地的农户签订了为期 20 年的正式契约。另外 2 户中，有 1 户租约是
13 年，另 1 户租约是 7—8 年。

不过，如果是时间稍长的流转也采用这种随意处置的方式，就可能发
生争议或纠纷。最突出的情况是外出打工农民因年老不能继续在外打工或
因工作不好找等原因返乡后，需要收回外出期间由亲戚朋友代耕的承包
地。代耕期间用于种粮食、种蔬菜的地收回相对容易。但如果租地者用于
种果树、养鱼、修猪场、种苗木花卉等农业经济用途，这类出租地要收回
比较难办，双方很可能会发生纠纷。

据国家统计局监测调查结果显示，目前我国农民工总数近 2.7 亿
人。[②] 一旦经济不景气或者产生大规模的经济危机时，将有大批的农民工
失业而返乡。由于截至目前，我国尚没有建立农民工社会保障体系，因此
外出务工的青壮年农民虽然暂时脱离了土地，但他们仍将土地作为将来的
一条退路。还未脱离土地的父辈就是他们与土地保持联系的桥梁。尽管这
不是他们希望的理想解决方案，但是至少可以保证失业农民工的温饱问
题。如果土地长期流转，会损害土地对农户保障的安全阀作用，最终可能

---

① 武平县于 2008 年建立了县、乡（镇）、村级土地流转中介平台。

② 《中华人民共和国 2014 年国民经济和社会发展统计公报》显示，2013 年，全国农民工总
量为 26894 万人，其中外出农民工 16610 万人，本地农民工 10284 万人。

危及整个社会的稳定。

（四）农户流转土地的原因

已有研究表明，农户外出务工，非农就业机会增加是促使农户将其承包地转出的主要原因之一。金松青等利用村级调查数据研究发现，土地对农民生产和收入的作用减弱，非农就业机会的增加是土地流转市场发展的主要驱动力（金松青、Deininger，2004）。钟涨宝等对湖北、浙江等地的230户农户的问卷调查分析后认为，实行家庭承包制以后，在土地资源短缺且社区集体成员具有均分承包权利的状况下，部分农户放弃祖祖辈辈传下来的谋生方式，自愿让承包土地的经营使用权，土地流转行为较为普遍，其主要原因是他们的家庭主要劳动力已转向了第二、第三产业，并获得了比从事农业生产更高的收益（钟涨宝等，2003）。而姚洋等也认为，随着非农经济的发展和城市化水平的提高，大量农业劳动力进入非农就业岗位，促进了土地流转市场的发育（Kung，2002；姚洋，1999）。根据本研究对192户转出土地的农户问卷调查显示（参见表2—13），他们将土地转出的原因也是多种多样的。其中选项最多的是"家里年轻人外出打工或做生意，缺乏劳动力"，这点再次验证了已有研究的结论。其次，有30.2%的受访农户反映是因为"种田的收益太低，不划算"而把土地租给别人耕作，另有24.0%的受访农户是"可以从事更高收益的行业，不需要再种地"，还有少量的受访者（8.8%）反映"种地太累"而不愿耕作土地。

表2—13　　　　　　　　　　土地转给别人耕作的原因

土地转给别人种的原因	人数（人）	所占比例（%）
种田的收益太低，不划算	58	30.2
家里年轻人外出打工或做生意，缺乏劳动力	71	37.0
可以从事更高收益的行业，不需要再种地	46	24.0
种地太累	17	8.8
合计	192	100

　　实际上，农民流转土地的内在原因更加多样化，这点不是问卷调查能够完全了解的。他们要么是因为家里劳动力外出，家中缺乏劳动力而无力耕作，要么是因为相比于农业生产，可以从事其他利益更高的工作。尤其在青壮年劳力看来，田间劳作劳动力的强度大，容易受自然因素、市场风险影响。

　　本研究访谈调查发现，很多农户家庭的主要青壮年劳动力常年外出打工，家庭承包的土地面积又相对较大，家庭剩余劳动力无力耕种，就将多余的土地流转出去，自己只保留部分的"口粮田"，用于保证自己家吃的口粮。从20世纪80年代中后期开始，随着"民工潮"的兴起，年轻劳动力大都外出务工经商，从事非农产业，因此农村土地耕作呈现出"女性化"和"老龄化"趋势。这个时期，很多家庭只耕作部分"口粮田"，多余的土地则流转给别人耕作。但这种趋势在进入21世纪之后却显得难以为继，有的家庭因为老年人年龄增大，无力耕作，只好把家中所有的土地转给别的经营者耕作了。

　　综上诸种原因可以看出，土地流转行为的发生最终都是因为农业生产所带来的比较收益降低，对农民的吸引力自然也大大降低。即使是国家和地方政府不断出台各种利农惠农政策，包括给予种粮补贴等，农民尤其是青壮年农民的农业生产积极性还是无法提高，农村劳动力仍在不断持续外流。我国现阶段的农业生产还是以劳动力精耕细作为主要生产模式，山区还面临着土地不平整，大规模的机械化作业无法实现的问题，因而劳动力对于山区农业发展来说依然至关重要。

　　事实证明，在当前，无论是从土地流入户还是土地转出户来看，他们在生产生活中对"经济理性"价值的追求开始加强。而在早期，他们可能更加看重土地的"社会理性"价值。如今，社会的变迁已经在悄然改变他们的土地观念。

（五）农户流转土地的收益及耕作收益

　　土地流转价格的高低不仅反映当地的经济发展水平差异，也反映当地土地流转供求关系及农业产业化发展水平高低。不仅如此，当地的土地资源禀赋、耕作条件是否便利、外出劳动力多少以及政府是否给予政策激励等因素也会对土地流转价格产生显著的影响。一般而言，耕作条件好的土地，其流转价格自然也更高。而土地转入者如果把土地用于从事收益更高的农产业，那么他们也愿意支付更高的流转价格。

从调查数据可知（参见表2—14），农户转入土地的价格较低，以100元及以下的居多，占50.9%，还有少部分是不用支付任何成本就转入土地的（即不要租金），占16.4%。两者合计比例高达67.3%，这说明近七成的土地是低偿或者无偿转出去的。而每亩土地年租金在200元以上的仅占9.1%，不足一成。这也从一个侧面显示当前农民从事农业生产意愿非常之低。

表2—14　　　　　　　　　　转入土地的年租金（价格）

转入土地价格（元/年）	农户（户）	比例（%）
0	60	16.4
≤100	186	50.9
101—200	86	23.6
201—300	20	5.5
300以上	13	3.6
总计	365	100.0

农民转入土地耕作，其收益状况到底如何呢？从调查数据可知，转入的土地收益普遍不高，每亩年收益大都在400元以下，占总数的78.4%，其中每亩地年纯收益在400元以上的占21.6%（参见表2—15）。考虑到农户转入土地的平均数量大多在数亩之内，因此可以说转入土地进行耕种难以从根本上提高农民的收入、提高他们的生活水平，只是稍稍增加家庭的经济收入。

表2—15　　　　　　　　　　农户转入土地耕作的纯收益

纯收益（元/亩/年）	农户（户）	比例（%）
200及以下	154	42.2
201—400	132	36.2
401—600	49	13.4
600以上	30	8.2
合计	365	100.0

尽管收益不高，但是在调查中，受访农户当被问到"是否愿意耕种更多的土地"时，有 61.1% 的土地转入农户表示"愿意"，只有 13% 的受访农户表示"不愿意"，另有 25.9% 的农户表示"不好说"，持观望态度。可见，如果有土地，已经有转入土地的大部分农户还是愿意再耕种更多的土地。

对于绝大多数农户而言，他们转入土地，不管对方是否要收取田租，但种粮补贴基本都归对方（即拥有承包权的农户）所有。但在调查中，我们也发现了一个例外。江西铜鼓县双宏村有个名叫 Z. S. P. 的受访户，是个党员，他一家 4 口人，全在县城居住。家里总共有 4 亩地，都交由邻居耕种，自己不仅不收租金，甚至是把政府发放的种粮补贴都分给对方一半。估计是受访户的田比较偏僻，无人愿意承租。① 在这个县，也有 2 户受访户主表示，租了别人家的地，每亩每年付租金 100 斤稻谷，良种补贴归对方，农资综合补贴则对半分。类似的个别案例在福建将乐县朱坊村也有，该村有一个农户在税费改革前把自家的 2 亩山垅田"白给"另一个农户耕种，并且自己还每年补贴对方 100 元，前提是对方不能抛荒。

特别值得一提的是，有一些村庄的土地流转价格计算比较特殊。例如，江西铅山县太源乡马鞍村是个非常偏僻且交通不便的小山村。该村只有 151 户，总人口 635 人，分为 7 个村小组，全村山林面积 3.7 万多亩，其中生态公益林 8000 多亩，全部承包分山到户。该村人均拥有山林达 50 亩②，其中毛竹林人均为 10 亩左右，但是耕地却非常少。该村总耕地面积才 250 多亩，户均只有 1 亩地，且都是山垅田。加上当地山高水冷，山垅田里野猪比较多，一亩田种稻子只能收成 200—400 斤，只有其他地方的一半甚至是 1/5。整体而言，该村生产的全部口粮只能维持当地全体村民所需的半年。因家庭口粮需求问题，使得当地的耕地流转价格反而水涨船高：

　　　　我家里可能有 1 亩多耕地，最多 2 亩，种稻子才够全家吃半年不

---

① 2009 年 8 月 3 日访谈铜鼓县双宏村村民 Z. S. P.（48 岁）。

② 该村有个村民小组只有 5 户人家，人均山林达 800—900 亩，农户一年仅营林收入可达 5 万元。

到。在我们村租田种紫菂（一种可做菜食用的农作物），租金要 280
块钱 1 亩，到外面租才 150 块钱 1 亩，租 1 年。我家只好到外面租田
种，明年再找其他人租，我在外面太源村租的，本村田太少了。①

从该农户的表述中可以看出，马鞍村的耕地租金几乎占到粮食种植业
亩产值（400 元）的近 2/3。如果扣除化肥、种子和农药等生产成本，即
使是不计算劳动力投入，种田也基本无利可图。这类村庄的农民种地是为
了寻求生存，而不是算计种地的经营利润。由于该村属闽赣交界地带，非
常封闭，当地村民如果从外面输入粮食，其所耗费的运输成本和当地租田
种粮差不多。因此，决定该村耕地出租价格的不是种田本身的收益，而是
取决于当地的生存状态。在访谈中我们还了解到，当地的农户租种同村人
的田地，即使不要租金，最多的农户一年收成的稻谷也就 3000—4000 斤。
正因为耕地在当地村民的生活中有特殊重要的地位，马鞍村自 20 世纪 80
年代分田时就规定耕地 15 年大调整，3 年小调整，时至今日仍然习惯性
地延续这种调整方式。

由此可知，农民获得土地流转收益的主要途径是土地的租金，各地包
租土地的业主主要以每亩土地种粮食的收益作为参照来界定土地流转价
格。不过，和从事别的农业产业相比，种粮效益严重偏低。在 2009 年，
农民种植粮食作物，在劳动力基本依赖自身投入的前提下，平均 1 亩地获
利最多只有 300—500 元，因此，以种粮收益作参照界定的租金也就不高
了。按照我们的调查测算，2009 年，平均每户农户承包的土地总面积在
7.5 亩左右，而出租土地的平均年收益只有 200 元左右（即使是种植经济
作物，每亩的年租金最高也只有 700 元），即使是农户把所有的土地出
租，其净收益也只有 1500 元。如果是在福建省和浙江省，2010 年这两个
省的农民人均纯收入分别达 7427 元和 11303 元，如果以平均每户 4 口计
算，出租土地收益只占家庭收入的 5.1% 和 3.3%，几乎微不足道。面对
这种情况，很多农户除了把自家土地以低租金甚至是免租金方式"白给"

① 该受访户在 2010 年种植了 23 亩的紫菂，并成立一个名为"富泰源合作社"的紫菂合作
社，所经营的土地基本是在村外租的，而所贷的 4.6 万元款是无息贷款，以其哥哥的工资卡为担
保，一年一贷（2010 年 12 月 10 号访谈江西铅江县太源乡马鞍村妇女主任 L. S. Q.）。

亲朋好友耕种之外，其余则宁愿把土地（暂时性地）抛荒。

（六）土地流转的用途及收益比较

我们还关注土地流转中的土地用途情况（表2—16）。调查显示，从转入土地的用途看，有55.6%的转入户种植了粮食作物，35.8%的租入户种植了经济作物，另有8.6%的农户转入土地种植蔬菜或其他农作物。

进一步分析则显示，转入土地越多的农户，其种粮意愿越下降。换言之，转入土地越多的农户，他们越愿意种植非粮作物。由此也从另一个层面佐证了土地流转规模化经营水平越高，则农业发展越可能引起"非粮化"趋势。而这个现象必须引起社会各界的高度重视。本研究在第七章还将对此作详细讨论。

表2—16　　　流转土地数量和转入土地种植作物的交互分类表

土地数量（亩）	主要的种植作物						
	粮食作物		经济作物		蔬菜和其他		合计
	户数（户）	比例（%）	户数（户）	比例（%）	户数（户）	比例（%）	（%）
1 及以下	106	73.6	23	16.0	15	10.4	100.0
1—5	82	44.3	89	48.1	14	7.6	100.0
5 以上	11	37.9	16	55.2	2	6.9	100.0
合计	199	55.6	128	35.8	31	8.6	—

调查发现，不同省份、不同村庄的土地流转价格有明显的差异。其中湖北京山县和江西铜鼓县的价格相对较低。由于缺乏收益更高的农业产业化项目介入，当地农户私下间小规模的流转大都是用于种植粮食作物，其收益较低。而当地种粮收益，如果是种植双季稻，户主自己付出大部分劳动力，平均每亩每年纯收益在600—800元之间，种植单季稻，只有一半。如果是雇人耕作，则每亩收益只有100—200元。这样一来，这两个县，即使是好地，大部分流转价格也就在150—200元/亩之间（200斤稻谷租金，每百斤稻谷2009年的市价是不足200元，2014年上涨到140—150元左右，2015年粮价有所下跌）。而如果是耕作条件差的地，则基本是"白

给人种"。

和上述两县相似，在福建武平县、将乐县及浙江省的安吉县，如果农户是把流转来的土地用于种植粮食作物，其流转价格也基本是维持在这个水平。考虑到这些地方有的土地质量更好，粮食单产相对高20%左右，因此在2009年，好的地方的流转价格可能会达到200元以上，但很少超过300元。不过，由于这些地方有相当部分土地是流转用于种植收益更高的经济作物，因此其流转价格自然也水涨船高，普遍达到300—500元。

特别值得注意的是，和10年前相比，现在农民单纯为了种粮而转入土地的比例至少下降了50%以上，这意味着那些不具有发展非农产业或者种植非粮食作物的农村土地将可能面临完全被抛荒的命运。对于原本就人多地少的农村而言，这是深层次的矛盾。不过，在大部分农民的意识中，无论是流转还是抛荒土地，都是一种暂时性行为（对此我们后文还将作更详细的探讨）。因为他们的深层意识仍然认为自己是农民，而农民是不能没有土地的。这种观念在40岁以上的农民的思想中尤为根深蒂固。他们不愿意把土地长期流转出去，就是因为他们相信土地是最后的生存保障底线。

此外，在土地流转收益的兑现方式上，各地约定的土地流转租金通常有现金和稻谷这两种形式。令人担心的是，一些土地流入大户包括农业企业跟农户的合同一签就是一二十年，倘若租金是以稻谷来衡量，还可避免通货膨胀的影响，因为稻谷具有满足人类生存需要的使用价值；而如果租金以货币计，在流转期间可能会受到通货膨胀和物价等各种因素的影响而贬值。在通货膨胀波动较大的年份，固守合同约定的价格条款是对农户生存利益的潜在另类"剥削"。如果以货币租金计算，虽然开始约定的租金似乎更高，但由于这种租金约定往往是长期不变，从长远来看，在企业经营收益大幅增长和通货膨胀时，农民的土地租金却只能维持原来的水平，必然影响出租土地的农民的长远利益。这也是当前长期性土地规模流转中埋藏有土地纠纷因素的隐患所在。

四　农民的土地观念及流转意愿

土地流转与农民对土地的认知有直接关系。已有研究表明，农民的土地观念不仅会随着社会变迁以及外部生活环境的改变而改变，而且包括土地自然条件和农户自身的资源禀赋等微观因素也会对土地流转产生多方面的影响。张丁等从土地供给和土地需求方面对农村土地流转状况进行探讨，发现农民非农经济发展水平、土地资源拥有情况和社会经济地位等对土地流转存在显著的影响（张丁、万蕾，2007）。付顺等也注意到，包括气候、地形等自然因素以及与土地质量相关的因素会影响农户的土地流转意愿（付顺、崔永亮，2010）。金松青和 Deininger 则对农民土地租赁市场的参与进行分析，发现农户人均土地面积、文化程度、非农业资产对流出土地行为具有正向关联（金松青、Deininger，2004）。易晓燕等根据统计模型分析发现，户主年龄越大，农户转入土地的倾向越不明显；非农收入越高，农户越不倾向于转入土地且转入规模很小（易晓燕等，2009）。而贺振华基于湖南永兴土地流转的分析认为，一个地区的非农产业越是发达、人均耕地面积越多、人均收入越高，则当地土地流转行为也就越普遍，反之则相反（贺振华，2003）。刘克春等根据江西 7 县 205 户土地流转农户的分析发现，家庭农业劳动力数量、农业收入在家庭收入中的比重大小和土地租赁程度存在显著相关关系。一般来说，劳动力越多、农业收入比重越大，则转入的土地面积越多，反之则相反（刘克春、林坚，2005）。陈成文则从农民阶层划分的视角出发，认为农村中部分对土地依赖程度低的阶层，其土地流转速度要快于其他阶层，规模也相对越大。可以说，农村不同阶层的差异程度对土地流转速度与规模存在重要的影响（陈成文，2007）。这些已有研究中呈现的观点，对本研究提供了多方面的启发。

（一）农民对土地所有权归属的认知

我国土地管理法明确规定"农村和城市郊区的土地，除法律规定属于国家所有以外，属于农民集体所有"①。然而在实践中，正如周其仁等指出的，我国农村土地的集体所有权在法律实践上是有缺陷的，表现为国家权力对集体所有权的控制；并且受不同地区现行土地使用制度及经济结构的影响，致使农户对农村"土地所有权主体"的认知存在混乱（周其

———————————

① 《中华人民共和国土地管理法》第八条。

仁，1994）。实际调查也证明了这点。如龚启圣、刘守英在对国内 8 个县 800 个农户的问卷调查中发现：46.5% 的农民认为土地的所有者是村集体，认为土地是自己的仅占 2.5%，却有 48.3% 认为土地属于国家（参见王克强、蒋振声，2000）。而在非农业经济发达、拥有大量集体企业的浙江地区，22.8% 的被调查农户认为承包土地的所有权属于个人或者农户家庭，有 48.7% 的农户认为承包土地归集体所有（贺振华，2003）。在鲁中传统的农业地区，只有 9.7% 的农户认为土地归农民个人所有，15.2% 的农民认为土地归村集体所有，剩下约 73% 想当然地认为土地属于国家所有（赵阳，2004）。所有这些调查都反映了国家在农村土地使用中具有较强的实际控制力。而另有一些研究者则认为，不同地区的产权认知受资源禀赋、经济结构影响显著。区域经济发展水平的不同会导致农户和基层组织的土地权属观点的差异（Krusekopf，2002；Liu S Y，Carter，1998）。

和已有研究相比，本研究调查的结果又是如何呢？在问卷调查的 956 个农户中，对"你认为目前土地的权属是什么？"的回答：认为"在承包期内，是农民自家的"受访农户占 37.8%，"是属于国家的"占 34.1%，"是村集体的"占 14.8%，"一直是农民自家的"占 13.3%。由此可以看出，仍有相当多的受访农户认为土地的所有权属于国家。他们担心国家政策发生变化，所以不敢将自己的承包地租出。即使将部分承包地租出，多数人也仅在较短的时间内限于亲戚或邻户间的流转，这点和前文分析是一致的。

现实生活中，之所以有相当多的农户认为土地属于国家所有，恰恰说明了法律上的土地产权主体在现实实践中被"架空"的事实。一方面，通过长期承包经营，农民享有对土地产权的众多分割权；另一方面，国家及其各级代理人的行政权力对土地产权的限制和分割，取代了村集体行使产权主体的权利。农民在土地的分配、调整、使用及土地的收入分配方面没有发言权，往往是由国家及其各级代理人的行政命令或者部门及地方规章说了算，取代了集体与农民执行土地产权主体的权利，从而稀释了农民集体对土地产权的各项权能，其中大部分权能甚至可能流向了政府。

进一步深究可以发现，之所以很多农民会误认为土地是属于"国家所有"，这其中也说明他们对"村集体"的产权主体地位认识上的模糊不清，其中很重要的一个原因在于对"村集体"概念的误读。大部分农民对村集体组织的直观理解是：村集体等于村干部，而村干部代表的就是政府，由此推断出村集体就代表国家力量。因此，当法律规定农村土地所有权属于集体所有的时候，自然他们也就认为，这"等同于"农村土地属于国家所有了。

（二）农民对土地规模经营的看法

本研究问卷调查显示（表2—17），有66.9%的受访农户赞成搞土地规模化经营，而反对的占7.9%，另有25.2%表示"说不清楚"。当被问及哪些因素是影响土地规模化经营障碍，受访农户认为最主要的因素是"农民没有社会养老保险，不愿意放弃自家的地"，占受访农户总数的49.0%，其次是"每块土地面积太小太分散，不适应机械化耕作"，占受访农户总数的27.6%，还有少部分受访者认为影响土地规模经营的障碍是"种地的收益太低"、"农业生产技术落后"和"年轻人不想种地"，分别占9.5%、8.8%和5.1%。这再一次验证了土地在农民潜意识中所具有的社会保障作用。

表2—17　　　　　　　　　　对土地规模化的障碍的看法

土地规模化经营的障碍	户数（户）	比例（%）
农民没有社会养老保险，不愿意放弃自家的地	468	49.0
农业生产技术太落后	84	8.8
年轻人不想种地	49	5.1
种地的收益太低	91	9.5
每块土地面积太小太分散，不适应机械化耕作	264	27.6
合计	956	100.0

（三）不同农民阶层对土地依赖程度差异

正如不少研究者所指出的，土地流转在很大程度上与农民对土地的认知有关系。在现实生活中，很多农民尤其是年龄比较大的农民把土地视为"命根子"，是最后的社会保障依托，同时村集体也会借着土地流转对农村社会施加控制力（朱冬亮，2001、2002、2003）。农民对土地眷恋很深，将土地看成"保命田"、"退路田"，即使外出打工有稳定的职业和收入也不放弃承包地（韩瑞云，2007）。农民之所以会存在这种观念，客观上与当前我国农民社会保障依然滞后有关。温铁军甚至认为，土地是农民的生存保障，在农民没有社会保障前，土地不能流转（温铁军，2006）。而钟涨宝等也认为，随着改革开放和社会结构的转型，农村土地的社会保障功能逐渐由单一的生存保障转变为具有生存功能和发展保障功能，但土地仍然是家庭主要的生产资料，土地对农民来说仍然起着生存保障的作用（钟涨宝、狄金华，2008）。

那么，我们2009年前期调查的农民又是如何看待土地的社会保障功能呢？在问卷调查中，我们设计了一个这样的调查选项："土地是农民的'命根子'，是农民的生活保障"。对此持赞成意见的占53.3%；另有32.8%的农户认为土地是"农民实现增加经济收入的主要依靠"，只有13.9%的农户认为"土地是农民家庭的生产资料"（参见表2—18）。由此可见，在社会保障体系还不完善的情况下，土地的保障功能仍然显得极其重要。

表2—18　　　　　　　　农民对土地功能的看法

土地的功能	频数（人）	比例（%）
农民的"命根子"，是农民的生活保障	510	53.3
农民实现增加经济收入的主要依靠	313	32.8
农民家庭的生产资料	133	13.9
合计	956	100.0

必须注意的是，不同阶层不同经历的农民群体对土地的保障功能重要性认知有很大差异。陈成文等认为，由于阶层属性和特点的不同，不同的农村阶层对于土地的依赖程度和对土地价值的认知存在差异，这种差异导致了不同的土地流转意愿（陈成文、赵锦山，2008）。另有一些学者从土地流转的特殊群体——农民工角度出发，研究了农村人口流动对土地流转的影响。如贾金荣等人认为，制约土地流动的因素主要有户籍制度对"农村人"进城的限制，使农民难以在城市"入籍"，只能离乡不离土。这些实际已经不再从事农业经营的"户籍农民"使土地流转极不稳定并缺乏效率（贾金荣等，2004）。王树春、赵义则认为，农民工返乡会阻碍

现有土地流转的正常进行，造成不稳定因素；但同时也促进了流转程序规范化，促进了农户采用更有效的流转模式（王树春、赵义，2009）。

在调查问卷中我们设计了这样一个选项："未来一段时间内，是否还要依赖土地生存？"对此持赞成意见的受访者达 66.7%，有 33.3% 的农户持否定观点。这也说明，农民总体上对土地的依赖程度还很高。究其原因，大概有两点：一是农村非农产业不发达，农民收入主要来源是农业，土地是他们最可靠的生产资料；二是农民缺乏社会保障，抗风险能力低，而土地在一定程度上给他们吃了颗"定心丸"，起到保障的作用。

另外，对众多农户的个案访谈显示，年龄越大的农民对土地的依赖性越强，对土地的情感和社会保障功能的感受也更为深刻。总的来看，50岁以上年龄大的农户如果没有稳定的养老保障，他们转出土地的意愿比其他年龄段的更低。例如，在福建武平县有一个年龄 64 岁的受访户，是个"赤脚医生"，他的想法在年龄大的农民群体中就很有代表性：

> 我家中共有 6 口人，2 个儿子和 1 个儿媳在外打工，我自己在村里开了间医药店。由于年纪大了，而且欠缺医疗设备，只敢诊治一些普通病症，每天盈利 10 元，勉强糊口。由于担心出现医疗事故，我只能看一些简单的感冒之类的小病，稍重点的病我就劝患者去乡镇医院看。我家中有 2 亩半的地，全是自己耕作，没有出租。因此我认为，家里一定要有地，心里才不会慌。因此我很担心有外面的大老板把地全部租走，这样自己就没有什么依靠了。我自己不租借出田地，是由于自己儿子现在仍靠打工谋生，万一他们因为年龄因素被辞退了，那生活就更没保障了。现在至少家里还有田可以维持生计。[①]

对于那些 35—50 年龄群的中年组农户而言，对土地的依赖性低于老年组群体，但高于 35 岁以下的青年组群体。在中年组的农民看来，他们试图在生存保障以及获得更高的经济效益之间作出一个平衡的选择。这个年龄群的农户大多"上有老下有小"，他们多半有外出务工经商的经历，同时也有在家种地的经验。这种双重的生活经验让他们深刻感受脱离土地

---

① 2009 年 8 月 11 日访谈武平县十方镇黎畲村村民肖医生（赤脚医生，64 岁）。

的不稳定性以及留守家乡的无奈和贫困感。本研究前期访谈的481个农户中有85%是属于这个年龄群的样本。例如，江西铜鼓县大塅镇谭坊村村会计就认为：

> 我自己17岁就到外面打工，到外面也不容易。现在自己还年轻，情愿把耕地留下自己耕种。但是如果能签订一个长期的租借合同，并且价格合适的话，我还是愿意将土地租借出去。不过，和其他人情况不同，我到外面也算是见了点世面。村里种有机稻，我也想种，可惜今年下种迟了。另外，我现在在做一点贩卖笋干的生意，一年可以收入1.5万元到2万元之间。但这毕竟不是长久之计。[①]

还有的受访农户依据自己在城里打工的经验。知道城乡农产品有巨大的市场差价，这点是他们可能流转土地而介入农业产业化发展的一个主要原因。因此，他们尝试着种植蔬菜、花卉、烟草等非农作物，也更倾向于把自家的土地进行流转。但他们心底里还是充满了顾虑。下面这个受访农户是武平县永平乡梁山村的妇女委员，她谈到了自家的生计经济：

> 我家中3口人，丈夫是小学老师，平时没课也帮忙种田。我自己有出外打工的经历，1998年到2003年在厦门打工。现在经营30亩地，基本都是向别人租的，其中种植生姜15—17亩，种植水稻3亩，其他10多亩全部种仙草。因劳力缺乏，绝大部分是雇人种，雇工价格是35元/天（主要是女工）。所种生姜品种属台湾姜，产量每亩4500—6000斤，每斤1.05元。我用自己的小型车运输到龙岩去销售的，每台次小型车可以装载2亩地的产量。种姜的成本也高，每亩需要3000多元，光是姜种就要1元多1斤了。土地租金200多斤稻谷/亩，来自很多户人家。有些是签订了合同的，有些则只是口头协议。基本是一年约定一次，有2户人家是3年一签（大概有5亩地）。因为丈夫工资还比较低。如果条件允许，我希望租种更多的地。我自己认为，农业生产总的来说风险还是挺大的，尤其是种水稻。我认

---

① 2009年8月1日访谈铜鼓县大塅镇谭坊村会计（39岁）。

为，粮食价格最好能卖到130—150元/百斤。[①]

至于那些年龄在35岁尤其是30岁以下的青年农民群体，他们对城里的生活心向往之。这个群体大多没有务农经验，对土地和乡村基本没什么认同感和归属感。本研究在暑假调研期间，随机访问时基本很少碰到年龄低于30岁以下的访谈户。[②] 因为这个群体基本外出务工或者经商去了。他们大都不关心农业生产情况。有很多年轻人甚至认为，"种田似乎是他们祖辈父辈的事情，和他们没有关系"。有的因为从小没有从事过农业，甚至已经不会种田，自然对土地也谈不上有什么情感。江西铜鼓县大塅镇大塅村29岁的受访户 Y. X. Y. 就是个例子：

> 我家里有4口人，有1.5亩田，自己是城镇户口没有田，只开了个小店，母亲和妻子的田还没调整。目前，我家的田都租给人种了，租期是一年，原来说好一年租金是100多斤谷子，但是这两年都没去向人家要。自从我父亲过世以后，田就没有人种了，我自己已经很多年没有去过问田里的事情了。再说，关键是我不会种田。如果自己会种也会种一点，店里生意不好的时候就想去种田，主要是因为不会种。其次这里的田比较分散，产量也不高，种田不划算。如果这里的田是连片的，也可能会去租几亩种。以前我在广东打工，看人家种花每年能赚好多钱，也想在家里试种一点，而且种田一年只要忙两三个月，其他时间都休息。刚打工回来的时候还考虑过种田，但听我舅舅说自己种1亩田和把田租给别人种只差个200元，家里田少的还不如把田租给别人种，自己去做点别的。[③]

对于那些年龄在30岁以下的农民来说，他们出生成长在80年代后，且大部分有外出到城里打工的经验。从某种程度上看，他们虽然户籍身份仍然是农民，但实际上甚至已经不属于"农民"这个群体。尽管城里人

---

① 2009年8月14日访谈武平县永平乡梁山村村干部（W. C. Y.，女35岁，种粮大户）。

② 本研究调查访谈的农户个案中，低于30岁以下的不到5%。

③ 2009年8月2日访谈铜鼓县大塅镇大塅村村民 Y. X. Y.（29岁）。

仍然把他们看成是"农民工"，但他们并不完全认同这种说法。对于他们来说，农村已经是一个自己不常回去的"老家"，他们中的大部分人试图努力地在城市营造一个属于他们的家，尽管他们是漂泊于城乡之间的边缘群体。

不过，在调查中我们也发现，无论是在经济发达地区还是在经济落后地区，极少有农户愿意放弃自己家的承包地。如在江西铜鼓县大塅镇的谭坊村，尽管该村全家多年在外面打工的农户有 10 多户，他们家的地多年来也都是全部租给别人家种。但是这些农户仍然明确表示不愿意放弃土地。

由于不同年龄段级的农民群体对土地的观念理解不同，因此有的经济不发达地方的政府干部认为，当前大规模推进土地流转的机遇还不成熟。如湖北省京山县曹武镇财政农经所负责人持这样的观点：

> 要等到 50 岁以上的村民要放弃土地的时候，那个时候规模经营的条件可能相对成熟。在外打工的基本上是 30 岁之前的年轻人，在家种地的基本上是 40 岁以上的。这是当前我们这个地方的基本情况。现在推进土地规模流转，为时过早。[①]

（四）农户承包地正在变为家庭"祖产"

有意思的是，在整个调查过程中，我们发现，由于接受访问的大部分村民都是年纪较大的老农，因此他们在介绍自己的家庭人口时，往往会把自己的所有子女及孙辈算上，而事实上，他们的子女有的已经"分家"，各自成立新的家庭。但由于他们的子女孙辈大部分人长期在外面打工，因此分家和不分家似乎差别不大。例如，湖北崇阳县沙坪镇东关村的村民虽然兄弟已经分家，但仍一起"同灶吃饭"。[②] 这就是问卷和访谈信息中，显示的家庭人口数比较多的原因。

然而，更值得我们注意的是，年轻的子女一辈虽然已经名义上"分

---

① 2009 年 7 月 9 日访谈湖北京山县曹武镇财政农经所负责人。

② 关于兄弟"分家"的理解，传统的农村必须由舅舅之类的外亲主持一个正式的"分家"仪式才算数，并真正实现"分灶"。

家"，但他们似乎也无意重新去划分土地。土地仍然是父辈甚至祖辈在耕种，并以他们的名义由整个家族共同持有。这也从另一个侧面表明，土地已经越来越成为一个家族性的资产，并可能在未来成为一种"祖产"。特别是在土地承包期长期化甚至是固化的情况下，未来的土地将不再是一个个家庭所有，而是源自祖辈的家族性资产。① 如江西铜鼓县三都镇东山村村民 L. G. X. 家的承包地就是如此：

> 我今年 55 岁了。早年做过点小生意，曾送木头到浙江一带。家里有 11 口人。有 6 个子女，其中有 3 个孩子到广东和福建打工，3 个已经"分家"，但没有分地。家里共有耕地 9 亩 9 分地，平常都是我自己照看。其中有 1 亩退耕还林，有 2 亩 8 分 6 的地通过由干下（村民小组长 L. X. C.）转租给 L. Z. Q. 了，每亩租金是 300 斤稻谷/年（他同时从家中拿出一份正式的租借合同给调查员看）。目前自己种了 6 亩地，租给温泉镇大户 L. Z. Q. 2 亩 8 分 6，价格是 300 斤稻谷/年。此外，我家里还有 70 亩林地，种的是杉木，但全部算是生态公益林。现在生态补贴每年是 6 元 1 亩，一年共计是 420 元。② 目前，我自己在路边开了家杂货店，兼营麻将休闲业务。家庭年总收入（不算子女）大概 1.5 万元。在此之前，租给 L. Z. Q. 的地也是我自己耕作，至少保证全家的口粮需求。现在我自己年纪大了，也想把地租给别人种，反正都要请人来帮忙耕种，不如租出去，就差了几百斤粮食，影响不大。③

在访谈调查时，我们还发现存在一种"分家不分地（山）"的现象。家里的承包地和山林通常被认为是祖辈留下来的资产，而子女尽管分家，但由于目前从事粮食耕作的比较收益并不高，田和山在年轻一辈看来似乎没有太大的经济价值。再说真的要分地和山林，分不好的话兄弟之间还会

---

① 有的家庭兄弟之所以不愿意把父辈的地分割，部分原因是担心因为分地不均而引发家庭矛盾。

② 2016 年江西省的生态公益林补偿已经增加到 20 元左右，但实际分发到农户家庭的会略少些。

③ 2009 年 7 月 31 日访谈铜鼓县三都镇东山村农户 L. G. X.（55 岁）。

闹意见，伤了一家人的和气，因此兄弟之间即使"分家"了，也不刻意把地和山进行重新分配。特别是如果年轻一辈外出打工或者从事别的非农产业，他们之间就自然形成这种默契。既然如此，家里的地和山林等资产就自然成为整个家族的共同资产而由仍健在的父辈或者祖辈管理。家中土地所产粮食自然也归属于整个家族所有。铜鼓县受访户 Z. W. 家就是属于这种情况：

> 我家有 5 口人，但自己有 5 兄弟，都已经各自成家立业，兄弟也已经"分家"。我 5 兄弟共有的土地有 15 亩，分家时没有把地也分了。这 15 亩地的所有各种种粮补贴全归自己父亲所有。我自己目前从事"摩的"载客业，田都给兄弟耕种，每年只从中拿自己吃的粮食。我自己在外面开"摩的"，和妻子的工资加起来一年有 2 万元多一点的收入。①

事实上，就目前情况看，农村中 65 岁以上的老人基本扮演的是家庭土地、山林财产的守望者的角色。他们多半已经年老体衰。进入这个年龄段的人往往已经是祖父辈，他们的子女已经四五十岁，他们的孙辈则多半是到了城市打工。这时候，我们能够深感到一家之中，不同辈分不同年龄段的家庭成员对家中土地的情感和认知是有明显差异的。作为年老的祖辈，他们一辈子和土地打交道，早已经把自己的一生融入到土地中。因此，如果让他们把土地长期流转出去，他们中的大部分人打心眼里不愿意。虽然自己不能耕作，但即使是流转，也希望是一年一租，很少有人愿意把自家的土地一次性转给别人 3 年以上。

然后，问题的关键在于，从 80 年代末一直持续至今的"农业老龄化"现象现在似乎面临着新的转折。目前这些老农自己已经年老力衰，或许他们现在还可以充当土地的"守望者"角色。一旦到了这批老农故去，他们的子孙辈将作出何种选择？他们是否依然会遵循他们的前辈的选择而厮守乡土？这时候他们的选择取向取决于整个社会发展形势的转变。如果城镇化进程能够顺利推进，无疑将有一批人放弃土地耕作而迁移到城

---

① 2008 年 8 月 3 日访谈铜鼓县大塅镇交山村村民 Z. W.（38 岁）。

市居住，最终变成城里人。但他们仍然可以保留家里土地的承包权，只是把经营权流转出去，并获取由此带来的收益。反之，如果这个国家的城镇化进展不顺，现行的这种社会结构是否将依然延续？而失去土地情感的新一代农民他们将以怎样的方式来面对和经营他们家族中的土地？

为了对未来土地产权制度变革方向作一个预测，我们在调查中对农户进行了关于土地私有化态度的调查，以更直接地了解与掌握农民的真实想法，尤其是农户对长期、稳定地拥有土地的态度和意愿。而问卷调查显示，有31.1%的受访农户认为我国"不适合"搞土地私有化，有41.3%的受访者认可"适合"搞土地私有化，而表示"说不清楚"的占27.6%。这说明，已经有超过四成的农户认可土地私有化变革取向。

由于当前土地承包制实践中已经明确把土地承包权定为"长久不变"，因此很多农民认为，按照国家这个政策，土地实际上已经等同于是私有化。如果没有诸如征地拆迁之类的事情发生，每个农户承包的土地将来是固定不变的。不过，在实践中至少有1/3的农民对国家的这项政策持怀疑态度。他们希望能够按照人口的增减变化对村组的土地进行定期或者不定期的调整。对此，我们在第四章再作分析。

第三章　农户主导型土地流转

正如本研究在导论章节中已经提出的，土地流转实践模式类别其实比官方文本规定的要复杂得多。不同研究者基于自己研究立场的差异，对土地流转模式有不同的分类法。本研究基于自己的实地调查，拟从土地流转主体参与及运作机制角度，把土地流转分为农户主导型土地流转和政府主导型土地流转两大类。其中农户主导型土地流转是指在整个土地流转运作机制中，农户自身始终居于主导地位。他们依据自己的理性判断作出土地流转的决定而很少受外力影响（当然国家宏观制度安排是决定农户土地流转行为的潜在因素）。至于政府主导型土地流转是指政府在整个土地流转过程中起到重要的直接的组织和引导作用。政府出于自身立场考虑，（直接以行政手段或者以政策激励方式间接干预土地流转进程）。本章先对农户主导型土地流转进行探讨，下一章则对政府主导型土地流转展开具体分析。

实际上，如果从另一个角度看，同一个地方在不同的经济发展阶段，土地流转的模式会有很大的变化。以厦门市为例，据 2010 年和 2015 年本研究两次调查对比资料分析[①]，这个市的土地流转总体上经过一个发展脉络。从 20 世纪 80 年代末至今，该市土地流转大致经历了农户自发私下流转→大户小规模流转→农业专业合作社规模流转→政府干预扶持流转→股份制和跨区流转五个阶段。不同阶段的土地流转的组织方式、市场化程度、土地经营绩效有明显的差异。其中第一阶段是以农户个体间私下流转

---

① 本研究负责人在 2010 年和 2015 年分别对厦门市的土地流转情况进行了实地调研。除了了解全市的土地流转情况之外，课题组还实地调查了同安区、翔安区五显镇、内厝镇、新圩镇 3 个农业大镇、5 个农业村（三秀山村、明溪村、后田村、黄厝村、前埔村）、4 个农业专业合作社，并深度访谈相关部门、合作社负责人和 20 多个农户。

为主，双方口头约定，没有签订正式合同，租金低且多是一年一议，土地流转规模小，农户仍然以传统的耕作方式耕作土地，这种流转模式只是传统的家庭个体经营的简单放大，在生产组织和技术革新上没有突破。

进入20世纪90年代末21世纪初期，厦门市土地流转出现了一些经营大户，从而进入第二个阶段，随后厦门开始出现了专业组织型土地流转。在2007年合作社法实施之前，有些流转大户就试图以自我组织的方式扩大土地经营规模。如该市同安区五显镇明溪村三秀山蔬菜专业合作社前身是2005年成立的明溪生态协会，2007年正式注册成立合作社。

到了2005年之后，得益于国家顶层政策设计的变化，我国农业总体政策从过去的"汲取型治理"制度转型为"反哺型治理"制度。厦门市的土地流转开始进入政府干预和扶持流转的阶段。主要表现在政府对合作社进行补助，在区、镇（街）、村建立土地流转服务机构、建立规范土地流转的相关制度等。2008年十七届三中全会提出按照依法自愿有偿原则，允许农民以转包、出租、互换、转让、股份合作等形式流转土地承包经营权。厦门市有关部门进一步加大了对土地流转的政策干预。2009年，厦门翔安市新圩镇前埔村村民G. J. D.把自己的承包地以协议租期5年，每亩年租金1000元租给庄家宝蔬菜专业合作社。厦门首例农村土地承包经营权流转在翔安新圩镇"破冰"实施。

2011年厦门市政府下发《厦门市人民政府关于加大力度推进农业适度规模经营的实施意见》（厦府〔2011〕452号）。《意见》要求，本市将用两年时间，建成覆盖全市的农村土地承包经营权流转市场服务体系。2013年十八届三中全会提出要全面深化农村改革和全面推进城乡一体化发展。国家强调要将土地经营朝向建立现代农业产权制度和经营制度转型。在此之后，国家和福建省都加大了对土地流转的政策干预程度。2014年12月福建省人民政府办公厅出台《关于引导农村土地经营权有序流转发展农业适度规模经营的实施意见》（闽政办〔2014〕162号），明确提出要加大对土地适度规模的政策激励度。面对这种新形势，厦门市进一步加大了对土地流转的政策干预程度，其最直接的表现是有关部门试图进一步提高土地的规模化、集约化、市场化经营水平。2015年，厦门市委办公厅、厦门市人民政府办公厅发布《关于引导农村土地经营权有序流转发展农业适度规模经营实施意见》（厦委办发〔2015〕14号），首次明确提出对新型农业经营主体开展土地规模流转直接进行资金补助。这些政策无疑会对厦门市土地流转模式演变进行新的直接影响。

任何的资源市场交换，本质上都有追求规模效应的考量。对于土地流转而言，无论采取哪种流转方式，本质上都是为了追求更好的经济效益。诺斯曾经指出，经济的发展最初是从个人之间的直接交易开始的，私人间频繁的商业交换形成了市场。只不过，由于私人间的交易信息不对称等因素使得交易费用很高，进而影响私人收益及交换效率。为此，人们就会设立组织来进行大规模的交易，形成规模经济，以节约交易成本，由此才导致市场的产生。私人之间的代理交易的低效性必然使得人们趋向于规模化的市场性交易（诺斯，1994：15）。按照诺斯的观点，如果说农户个私土地流转经营是一种私下的经济行为的话，那么规模流转经营就是土地流转市场化发展的必然产物。本章拟对当前农村土地流转中最早出现也是最为常见的土地流转形式——农户个私土地流转模式-——进行研讨，然后再对农业专业合作社流转、土地私下"买卖"流转等其他农户主导型土地流转模式进行分析。

一　农户个私土地流转

有研究表明，经济相对落后地区（如四川、安徽）的土地流转往往是以农户个私流转为主（董国礼、李里、任纪萍，2009）。和一般的土地个私流转理解不同，我们所指的土地个私流转是指农户个体之间通过协商，以口头或者正式的书面协议方式，达成土地流转意愿，实现土地流转交易。其具体流转方式包括出租、转让、转包、代耕、互换等。个私土地流转既可能是短期性的口头协议流转，也可能是长期性的正式协议流转。

本研究调查表明，在农户个私土地流转盛行的村庄中，有95%以上的村是属于集体经济缺失的"空壳村"。2006年全国农业税费改革后，这些村基本上没有其他收入来源，其村财收入主要依靠上级政府的转移支付，每个村的标准基本上在4万—6万元。这部分资金支付完村干部工资和办公经费之后，就所剩无几了。因此，这些村里的农业基础设施建设及其他公益事业发展所需资金，主要靠上级政府的项目扶持。村干部的主要职责就是通过向上级政府争取项目扶持的方式来参与村庄的经济社会及其他公益事业建设。面对这种环境，这类村庄的村集体组织自然也没有足够的能力和精力干预土地流转。事实上，一方面，农业税费取消之后，村干部不能再像以往一样获取村集体"提留"经济收益。另一方面，土地承包权的固化，使得他们也基本丧失了利用土地调整机会获取政治影响力及其他经济利益的机会。[①] 这时候，上级政府就成为他们的"衣食父母"，因此他们更可能把自己的角色定位为村"干部"，而不是村民。这也是大部分村庄的村干部对农户间个私土地流转采取放任自流态度的深层原因。

（一）农户个私小规模流转

在众多的土地流转模式中，农户个私小规模土地流转是最早出现同时也是最为流行的一种土地流转方式。其基本特征是土地流转双方往往通过口头协商确定土地租赁关系，没有订立正式的合同，且流转的期限一般是一年或者一年一订，流转的范围也基本局限在本村范围之内。农户个私小规模流转的具体形式主要有出租、代耕、互换等几类。

调查显示，农户个私小规模土地流转占流转总面积60%左右。为了和本研究接下来将要探讨的农户个私规模流转模式（"大户"流转）区分开来，我们把农户个私小规模土地流转界定为单户经营面积在30亩以下，其中流转自别的农户的土地一般在20亩以下。超过这个标准，基本就算是"大户"经营模式了。

和别的土地流转形式相比，农户个私土地流转的规模经济并不明显。流入土地的农户并没有因此而改变耕作方式。他们因家里劳动力富余，因此顺便从本村亲友或者邻里间流转入几亩十几亩土地进行短期性耕作。一般而言，这种流转方式只涉及土地使用权层面的流转，流转价格往往偏低。我们的调查显示，农户个私土地流转的每亩年租金大部分是在200—300斤稻谷（小麦），很少有超过300斤的。[②] 有的时候甚至是完全无偿流

---

① 从20世纪80年代初实行土地家庭承包制，一直到90年代中后期土地延包"30年不变"政策实施前，全国约有超过50%的村庄形成定期或者不定期按照人口增减变化调整承包地的惯例（朱冬亮，2003；林卿，1999；等）。在此之后，全国大部分村庄开始实行"增人不增地、减人不减地"策略，不再如以往般调整土地。

② 本研究重点调查的43个村庄中，80%的个私土地流转中约定的租金支付方式是实物地租。而在工商资本介入的规模性土地流转中，也有超过一半的是土地流转约定为实物地租。具体支付地租时再换算为当年的市场交易价，以货币支付。

转。双方依据传统的民间信任机制确立土地流转租约关系。因此，董国礼等把这种流转模式称为是"血缘、地缘式土地流转模式的典型"（董国礼、李里、任纪萍，2009：32）。而这点，正是它与其他土地流转方式的明显差异。

个私小规模土地流转交易一般是以人情、面子为中介，土地出租方的初始目的不是为了获取货币或租金的最大化，而仅仅是保住其对土地承包权和使用权，或者仅仅是为了不让土地抛荒。[1] 从某种程度上说，农户间的个私流转甚至属于一种"代耕"的性质。表现为暂不经营土地的农户把自家的承包地交给亲属、亲朋好友或左邻右舍"照看"一下。需要的时候，户主随时可以收回。

湖北省崇阳县沙坪镇前任村的土地流转就属于典型的农户个私土地流转。据该村的时任村主任 G. Y. J. 反映，该村整个行政村共有 5200 多人口，总耕地面积 5800 亩左右。该村村财薄弱，收入主要靠上级政府转移支付，每年 62800 元，这笔钱一是用于支付 8 个村干部的工资，二是用于村里的办公经费等开支，所剩无几。至于村民，他们的生计主要靠外出办钒厂或打工，此外没有别的就业途径。2009 年本研究负责人在本村调查时，发现留守家乡的农户很少有年家庭纯收入能够超过 2 万元的。留守农村的农民主要靠在当地打零工[2]或者租入几亩薄田维持生计：

　　　　我们全村外出打工的劳动力有 1000 多人，年轻人主要是到广州、上海等地打工，其中搞钒厂或者在钒厂打工的占外出劳动力在 300 人以上（当地以血缘、地缘为纽带，形成规模性的外出兴办钒厂热潮，但近年很不景气）。在我们村，内部流转的土地占全村总土地面积的至少 1/3 以上。基本上是无偿给人耕种，属于农户间自己私下协商流转，而旱地中至少有一百多亩已经抛荒了，偏远的水田抛荒也大概有几十亩，主要是 2005 年之后抛荒的。因为这几年外面的经济比较好，外出打工收入比较高，农民普遍不愿意种地。还有，我们这个村在以

---

① 很多村庄明确规定，农户不能把承包地抛荒，否则村集体有权收回，或者是在下次土地调整时扣除其相应的面积。因此，很多农户不敢抛荒土地。

② 2009 年，当地男劳力打零工工钱 60 元一天，还要管 3 餐饭，外加 1 包价值 5 元的香烟。

往是种植双季稻居多，现在双季稻种植面积下降了很多，改种单季稻了，有的偏远的田甚至被抛荒了。2008 年金融危机后，因经济不景气，全村外出回来的劳动力至少有几十人。他们中有的人重新把出租的土地要回来自己耕作。但这只是暂时的，这部分人的"眼睛还是盯着外面"，随时准备跑出去。另外，从 1981 年到 2009 年，前任村全村建房子占用的耕地大概有 100 多亩，也算损失了一部分田。①

前任村时任村支书 Y. G. F. 书记也谈到自己家的土地租赁情况：

> 我已经连任四任村支书（因此每月享受 40 元的退养金）。至于我自己家的情况是这样的，全家共有 4 口人，家里承包了 4 亩水田，旱地有 2—3 分。另外，家里还分到山地 20 多亩，主要种植梨树、竹雷竹等作物，一年的收入有四五千元。全家一年的纯收入也就在 1 万元左右。目前，我家里的地全部是自己耕作，还向别人租了 6—7 亩田耕作，这几亩田是属于 5—6 户人家的。我租的田，有种两季的，也有种一季的，每年合计可以打粮食 1 万 5 千斤。这 6—7 亩别人家的田我家已经连续耕作了 7—8 年。都是同村人的地，租地也不要签订什么合同，口头说说就可以了。原来在 1990 年之前，每亩地要 150 斤（干谷）的地租，但在此之后，因为税费不断增长，田地无人愿意耕作，就不要地租了。再后来，税费改革后，种粮不要交税了，还给粮食补贴，双季稻 1 年 1 亩补贴是 160 元，单季稻的补贴是 98 元。我租的田，粮食补贴仍然归承包地业主所有，但租地仍然不要地租，种地还是不划算。在我们这个村，如果农民愿意种地，也基本无地可种，地太少。但是在临近的村的小组（七组），估计有地可租，那边的地更多，但也听说有什么大户靠租地挣钱。②

Y. G. F. 家庭的土地租赁经历在农村很有代表性。他家之所以免费租种了六七亩别的农户的地，只是因为在家没有别的营生，因此顺便多耕作

---

① 2009 年 7 月 12 日访谈湖北崇阳县沙坪镇前任村村主任 G. Y. J.（39 岁）。
② 2009 年 7 月 12 日访谈湖北崇阳县沙坪镇前任村村支书 Y. G. F.（61 岁）。

一点地，并不指望能给家里带来多少收入。类似的情况在江西铜鼓县大塅镇浒口村农户 C. S. M. 家（本人是养鸭大户）也是如此：

我家中共 3 口人，我自己只有小学文化，1988 年出外打工，但觉得在外面打工也非长久之计，因此又回家务农。目前，我自己家有耕地 7—8 亩，包括自己开荒出来的 4 亩，承包的地有 3 亩多。以前我家种了有机稻，但都拿去喂养鸭子，粮食不够吃，每年还要购买粮食用于家庭日常生活消费。现在种的都是双季稻，还跟自己父亲和弟弟向本村外出的村民家租了 4—5 亩田，原来每亩年租金是 250—300 斤稻谷，现在大概只有 200 斤稻谷就行了。国家的种粮补贴归对方所有。在我们这儿，租地基本上是一年一签，不需要签正式协议，农户自己随便口头商量一下就可以了。没人爱计较租地的事情，反正种地不划算。我种别人的地，实际上就是帮人家看管一下，免得抛荒。租 1 亩地扣掉生产成本，赚不到 400 块钱，还不算自己劳动力投入。如果雇人种，就更不划算，几乎赚不到钱了。因此，在家里，光种这点地是赚不了什么钱的，我还养了 400 多只鸭子。家里收入，主要是靠这个。[①]

而湖北崇阳县沙坪镇前任村东关自然村农户 W. F. K.（1955 年出生）家则是土地出租的典型代表。据其当时在大学读硕士研究生的儿子 W. W. 反映：

我父亲 1997 年在外面做生意，最早在国营钒厂工作，1993 年厂子倒闭，就自己跑出去打工了，去了很多地方，现在在江西钒厂打工，当技术员，一个月收入 3000 元。我家里共有 6 口人。目前，我大哥及嫂子在上海当焊接工人，每月合计收入大概是 3500 元左右，侄儿、侄女及我母亲留守在家乡，家中有一个 85 岁高龄的爷爷需要照顾。我全家有水田 4 亩多，2—3 亩旱地，旱地种果树，基本不用看管。2003 年之后，家里的水田就租给邻村人耕作，2007 年和 2008

---

① 2009 年 8 月 4 日访谈江西铜鼓县大塅镇浒口村村民 C. S. M.（37 岁）。

年家里没有耕种土地，全家买米吃。2009 年，家里母亲把自家屋后的 1 亩多水田要回来自己耕作，可打 1000 多斤粮食供自己家食用。此外，我家里就没有其他货币收入了。[1]

虽然，大部分被调查村庄的农户个私土地流转经营效率低下，不过，在有的地方，由于多方面的原因，农户个私土地流转也构成农业产业链中最下游的部分，且不可或缺。福建武平县、将乐县都发展了数以万亩的烤烟种植业[2]，另外武平县的仙草也达到了万亩以上的规模，而将乐县安仁乡 2013 年发展的有机稻种植业，江西铜鼓县多年前发展的超过万亩的有机稻种植业，福建省厦门市翔安区和同安区农户种植的数千亩的胡萝卜等等，所有这些，都属于松散的订单农业规模经营形式，而这些"订单农业"都是建立在农户个私土地流转经营基础上。这些地方的个私土地流转之所以能够获得规模效应，与订单农业种植的农作物有相对稳定的市场销售保障有关，单个农户的小规模经营通过加入"订单农业"产业链而能够获得较好的经济效益。

在"公司＋农户""订单"农业产业化链条中，有一种是属于松散型的。外来的农业企业不直接介入土地的流转经营，而只是提供一些种子、化肥及技术人员支持，并按照订单收购农户生产的农产品，双方维持一种相对松散的合作关系。但在其下游终端，这种产业却是完全建立在农户个私土地流转基础上。从农户的角度来看，这种土地流转模式仍然可以归属于是农户主导型土地流转。不过，如果是紧密型的"公司＋村集体＋农户"农业产业化链，则政府的引导作用变得至关重要，这种土地流转模式就是属于下章将要探讨的政府主导型土地流转类型了。

近年来，江西铜鼓县大力发展的"有机"农业产业就是属于一个试图提高个私土地流转绩效的有益尝试。该县因地处江西和湖南交界地带，又属山区，因此这个县基本没有工业，当地的生态环境相对保持得较好。这种良好的气候和天然环境为各种"有机"农业发展提供了很好的环境。

---

① 2009 年 7 月 11 日访谈湖北崇阳县沙坪镇东关村村民 W. W. （硕士生，24 岁）。

② 不过，据本课题组 2014—2016 年的跟踪调查显示，将乐县的烟草种植业在持续萎缩，2016 年的种植面积甚至不到高峰期的 1/4 了。

因此，当地政府重视打好"有机"农业这张牌，并积极引导当地农户往这个产业集群发展。不过，即便如此，该县的土地流转仍然是农户主导型流转为主，地方政府并没有直接干预和介入土地流转。这个县发展的"有机"农业主要包括两种产业：

（1）有机白茶种植。据史料记载，铜鼓县明朝时产贡茶，所以种植白茶在铜鼓已有相当长的历史，且属于劳动密集型产业，有利于解决闲置劳动力问题。在该县的大塅镇，2009年镇政府大力发展的白茶基地由浙江安吉老板过来投资800万元，预计首期流转国有林地500亩。本研究负责人在该镇进行调查的2009年刚刚种植茶苗，还要五六年才能采摘。据说500亩山地每年能收成200斤干茶，每亩年产值可达3000元。当地人认为，铜鼓县的白茶品质要好于其他地方，原因一是没有工业，所以污染少；二是山区早晚温差大；三是多雾适宜白茶生长。当地村干部憧憬的前景是如果白茶基地建立起来后，本地农民可以在山上打工增加收入（2009年打工每天工钱是男工50元，女工35元）。① 这种模式在其他省份的土地流转也有类似形态出现，即流转出土地后，原土地承包者加入依附该土地之上的产业基地或者合作社组织。这样既能促进土地流转，又能解决农民土地流转后的就业问题。

（2）有机稻种植。铜鼓县大塅镇一直在大力推广农户种植有机稻。这是当地"有机农业"最有成效的一块。从2007年开始推广有机稻以来（也有受访户说是从2004年开始），全镇的有机稻种植面积从早期的3000亩发展到2009年的1万亩，约占全镇总耕地面积的6%左右。调查显示，这是该镇促进农业产业结构调整的一大举措。有机稻虽然亩产量比一般水稻低100—200斤左右，但价格比一般水稻高。2009年，当地政府宣称有机稻收购的保护价是130元/百斤，实际收购价是128元/百斤，比一般稻谷价格高出约30%—40%（普通稻谷每百斤是95元/百斤），生长期也比普通水稻多30天左右，每亩能增收300元/年。因这种米价格比较高，当地农户所产有机米大都销往外地，自己家舍不得吃。

不过，据受访户提供的信息，虽然表面上有机稻种8元/斤，比普通杂交水稻种子（20元/斤）要便宜，但由于有机稻种植每亩要用3斤种

---

① 2009年课题组调查员在此调查时，当地农民打工每天工钱是男工50元，女工35元。

子，而其他杂交水稻稻种 1 亩只要 1 斤，种植有机稻的实际种子成本比普通水稻种要贵。有机稻种子是由镇上有机粮食公司出售给农户，农户只有购买了这家公司销售的种子和肥料，公司才会按照订单价格负责收购农户所产有机稻谷。有部分受访农户认为，相比投入而言，种植有机稻效益只比种植普通水稻略高一点，因此也有某些农户不愿意加入有机稻种植产业。

在我们调查的村庄中，福建省将乐县安仁乡也从 2013 年开始鼓励农户种植有机稻。这个乡早在 20 世纪 90 年代初即有农民外出到上海开夫妻组合的食杂店。90 年代中期之后形成规模，并向批发超市方向发展。目前，在全乡约 1.2 万人口中，外出到上海开店经商的占 40% 以上，外出劳动力占全乡农业劳动力的 60% 以上。这其中有的农民已经在上海待了近 20 年，积攒了一些资本。因此，2013 年，他们中有些人就联合起来回到家乡发展有机稻种植产业，首期种植面积约为 700 亩，这是属于"公司＋农户"的订单农业发展模式，其操作模式和铜鼓县的有机稻种植产业类似。他们计划在全县发展总面积约为 1 万亩的种植面积，所产稻谷加工成大米之后全部销往上海等地，预计整个项目投资额将达 8000 万元以上。

安仁乡的有机稻种植业中，地方政府也基本没有介入。因这些投资商原本也是安仁乡本地农民，他们可以直接和农户签订订单合同。按照双方约定，投资商免费提供稻种，并且统一组织农药喷洒，平常的劳动投入和花费则由农户自己承担。据了解，这种有机稻的生长期比一般水稻品种也是多 1 个月左右，且要求以沙土性土壤更为适应，亩产量也更低，约为 800 斤，比当地一般水稻产量少了 20%。不过，由于投资商承诺按照每百斤 240 元的保底价收购，因此收购价比普通稻谷高了 100 元。由于 2013 年是试验年，当地农户对有机稻种植持观望态度。很多农户表示，如果种植有机稻更划算，那么自己也可能种植。如果不划算，则可能放弃。2014—2015 年，该乡的有机稻种植面积有所扩大，但市场没有打开，因此经营面临困境，据说是因为稻谷没有达到质量要求。总体而言，当地大部分农民似乎对此兴趣不大。

由于短期的农户个私土地流转中组织形式相对较为松散，和其他组织化程度较高的规模性土地流转经营形式相比，这种经营模式把规模集约经营和农户松散经营有机结合起来。一般情况下，农户个私土地流转经营形式中农户的经营权相对独立，不涉及土地平整、约定的经营期限较短（大多是一年一订）、甚至彼此都不用签订严格的合同，双方所承担的风险更低。双方也可随时中止合约，这也意味着双方的合约缺乏严格的法律约束和保障。安仁乡就曾经出现过失败的实践案例：

> 2010 年，将乐县安仁乡乡政府领导费尽心力鼓励当地农民种植黄瓜蔬菜。即便如此，全乡也只有一个村的 3 个农户共种植了 6 亩的黄瓜，但是由于负责提供技术和外销订单的外商只愿意按照每斤 0.3 元的价格收购这些黄瓜，而且对黄瓜的质量要求非常挑剔，结果是农民种植黄瓜的每亩收益只有 1000 元，而外商允诺的是每亩产值可达 3000 元以上。由于种植黄瓜需要大量的人力资本投入，农民计算的结果是种植黄瓜 1 个工（1 天）的收益只有 20 元，而当地农民打零工，每天的工钱平均也有 50 元以上。据了解，这些黄瓜通过高速公路运到城里的商场，每斤终端销售价平均在 1.5 元左右，很显然，农民从订单农业中获取的分成收益是过低的。安仁乡乡政府原本打算以这 3 户农户所种植的 6 亩黄瓜为示范，来年带动更多的农户种植黄瓜，结果很显然，由于这 3 户农户的积极性受挫，不仅他们不打算再种，其他的农户在这个"反面"示范事例面前，自然也不愿意从事此类"订单"农业种植。①

实际上，有的农户不愿意流转出土地，并不完全是土地流转收益过低的问题。例如，安仁乡不少农民多年外出经商，已经颇有积累。他们中有的人甚至在县城或者上海购置了房产，但他们仍然不愿意把自家的承包地长期流转。尽管当地乡政府一直试图以发展农业产业化的形式来提升土地利用效率，但我们在 2009 年田野调查中，安仁乡时任乡长 D. Y. B. 向我们谈到当地农业产业发展所面临的困境：

> 我们乡虽然有很多农民到上海做生意，但他们一般只愿意把田租

---

① 2010 年 8 月 22 日访谈将乐县安仁乡朱坊村村民 Z. L. S.、Z. Q. L. 录音整理。

给或者白给亲戚和朋友耕作。即使别人出再多的租金也不肯租借给他们耕种，尤其是在不种植粮食作物的情况下。因此，在我们乡，除了种烟产业发展得不错之外，其他产业都还没搞起来。尽管我们乡政府试图通过出台一些针对大户的特殊优惠，鼓励他们发展农业产业，包括田租减半，就是乡村政府承担一半土地租金，每亩每年给农户补贴200元；其次是给予种苗补贴，比如苦瓜瓜苗，原价0.7元一株，现在乡村每株补贴0.3元。还有就是我们乡政府曾经安排十几位农户出外考察别的地方发展农业产业化的经验（如种黄瓜、莴笋蔬菜等），在考察过程中他们纷纷表示兴趣很浓厚，但是回乡之后都杳无音讯了……虽然我们现在在提倡"海西建设，与台湾农业对接"，但是农民的观念还是亟待转变，要先把局面打开，这并不容易。我想，我们乡一般愿意耕作土地的人都出外做生意了，留下来的可以说对耕种的兴趣也不是很大。还有一个原因，就是当地农民一般只愿意把田给亲戚和朋友（短期耕作），即使别人（村庄外面的经营主体）出再多的租金也不肯租借给他们耕种。这可能是阻碍当地蔬菜订单农业发展的最主要的原因吧，政府现在也感到很无奈。①

在田野调查中，我们也发现有的村庄仍有少数的农户全家都没有人外出，而是全部留在家里种地或者搞多样化农业经营。从他们身上，我们更多是感受到在这片土地上依然有一些农民以传统的耕作方式在谋求生存，勤劳的品性依然从他们的生存方式中得到充分的展现。江西铜鼓县访谈中就有这样一个典型农户例子：

> 我全家共有11口人，无人在外打工，家里有壮劳力3人，包括自己与父亲和一个哥哥。全家共有山林50亩，其中自留山30亩，生态公益林20亩，每年分到的木材砍伐指标在1.5—2.5立方米之间，由镇上工厂下来收购，10寸以上的木材2007年是380元/立方米，2009年可以达到430元/立方米。本村里也存在木头贩子半夜进村收购木材的现象（目的是绕过当地的木材收购商），是一种"不合法"

的行为，但这些贩子少（测）量木材尺寸，农户得利更多。

2009 年，我自己家耕地有 11 亩，全部自己耕作，另外向别人家租了 40 亩地种。租的这 40 亩地中，分别属于 6 户人家，租金是 50 斤稻谷/亩，种粮补贴仍归对方所有。他们之所以愿意将地租给我家种的原因是他们家劳力出外打工和做生意，怕田地抛荒。所租土地基本是一年一签，也没有签订正式的协议。

在我一家人中，我父亲耕种了 15 亩地，哥哥耕种 30 亩地，而我自己只耕种 5—6 亩。其中有 15 亩种植镇上推广宣传的有机稻。家里哥哥花费 7000 元买了 1 台耕田机，其中政府补贴了 2000 元。平时哥哥也帮人耕地，按照 70 元/亩收费。不过，自家耕种的 51 亩土地中，最多只有 10 亩能进收割机，其余都是深田、烂泥田，机器进不去。

总的来说，租人家地种，赚不了什么钱。每亩地平均收成 700 斤稻谷，成本却达到了 400 元/亩，赚到的钱比较少，算起来累死累活的，1 亩地一年也就赚个 150 元左右。但是留在家也没有别的出路，不种田又能做什么呢？①

总的来说，越是经济贫困的地区，农民对土地的依赖性越强。因此他们对土地进行长期流转的意愿也相对较低，但他们愿意进行短期的特别是一年性的流转。和其他经济相对发达地区村庄相比，经济落后地区的农户仍然仅仅算计来自自家承包地的收入。还是以铜鼓县为例，这个县因地理位置偏僻，又地处山区，经济发展在被调查的 10 个县（区）中算是最为落后的。这个县的大部分受访农户依然用比较传统的方式来耕作土地，基本是靠人力畜力耕作，土地多的农户家可能独立或者和别的农户合养 1 头耕牛，采取农业机械的依然很少。② 虽然该县的土地质量不高，平均一季稻的亩产平均只有 700—800 斤，加上全县人均土地不足 1 亩，但因非农产业落后，因此这个县抛荒的土地面积很少。即使是 1 亩地租金只有 50 斤稻谷（2009 年 1 斤稻谷售价 0.95 元），也有人愿意耕作。而在我们调查的其他县的村庄，几乎没有遇到有收取几十斤稻谷为租金的现象。如果

---

① 2009 年 8 月 3 日访谈铜鼓县大塅镇古桥村村民 Z. Q.（31 岁）。

② 当地农户测算，如果养 1 头耕牛，1 户农户可以耕作 40 亩土地。

是这种情况，出租土地的农户宁愿"白给"人家耕作。铜鼓县大塅镇谭坊村受访农户 S. G. C. 就是属于维持这类生计模式的典型农户：

　　我全家 6 口人，1 个儿子刚到外面打工。自家有 5 亩地，今年（2009 年）租了人家的 15 亩地种，其中 6 亩是种有机稻①，在村里算是租地比较多的，多年来一直租地种。去年（2008 年）种了更多，有 24 亩，租金每亩一年大概是 100 斤，差的地就几十斤地租。所租的地来自四五户人家。最多一户人家租了 7 亩地给自己，而最长的一户租了 6 年，租地没有签过合同，都是口头协议。耕作这些土地，没有雇工，全家出动一起种地。另外，家里有 1 头耕牛。算起来，家里种地的收入大概 8000 元左右。另外，家里还有林地 6 亩，都是商品林，种杉树、松树。农闲之余，儿子还打点零工，去年打工收入有万把元。全家一年收入大概就 2 万元左右。一年到头，很辛苦！我儿子在家都不想干了，想到外面去看看，所以今年就出去打工了。根据我自己估算，如果儿子这个壮劳力在家，全家一年最多可以耕作 25 亩地。但自己也不想多租了，因为租的地很分散，不连片，耕作起来成本投入很高。不过，即使儿子在外面赚了很多钱，也不会放弃土地。②

　　在谭坊村，我们还访谈了另一个受访户 Z. F. X.，他是本研究整个调查中遇到的最为勤劳的一个传统农户。他们夫妻俩以传统的土地耕作方式，把一年能利用的所有的时间都用来从事农业和副业，精打细算，试图以此来获得更高的收入。2009 年，夫妻俩借助于与另外两个农户合养 1 头耕牛的畜力，雄心勃勃地试图耕作 50 亩土地（种植单季稻），这个规模是当地一般农户认为的最高耕作限额的两倍：

----

　　① 受访户反映，有机稻稻种是 8 元/斤，更便宜，其他稻种 20 元/斤。但肥料更贵，成本和种植普通稻子差不多，不能洒农药，投工更少。有机稻生长期 160 多天，比普通水稻多 40 多天，而且产量要比一般水稻低，但收购价格高出 30%。另有受访户表示，有机稻有 3 年的过渡期，第四年价格会高点，据说外面超市可以卖到 8 元/斤，高点甚至可以达到 20 多元/斤。
　　② 2009 年 8 月 1 日访谈铜鼓县大塅镇谭坊村村民 S. G. C.（51 岁）。

我一家 6 口人，其中大儿子在福建晋江打工（一年上交家里 3000 元），已经出去 4—5 年，小儿子刚高中毕业。我自己三兄弟（已经分家）共用 1 头耕牛。家里只有我夫妻俩种植水稻，按照传统方式耕作，2008 年耕种 23 亩地，2009 年我们夫妻俩本来打算种 50 亩地，实际只耕种了 37—38 亩（其中有机稻 4 亩多），其中自家的只有 7 亩，其余是向 5 户邻居朋友租种的，所租土地全部要地租，少的 50—60 斤，中等 70—80 斤，好的 100 斤，租种田地最长的 5—6 年。因没有雇工，夫妻俩仅插秧就花了 1 个月。总计下来，1 亩地平均产量 800—900 斤。我估计 2009 年净赚 2 万斤稻谷。不仅如此，2009 年我还租竹山做笋，做了 1300 斤笋干。租金 2000 多元，雇工 4000 元，估计售价 16 元 1 斤。2009 年这年，我在笋棚里待了 1 个月，其余时间基本都在田地里干活。全家 1 年的收入包括出售稻谷 1.6 万元，其中搞副业收入 4500 元，预计全家收入 4 万元左右。[①]

值得注意的是，我们在铜鼓县调查时候，发现当地 95% 以上的家庭都有年轻人在外面打工。在访谈的 86 个农户中，年龄低于 25 岁的只有 4 个，其中有 3 个还有外出打工经验，他们后来之所以（短期性地）返回家乡，一个是为了学习做水泥匠，另一个则是跟师傅学习修理摩托车，还有 1 个是觉得在外面打工"没什么意思"，就回来自己养了 3 头耕牛，他还想去买 1 台犁田机，帮人家犁田。或许是当地经济发展依然落后的缘故，这个县外出打工的民工或多或少都会往家里寄一些自己在外打工收入的钱，平均每个民工每年汇回家里的钱在 3000—5000 元之间，约占他们家庭年均收入的 20%—30%。而在其他地方，年轻的民工外出打工，汇钱回家的行为似乎并没有这么多见。他们更多是把钱留给自己，或者在外面就花掉了大半部分。

铜鼓县农民生计中还有一个显著的特点，就是全县在林业"三定"时期已经把绝大部分集体山林分到户，因此这个县 98% 以上的农户或多或少都有一些山林，平均一个家庭大概有几亩至十几数十亩的山（大多

---

① 2009 年 8 月 3 日访谈大塅镇谭坊村村民 Z. F. X.（48 岁）。

是种植杉木、松木和毛竹），多的可超过 100 亩，少的也有几亩。① 2009 年的调查显示，这个县的木材砍伐指标也是基本平均分到户的，大概测算，平均每户农户每年大概可获得 1 立方米的木材砍伐指标。2009 年平均每户年卖木材收入大约是 400 元。再把从事竹业的收入计算在内，平均每个农户可从林业中获得约 1000 元的收益，相当于当地家庭年均纯收入的 10% 左右。而别的调查县（如福建将乐县）的山林大部分被两个大型林业企业以规模化经营的名义"圈占"了，农户从中获取的收益很少甚至没有（朱冬亮，2010）。②

　　总体而言，在当前土地流转中，农户个私小规模土地流转最为常见。在农村青壮年劳动力大量外出的情况下，劳动力缺乏的家庭不得不通过短期流转土地来应对这种情况。农民外出务工，是为了获取更多的货币现金收入，以提高家庭的生活水平。而保留家里土地的承包经营权，则是为了保障家庭成员的基本生存的"口粮"需求。特别是在目前社会情境下，大部分外出的农民并不能成功预期转变为"市民"，因此土地仍是他们退守农村家乡的最重要的资源依托，传统的土地是"命根子"的社会理念虽然逐步淡化，但土地仍被视为是农民的最可靠社会保障依托，因此他们不愿意长期性地流转自家的承包地。

　　从这个角度来看，农户个私土地流转是大部分农户在"离土不离乡"

---

①　一般而言，山林较多的村庄，田地就比较少，而且田地的质量多是山垅田，水冷且只能种植一季稻，亩产量较低。

②　不过，尽管 2004 年江西省实行集体林改之后，上面要求取消木材垄断销售体制，但在铜鼓县，截至课题组调查员在此调查时，当地仍然存在垄断收购并压低木材收购价的所谓的"合法"行为，严重损害农民的利益。在 2004 年前后，铜鼓县有一家名为"绿海公司"的林业企业以 80 元 1 亩的低价（强制）收购了很多农户的山林，当地村民对此意见非常大，并在 2009 年前后引发了大规模的群体性事件——"铜鼓事件"。不仅如此，这个地方的林木经营秩序非常混乱。当地的村干部和地方政府以某种垄断收购的方式来控制木材销售市场，人为地把木材销售价格压低 100 元左右。有农户反映，当地好的直径大的杉木木材才 380 元/立方米，差一点的木头是 320 元/立方米，而如果农户直接卖到县外，每方价格比这个要高 100 元左右。因为木材砍伐指标不够用，加上 2004 年江西省林改后木材价格大幅度上涨，受利益驱动，当地偷砍盗砍木材的现象比较严重。当地各方势力就设卡方式，垄断当地的木材销售市场，同时地方政府在某种程度上也纵容农户的盗砍盗伐行为。我们在当地调查时，有不少农户反映自家山上的木头"快被偷光了"，有的盗砍者甚至夜晚去山上偷木头，然后连夜运走卖掉。也有受访户反映，当地出售价格如果是公司带指标收购的话是 420 元/立方米，没有指标的话可以等到半夜小加工厂来收购，价格是 360—370 元/立方米。

状态下所做出的一种理性选择。正如有研究者注意到的，农民的承包地是中国应对市场经济风险的"稳定器"，是中国社会遭遇到大量农民工失业所可能引发的社会危机时所具有的韧性所在（张世勇，2011）。农户个私土地流转模式的社会效用大于经济效用。外出农户出租土地，最主要的目的是通过短期性地出租土地以保留土地承包经营权，前提是他们随时能够完整地收回出租的土地经营权。① 而对于租入土地的农户而言，他们更多是以此来弥补自家承包地数量的不足，并希望获取更高的收入。再者，由于他们也随时可能外出务工，在种地收益有限的情况下，他们也不愿意长期流转土地，以免到时为其所累。在个私土地流转中，双方建构的松散的流转关系降低了双方违约的风险，但同时也导致土地流转经济绩效相对较为低下。

从产权实践的角度看，在农户个私土地流转中，双方约定交换的土地产权权能是比较简单的。转出土地的农户大都是把自家的承包地的经营权短期流转给转入土地的农户，此外，再不涉及其他的产权权能交换。由于双方约定的期限短，获得经营权的农户也无意对土地耕作进行长期性投入，因为他们没有进一步的处置权。这点和后文将要探讨的其他土地流转模式有很大的不同。

（二）个私土地规模流转

这种流转经营模式实际上是农户个私土地流转的规模化组织形式，其组织方式是单个农户通过与众多农户协商，流转更多的土地从事农业经营，由此形成的土地经营农户称为"大户"，其规模一般在 30 亩以上，约为当前中国户均家庭土地经营面积（7.5 亩）的 4 倍以上。由于耕种这么多的土地，单靠单户的劳动力已经无法应对，为此必须借助机械并辅之以短期雇工来经营，因此其组织化程度显然高于个私小规模土地流转经营。

在本研究调查的 10 个县（区）中，其中福建的武平县、将乐县以及

---

① 很多村集体规定，农户不能抛荒家里的承包地，否则村集体有权收回承包地，另行发包。而在南方山区农村，抛荒土地会导致复垦困难。还有的地方民间习惯对土地抛荒持负面社会评价，认为抛荒土地是户主懒散不思进取的表现。

沙县的夏茂镇都有规模性地发展烟叶种植业。这种产业属于政府推动的农业产业化组织形式，也是属于典型的"订单"农业。和其他农户发展的有机稻"订单"农业不同，烟叶种植即使是以户为单位，也必须具备一定的规模效益，否则整个生产作业难以展开。因此，这 3 个县的平均每户种植的烟叶规模普遍在 1—2 烤之间，1 烤烟的种植面积相当于 15 亩左右。2 烤烟的种植规模则在 40 亩左右。由于一般农户承包的土地面积大都在 10 亩以下，那么意味着他们不得不从别的农户租入至少 10 亩以上的土地才能够达到这个规模。再者，种烟的土地往往是交通便利、耕作条件比较好的田地，而当地农户在分田到户时普遍是好中差田搭配的，这就意味着烟农中都有部分承包地不能种植烟叶，因此他们不得不租入更多的地以维持烟叶种植的最低规模经营水平。这样算下来，种烟农户中有 50%以上的农户种地的规模会达到 30 亩以上，形成初级规模经营水平。特别是 2008 年之后，由于推广大烤房烤烟，农户种烟规模平均扩大到 35 亩以上。

　　以福建将乐县为例，目前该县每年种植面积基本在 3 万—4 万亩之间，约占全县耕地面积总数的 16%—21%。[①] 近 20 年间，烟叶种植始终是将乐全县最大的农业产业化项目。2013 年，平均每户烟农可得净收入在 3 万—5 万元之间。福建将乐县安仁乡烟草站余站长对本乡烟草种植业发展史及土地流转进行了介绍：

　　　　我们乡从 1987 年开始小批量种植烟叶，1993 年至 1994 年烟叶种植上了规模，1998 年后种植烟草的户数，规模基本稳定。1997 年是烟草种植的最高峰时期，当年收成 16000 多担，总共种植了 5700—5800 亩，之后开始有所下降。2009 年，我们全乡烟叶合同种植面积是 3710 亩，实际种植面积 4000 多亩，一共约有 300 户人家种植烟草，户均种植面积 14 亩多，产值估计能达到 1000 多万元，每户烟农纯收入约 2 万元，扣除雇工，种子，化肥，农药的成本。据了

---

　　① 该县统计的总耕地面积为 20 万亩左右，但县财政部门认定的抛荒的面积约为 1000 多亩，土地整理新增的耕地面积估计为 700—800 亩。2006 年开始实施粮食综合直补政策时，当年全县上报的直补面积是 23 万亩，而县农业局经管站提供的享受粮食直补的土地面积为 18.77 万亩。我们认为，18.77 万亩的数据可能更接近全县实际耕地面积总数。

解，我们县光明乡有一个规模化、机械化耕种的烟草基地，属于2户人家联营，规模近200亩，可以赚10万元，这也是全县单户种植规模最大的农户。①

截至2013年，安仁乡在发展农业产业化方面除了烟叶种植相对成功之外，其他的类似努力都失败了。② 而烟叶种植之所以能够获得成功，首先是种烟农户有利可图，种一亩烟叶除了地租和其他成本之外，每亩可得净收益约1500—2000元，比单纯种植粮食作物高了3—4倍，尽管其投入也相比之下高了2—3倍。其次是种烟可以实行烟稻轮作，烟叶收成之后，还可以再种一季水稻，且由于种烟的积肥沉淀，投入成本比没有种烟的单季稻又有所下降。而当地如果没有种植烟叶，也只种植一季稻，双季稻经营模式已经彻底被放弃了。最后是烟农种烟收益相对更有保障，风险低。这种订单农业直接依托县烟草局，各个乡镇都设有烟草站，有稳定的市场和技术保障。随着近年来农业生产成本的增加，烟草部门及其他部门又加大了补贴的力度，1斤干烟叶另外补贴1元，对农户烤烟消耗的煤炭也按照0.2元/斤标准给予补贴。与此同时，烟草部门还通过自身的"烟基工程"，直接扶助农户兴修机耕道、兴修水渠等基础设施，大大提升了土地的耕作条件。③ 而推行大烤房烤烟方式也提高了烤烟的品质，并降低了农户的烤烟劳动力付出。除此之外，福建省近年来持续加大了对农业基础设施的投入力度，包括县土地局、县委农办、县农业局等部门都有相应的扶持农业的工程项目实施。其中最主要的是土地整理项目、修建机耕路并硬化、兴修水利等。所有这些扶持举措，都使得烟农种烟的机械化程度提高，无论是种烟还是烤烟，投入的劳动力和劳动强度都在持续下降。2009年，我们在访谈安仁乡时任烟草站站长，他详细地谈到了这个问题：

---

① 2009年8月23日访谈将乐县安仁乡烟草站余站长。

② 前文提到，从2014—2016年，安仁乡的烟草种植面积大幅度缩减，全县其他乡镇情况也基本相似。

③ 2003年我们县开始搞"烟基工程"，全县每年要投入1500万元，最少的年份也有1300万元，这笔钱来自于国家烟草局的统一拨款，全国标准是统一的，主要用于烟田的道路、水利等基础设施建设。

烟叶种植要做到规模化经营，要做到如下几点：一是管理要到位；二是采用培土、覆膜一体化机，如果采取人工劳作的方式，一个是覆膜技术相对不成熟，另外一个是培土1亩地需要2个的人工，成本较高；三是打虫如果能采用电动喷雾器，效率是人工的2.5倍；四是引进编烟机；五是推广密集式烤房，比起旧式烤房，新的烤房只需1天看2次火，6天添1次煤，所需人工和投入都大大减少。普通烤房1座造价2万元，密集式烤房1座造价3万元。以前从整理田地到烟草收购环节，1亩地需要花费45天时间，现在只需要38—40天时间。①

在安仁乡，综合计算起来，就是让农户觉得，和粮食种植业等其他农业行业相比，烤烟种植仍然是留守乡村的农户的最"合算"的一项产业。当然，烟草局及地方政府的扶助措施也让所有的烟农受益。在安仁乡，正是由于引入烟叶种植业，才有效地提升了土地流转的租金价格。平均每亩地租金相当于土地核定稻谷产量的30%—50%，约300—500斤干谷。而一般的土地出租用于种植水稻，每亩平均年租金只有200斤干谷，可见出租种烟的租金收益至少高出50%甚至1倍有余。当然用于种烟的地的质量和耕作条件也比较好，基本都是交通便利的"平洋田"。如安仁乡余坑村2009年时任村支书Z. J. F.自家种了1烤烟，约14亩左右，他为此向别的农户租入两块地，其中一块地额定产量是3400斤，租金是2000斤，另一块地额定产量是3600斤，租金是1300斤。② 很显然，如果不是租入土地种烟叶，没有农户愿意以如此高的租金租入土地耕作。

在安仁乡，当地计算烟地的租金有两种方式：一种是种烟农户收割完烟叶之后，负责把土地重新平整好，并插上水稻秧苗，之后交给土地出租农户管理，收成全归后者所有。而好一点的土地，租入土地者除了要负责平整土地插上秧苗之外，另外还要再支付租金200元/亩，另一种地租支付方式是根据第二季度收成的稻谷跟出租方进行5:5或者6:4的分成。③总地计算起来，租金普遍在400—600元之间，相当于实物租金约400—

---

① 2009年8月23日访谈将乐县安仁乡烟草站余站长。

② 2009年9月12日访谈将乐县安仁乡余坑村时任村支书Z. J. F.。

③ 实行烟稻轮作的土地一般在烟叶收成之后接着种植水稻，由于烟叶采摘完之后，仍有肥料残留在地里，因此再种水稻几乎不再需要施用肥料。

500 斤干谷。调查员在安仁乡调查时还了解到，如果不是有"烟稻轮作"这种收益更高的产业，当地农户大都不愿意租种别的农户的耕地，即使是租金低甚至免租：

> 我一家 6 口人，一共只有 5 亩田，其中 2 亩山垄田基本抛荒掉，其余 3 亩租给别人种烟，而我家人因 1992 年就在外面做生意，全家已经有 21 年没有种田了。至于租给别人的 3 亩地，也因对方是自己的朋友，所以租金较低，1 年租金最多也就是 200 斤稻谷。[①]

在安仁乡，至于那些偏远的山坑田，即使不收租金，也无人愿意耕作，有的甚至已经被抛荒。这点第六章将作进一步的分析。

在我们重点调查的 43 个村中，有不少村庄的农户曾经尝试发展其他规模化种植业，但他们因为沿用传统的耕作方式，结果发现"无利可图"的占多数。如闽西武平县黄坊村 2007 年有 1 个农户租了 40 多亩的山垄田，每亩地一年租金才 100 斤稻谷，但耕作了一年之后发现"根本不划算"。该村 2008 年有 1 对两夫妻种了 100 亩的烟叶，由于基本上是雇工来做，工钱太多，结果获取的净收益也才 2 万多元，和一般农户种 15 亩的收入差不多。类似这样的实践案例在村庄流传的结果是，简单化的土地规模经营其实规模经济效益并不显著，因此农民对规模经营的信心也越来越低。

类似的案例在江西铜鼓县这个偏僻的山区县也同样存在。如前文已经多次提到的该县温泉镇光明村 L. Z. Q. "大户"，他一直尝试新的"抛秧"（L. Z. Q. 本人更愿意说是"丢秧"）耕作技术。按照他的介绍，用这种方式耕作，稻子生长周期 139 天半，播种的时间比一般稻种更迟点，长的速度比他们快。最重要的一点是，他认为自己探索的"抛秧"耕作在程序上是一种更新，可以实行免耕，用抛秧替代插秧工序，用除草剂代替人工耙田除草，其最大的好处就是节省劳动力投入。为此，2008 年 L. Z. Q. 先在自己家的 6—7 亩田里搞试验，并获得初步的成功，在每亩成本同比投入减少 100 元的情况下，亩产还比一般的水稻种植方式高了 200 斤。

2009 年，L. Z. Q. 雄心勃勃地扩大自己的"抛秧"耕作试验规模。这

---

① 2009 年 9 月 17 日访谈将乐县朱坊村村民饶大姐（47 岁）。

一年他以高出当地普通租金 50%—100% 的价格，即每亩 300 元向 70—80 户（5—6 个村民小组）农户租入 306 亩土地①，扩大种植规模。② 遗憾的是，由于没有完全连片经营（他的实行"抛秧"耕作的用水灌溉等和一般的田地耕作程序不一样），有 60% 的试验田失败了。为此他损失了 6 万多元。按照他原先的估计，如果试验中亩产能够达到 1000 斤，自己可以赚 12 万—13 万元，平均每亩可获纯利 400 元左右，而整个成本要 18 万元。而当地农户如果是自己耕作，租种别人的地，平均一亩地大概收益只有 200 元左右。相比之下，L. Z. Q. 的"抛秧"式耕作法获取的收益高了整整 1 倍。

尽管这次失败的经历让 L. Z. Q. 感到颇受挫折，但受诱人的市场前景驱使，他还是表示，2010 年打算继续试验。为此，他还特别骑摩托车带领本研究负责人到一个农户的山坡田里参观，这个农户采用了他的"抛秧"式耕作法，其田间的水稻长势确实不错。L. Z. Q. 心中始终有一个梦想，想当"现代的袁隆平"。他总结了自己试验失败的原因：

> 我自己的"抛秧"耕作技术应该可以，我花了 8 年的时间，完全是自己摸索出来的。和现有的耕作技术相比，我的新耕作技术的主要优点是能够把农民从繁重的体力劳动中解脱出来，降低农业生产成本。比如，我的免耕式耕作，请人插秧只要站在田埂上抛秧，不用犁田，不用耕牛，1 亩地人工费只要 40 元，传统插秧法 1 亩地要 100 元，很少打农药。我计算了一下，按照我的耕作技术，1 亩地至少可以节省成本 100 多元。因为现在能种地想种地的人越来越少了，这里面就有一个市场。但今年（2009 年）我的试验整体上失败了，原因是我租的地很多是插花地，我的地在秧苗要水的时候，其他周边的别人的地就不要水，比如，我施放除草剂的时候就不能有水，见水就失效。和一般的农田耕作发生错位。没有打死杂草，没有连成片，又碰到干旱，导致试验失败。这是我事先没有想到的……我的试验还遇到

---

① L. Z. Q. 与农户约定租地成本是到每年 11 月收成之后支付。

② 此外，L. Z. Q. 还雇了一个名叫 L. X. C. 的村民小组长帮他管理财务，安排工人和农活，联系有意向流转土地的村民，每月付给他 1000 元酬劳。

一个障碍，就是有一种草很难用一般的除草剂根除，所以这是个障碍。我通过县农业局找到一种药，好像可以根除这种草，但要做试验，看对水稻有没有妨碍……①

L. Z. Q. 还表示，自己的"抛秧"试验投入很大，但他的两个儿子支持他。两个儿子都是大学毕业，小儿子搞房地产，一年收入100多万元，大儿子在上海科研机构工作，开始不支持，后来才支持。2009年租地的租金6万多元（实际可能亏损部分）就是大儿子支付的。事实上，他还雄心勃勃地谈到了他的进一步打算：

> 我的"抛秧"技术没有失败。很多农民学到这个技术，明年可能效仿，我现在不收师傅钱，无偿给人传授技术。和别的耕作技术不同，我这个耕作法可以连片经营，1万亩、2万亩都可以……浙江有一个县请我去试验，但我确定不去，因为那儿有台风。我也到浙江义乌打听过，有一家4兄弟，合起来有20亩，请我当种田师傅；到湖南岳阳打听过；村里的副主任到江西省樟树市去打听，看有没有更多的地。2009年，我已经联络发展有10多个人，自己准备当董事长，准备合股来搞，哪怕是贷款都愿意来搞……土地承包法规定要耕种，不能抛荒，所以利用这个机会，想多种点田。政府补贴给农民，就要求农民不能抛荒……统计局今年又来测查，搞得好，准备报到中央去。省工、省成本，插秧（摘禾不要弯腰），丢秧。②

在村级调查中，我们也遇到少数种粮"大户"耕作数百亩的较为成功的案例。如在湖南靖州县贯堡渡村有两个种地"大户"。一户是D. X. P. 户，这个农户也是我们调查的43个村庄遇到的单户经营面积第二大的农户，仅次于湖北省京山县的受访大户L. R. Z. 。D. X. P. 本人2011年5月刚当选为村支书，其全家4口人，自家承包地6亩多，另有山林地20多亩，主要用来种柑橘，还有少量的经济用材林（杉木）。

---

① 2009年7月31日访谈铜鼓县温泉镇光明村村民 L. Z. Q.。

② 同上。

D. X. P. 家是全村最大的种田、种烟"大户"。2010 年，该农户承包的耕地面积是 100 多亩，种烟和种水稻、油菜，年纯收入是 10 多万元。2011年扩大面积，其中烤烟种了 80 多亩，水稻则种了 514 亩，水稻和烟叶收购采摘完之后，下半年再一起种油菜。D. X. P. 表示，由于受土质影响，能够种植油菜的田只有 200 多亩。据 D. X. P. 自己测算，自家种烟、种稻、种油菜基本上是全部雇工和使用机械耕作，扣除所有成本，平均种 1亩烤烟纯收入是 1000 元左右，种 1 亩水稻大概纯收入 400—500 元，而种植油菜，由于耕作简单化，1 亩地纯收益大概是 200 多元，总计下来，2011 年，一年的纯收入大概是 30 万元。

由于基本上是雇工耕作，D. X. P. 本人特别精于算计由此产生的投入成本。据了解，以 2010 年雇工工资计算，贯堡渡村当地雇工 1 天，烤烟是 70 元，种水稻，男工是 100 元/人·天，女工也是 70 元/人·天。插秧则是按面积计算，平均是 150 元 1 亩。D. X. P. 家自己购置了收割机，自己收割。即便如此，2011 年，户主花去的雇工费仍有 20 多万元。

和我们调查的其他大部分村庄不同，D. X. P. 家所租土地基本上属于本村农户所有，租金一般是 1 亩地 300 元/年。双方约定的租期一般是 5年，并签有正式合同。租金是秋收后支付，一年一付。另外还有一点，D. X. P. 和耕地出租农户约定的租金是现金租金，而不是常见的实物租金——稻谷。由于整个贯堡渡村总共只有 1340 多亩水田，因此 D. X. P. 一家就承包了其中的近 50%。谈到这点，D. X. P. 认为，自己有从事大规模耕作的有利条件：

> 我一个人耕作了全村接近一半的土地。为什么呢，因为我具备一些必备的条件。我自己基本是机械化耕作，耕田是机械化，收割也是机械化，只有插秧是请人工的。本身呢，我今年还想搞个插秧机，插秧机要专业的播种、专业的秧田，我们常规的弄不起，要不然我也要买插秧机，搞不起来。可能明年继续搞。插秧机也费劲呢，搞播种，它要求条件相当高，比如抛秧的时候不要水田，田里的土块要搞的相当细，它是秧盘。这个秧盘，它比较麻烦，要一颗一颗地放进去。①

---

① 2011 年 9 月 8 日访谈湖南靖州县贯堡渡村农户 D. X. P.（47 岁）。

在贯堡渡村，还有另一个种田"大户"Y.L.，是2011年新当选的村主任。据Y.L.本人讲述，2010年，自己家共向本村农户租了210亩，其中130多亩是用于"制种"（即培育杂交水稻稻种），另外80多亩则是种植普通的水稻。和D.X.P.一样，他也基本上是雇工耕作。为此，他向调查员详细计算了自家雇工耕作的成本投入：

　　我就算了一笔账，租金是220元一年一亩（2009年是200元），我一般全部雇人。在我们这边，我雇人种地，其中耕田犁田是120元1亩，原来是100元；水稻种和农药化肥差不多是200；打稻谷，用机械，我预算是100，今年涨价了，要120；再有就是插秧，我曾经插过80多亩，插秧的钱没算进去。当时1担就要20，也就是100块钱1亩，但是呢，我剩下的就用撒的。就像种稻种一样的，用收割机播。方便一点。搬运原来是5毛到1块钱，现在要2块钱1包了，加起来，1亩田有20包左右，要40块钱的成本；还有请人晒谷，大概要30块钱，现在晒谷要50元1天，1亩地晒谷成本要100块钱。总的算起来，1亩地要花870—880块钱，大概是这个数字。

　　我种的地，平均亩产1000斤左右，亩产值大概在1100元左右。今年稻谷也涨价了，现在100斤稻谷的价格是130元左右。这样算下来，我大致盈利是每亩500来块钱。目前，我承包的耕地，翻田、收割等都是雇机械的。目前，我自己没有买机械，原来我是准备买1台的。由于我种的田都是连片承包的，不是这边一块地，那边一块地。机械比较好作业。像除草之类的活，现在也是用除草剂。①

在贯堡渡村，D.X.P.和Y.L.两个种田"大户"一共租赁了790亩的田地，约占全村田地总面积数的60%。他们已经基本上是采取机械化耕作经营模式。事实上，全村能够实行机械耕作的地大部分已经被他们两户租了过来，剩下的地普遍是比较差的山垅田。该村之所以能够出现这样的种地"大户"，主要是本村村民大量外出，而且外出的村民愿意把自家的地租给D.X.P.和Y.L.两人。他们和农户签订的正式租地协议约定的

① 2011年9月8日访谈湖南靖州县贯堡渡村农户Y.L.（45岁）。

期限基本上是 5 年。尽管这两个"大户"想租更长的期限，但这是该村大部分农户能够接受的最长年限。即便如此，和其他被调查的村庄比，这个期限也算是比较长的。

从当前国家政策鼓励发展的"适度规模"经营的角度看，贯堡渡村的两个经营"大户"有很多的推演意义。由于这两户在耕作上已经完全实现了机械化，属于集约土地的集约经营组织模式。按照这两个"大户"的计算，2011 年，他们耕作 1 亩地，种植水稻，平均可获纯利 400—500 元，但成本也达到了 850—900 元。不过，他们显然没有把机械的损耗成本计入成本，实际收益应该比这个水平更低。如果考虑到最近两年劳动力及农资价格上涨的因素，其盈利水平有可能降低。例如，我们的在其他地方的跟踪调查表明，和 2011 年相比，2013 年的人工成本至少上涨了 20% 左右，但稻谷的收购价仍然和 2011 年基本持平。2015 年，雇工成本进一步增加，而当年稻谷市场价格甚至出现了下跌，这意味着两个"大户"的成本将因此而进一步上升，其利润空间也被进一步压缩。遗憾的是，我们后来没有对其做进一步的跟踪调查。

总体而言，在农户个私土地规模流转中，主要是以出租形式多见。双方约定的土地流转期限比个私小规模流转更长，约定的形式也更为正式，有的签订了正式土地流转合同。在流转租金方面也更高些。不过，由于涉及的土地流转期限往往比较长，而农户自身在约定期限内出让的又是相对完整的土地使用权，因此有的农户会对这种土地流转方式心存顾虑。对于流入土地的"大户"而言，他们俨然具有舒尔茨所谓的现代小农的基本特征，他们精于算计自己的投入产出比，并在此基础上获取尽可能多的经济收益。但即便如此，他们作为土地经营"大户"，只不过是小农经营模式的简单的累加放大，和后文探讨的其他农业经营方式相比，其生产经营和组织管理方式仍局限在农民认知范围内。他们是精明的农民，但还不算是现代农民。不过，他们能够捕捉到大量农民外出而留下的市场机会，说明他们已经在朝现代农民方向转型。

二　农业专业合作社流转

如果土地经营"大户"组织了农业专业合作社，那么这种土地流转模式的规模经济比"大户+雇工"经营更高。"合作社+农户"规模经营模式有不同的组织化形式。尽管合作社与村庄外部的市场主体形成更为直接的市场合作关系，但这种合作社经营尤其是其初级形式比后面将要讨论的"公司+村集体+农户"显得更为松散，对市场风险的规避能力也相对更弱。

调查表明，我国的农业专业合作社形式多样。以湖北京山县为例，截至2009年我们的调查员在此调查时，该县全县共有101家农民专业合作社，分为几种类型：一是龙头企业牵头办的；二是大户牵头办的；三是农户联合建立起来的；四是村干部牵头组建的，和村组织有很大的关系；五是乡镇农技站牵头成立的，多半是农业服务单位的。但本章我们主要关注农民主导的合作社组织形式。

作为农民主导的土地流转形式，初级合作社的组织纽带仍然主要局限在乡村社会范围之内。通常而言，初级合作社的运营资金薄弱，组织化和市场化程度也较低，应对市场风险的能力较弱。这类合作社的领头人往往是农村"能人"，其中有不少是村干部，他们组建合作社，目的一是为了提高农业经营组织化和产业化程度，二是获取国家政策扶持及地方政府的补助。例如，浙江安吉县地方政府规定，给予每个新成立的合作社以5万元的无偿资金扶持，因此，该县几乎每个村都以村集体名义成立至少1个农业或者林业专业合作社，尽管其中有不少合作社属于"空壳"社，仅是个虚名。很显然，其中有不少是为了套取政府的资金补助。

另一类合作社具有类似股份公司的特征，资金投入额度、组织化和市场化程度比前者要高得多，抵御市场经营风险的能力自然也更强。而发展相对成熟组织化程度更高的合作社往往是建立在股份合作的基础上。这种土地流转经营形式最早出现于广东南海，目前在四川、重庆、浙江、江苏等地都有一定规模的发展（孙中华、罗汉亚、赵鲲，2010）。不过，由于这类合作社背后往往有政府强大的政策引导和扶持，我们把他归为政府主导型土地流转模式而留待下一章进行讨论。

一般而言，加入初级合作社的组织成员可以进一步细分为合伙人、合股人及普通社员等几个层次。在从事农业经营中，合作社有比普通农户更广的市场销售渠道，有的甚至直接承接上游企业的市场订单，包括通过"农超对接"的方式拓展农产品销售渠道。厦门市翔安区农民 G. F. 组建的蔬菜专业合作社就属于这类例子：

　　2009 年 6 月，翔安区前埔村 G. F. 成立"庄家宝蔬菜专业合作社"，自任理事长。当年，在当地工商部门的帮助下，他通过合作社向农民租地种菜，都签订了符合《农村土地承包经营法》和《农村土地承包经营权流转办法》规定的农村土地承包经营权流转合同。G. F. 共向本村村民租赁了几十亩地，包括外村的，合作社租赁的土地面积达 300 多亩，租期 5—10 年不等。而在此之前，他都是通过口头协议方式向农民租地，行情好时一些农民就反悔，要把土地收回去，这样不仅赚不上钱还引发纠纷。G. F. 表示："我若投资大一点，像搞大棚啦。明年农民地不租给你，你拆掉是很浪费的。"他深感缺乏稳定用地烦恼。而有了合同保障之后，G. F. 的合作社准备大胆投入，实现农业生产的集约化经营。不仅如此，"庄家宝蔬菜专业合作社"还与福建著名的连锁超市"新华都"建立了"农超"对接合作关系，从而找到了更为可靠稳定的市场销售空间。

　　而对于村民 G. S. L. 来说，他把自家承包的 3.9 亩地以每年每亩 1000 元的价格出租给"庄家宝蔬菜专业合作社"，他自己又入股了合作社。现在家里的承包地由合作社统一来经营，种什么菜，施什么肥，蔬菜的销路等都由合作社来管理，他只要在合作社里干活领工资就行了。加入合作社经营，每年除了有租金收入外，若是入股，经营得好，年底还可以有分红。自己在种菜之余，剩余的时间还可出去做小生意或打工。而另一个村民 G. J. D. 是个运输专业户，没有时间种田，以往都有一搭没一搭地种，有时土地也抛荒。现在，他家的六七亩地全部出租给合作社，一年下来光租金就有 8000 多元，他自己也可专心在外面跑运输。①

　　2015 年，本课题组再次对厦门市同安区、翔安区的一些村庄和农业专业合作社进行了调查，发现在过去的 5 年中，当地的合作社又取得了新

---

①　参见景洪、吴语：《农村土地承包经营权流转翔安破冰》，《海峡导报》，2009 年 6 月 22 日 A13 版报道。

的进展。据厦门市农业局估算，截至2015年，厦门全市真正从事农业的农民仅占1/3左右。而在2010年课题组调查时，全市的土地流转大概在50%左右，2015年同比又提高了10%。[①] 以本市同安区为例，据不完全统计，截至2015年9月，全区已流转的耕地面积为21937.81亩，其中流转入农民专业合作社的17823.76亩，占流转土地总面积的81.25%；流转入家庭农场的1035.8亩，占流转总数的4.72%；流转入农业企业的1817.75亩，占流转总数的8.29%；流转入种植业大户的1260.5亩，占流转总数的5.75%。

由此可以看出，农业专业合作社形式的土地流转已经成为厦门市土地流转的主导形式。该市同安区五显镇明溪村三秀山蔬菜专业合作社就是一个典型案例。该合作社甚至到厦门以外的农村地带从事跨区域的土地流转：

三秀山蔬菜专业合作社成立于2007年，注册资金103万元。合作社现有165个股东社员，其中最多股份的股东有2个，各出资10万元，最少的是500元。合作社管理人员有13人，另有3家配送公司属于合作社的团体单位。截至2015年，合作社流转经营的土地总面积是3310亩，其中属于社员自己家承包的耕地面积是650亩，剩下的全部是流转而来。本社所有流转的土地中，属于厦门本市的土地约占50%，还有50%在漳州龙海、莆田仙游、泉州惠安等地流转得来。其中合作社所在的明溪村有4000多亩耕地，其中流转给本合作社的有400亩左右。

三秀山合作社流转的土地中有很多不签订合同，因为流转时间不固定，主要原因是出租土地的农户多半是暂时性打工从事非农产业，他们随时可能回家种地，不愿意长期流转土地。再者，合作社自己经营土地，经营也不稳定，因此双方都不愿意长期流转土地，尤其是超过15年期限的流转更是少见。合作社流转的土地属双方私下流转居

---

① 不过，厦门官方统计的2014年的土地流转率为14.9%，不过，本课题组在该市同安、翔安区3镇5村的实地调查发现，现实的情况是各村的土地流转率普遍达到60%以上，各村60%的耕地流转给30%的农户耕作，比官方统计的土地流转率高了4倍左右。出现这种情况的原因是全市大部分土地流转属业主私下流转，没有到政府备案。

多，很少到镇政府的土地流转中心备案。

不过，按照三秀山合作社的惯例，凡是签土地流转合同的流转期限起码要 5 年以上，低于这个流转期限，双方一般不签订合同。合作社流转的土地中，有签订合同的约占 30%。其中有到政府土地流转服务中心备案的只有 300 亩左右。而且是有申报农业项目才去备案。

多年来，三秀山合作社主要种植叶类瓜果类蔬菜。2014—2015年，合作社年平均亩产值大约是 1 万—1.8 万元（每季平均是 4500—6000 元，一年可种 2—3 季）。2014 年合作社的总产值是 2000 多万元，利润 240 万元，大股东一年分红为 3 万—4 万元（股本是 10 万元）。合作社种植的蔬菜销量没有什么问题，主要是定点销往工厂、机关单位的食堂，包括厦门的大学、中学等，也销往超市，被称为厦门"菜篮子调拨基地"。合作社的经营毛利一般达到 30% 左右。在具体经营运作上，三秀山合作社主要实行订单式生产，双方有签订保价协议。

就我们的调查来看，初级合作社的组织方式大体有两种，一种是由一个或者更多的合伙人以股份制的方式组织起来成立的初期合作社；另一种则是村集体经济组织转变而来，这种合作社和村集体组织仍藕断丝连。例如，在浙江庆元县、安吉县的很多合作社就属于这种类型，合作社的负责人大都是由村主干担任。

湖北省京山县有一个初级合作社的例子。该县有一个种田"大户"L. R. Z. 则以"合作社 + 农户"的方式从事农业规模经营，这个农户也是我们调查的所有村庄中单户经营土地面积最大的"大户"。也是我们调查中遇到的最大一个种粮"大户"。L. R. Z. 本人是河南人，是农校毕业的中专生，年龄 30 岁（2009 年）。2008 年，他在京山县建立一家农业专业合作社从事土地规模经营。据 L. R. Z. 本人讲述，2002 年，他因看到当地有大量土地抛荒，造成土地闲置，因此他就到京山县承包土地。开始，L. R. Z. 承包的是当地国土部门整治出来的数百亩地。因这片地土质比较差，需要重新整理，所以租金很低，1 亩地 1 年租金只要 10 元，承包期限为 20 年（2003 年到 2023 年）。到 2006 年，L. R. Z. 又承包了部分新地，承包费涨到每亩 55 元。2008 年 3 月份，他又在河南南阳承包了 230 亩土地，这时承包费每亩每年已达到 100 元钱。

2008 年，L. R. Z. 承包经营的土地主要是种植花生、小麦、水稻和棉花。这一年，合作社经营土地总获利近 30 万元，其中水稻和小麦因价格上涨获纯利 50 多万元，但棉花种植亏损了 20 多万元。据 L. R. Z. 自己反映，2008 年的金融危机对自己这样的"大户"经营影响很大，但一般的十几亩、二十几亩田的农户感觉不出来。在这个过程中，自己成立的合作社发挥了重要的抵御市场风险的作用：

> 我举几个简单的例子，就像我们去年（2008 年）的棉花，最高的销售价是两块九，最后跌到一块六角五每斤；玉米最高时是八角八，最低时是六角三；花生最高是两块四每斤，最后跌到 1 块钱每斤。你像就棉花这些旱作物种植的，要损失很多。我们去年成立了农村专业合作社，这对降低种植风险方面还是起到很大作用的，所以说当时在这种情况下，我们去年很多从事棉花种植的社员，都是积攒了好多年的家底，去年一年就赔光了。赔光了今年生产就不能开展。我们就通过合作社找我们县经管局，经管局再跟我们的几个商业银行协调。这些商业银行跑出来，也是支持我们合作社的。京山农业银行和京山信用社这两个部门就为我们合作社提供免担保贷款 156 万元。但是如果是我们的社员单独去贷款的话，银行会首先考虑到风险，你本来亏的已经没有家底了，银行越发不能给你贷款。这种情况下，就通过我们县经管局跟商业银行协调，给我们合作社提供了信用贷款。最高的，1 户可以解决 9 万元贷款。如果我们合作社不给他们解决这个问题的话，他们生产都不能开展。[①]

截至 2009 年，L. R. Z. 在京山县承包土地 1000 亩（其中合同面积是 600 多亩），涉及 119 户农户，土地流转费每年 100 元。在他承包的土地中，有部分是自己投入 40 万元对旱地进行改造而得来的。其中约有 180 亩地与当地农户存有争议。2005 年京山县完善延包土地，地方政府同意

---

① 2009 年 7 月 8 日访谈湖北省京山县种田大户 L. R. Z.。

把他的承包期限延长至 28 年。^①事实上，在这个县，全县以单户种地总面积在 50 亩以上为规模经营界定标准，单户种地规模达到这个数字的农户即被当地政府认定为"种粮大户"。截至 2009 年 7 月，全县被纳入规模经营范畴的田地共有 24981 亩，其中 50—100 亩的有 162 户，100—300亩的有 21 户，300 亩以上的有 18 户，经营达到最高的是 2400 多亩，跨度5 个村。这些"大户"大都是雇工经营。

实地调查发现，还有另一类运行机制更为灵活、组织化程度也更高的股份合作社经营模式。沙县夏茂镇俞邦村村支书 Y. G. Q. 牵头组织成立的"沙县益鑫农业专业合作社"就属于这种类型。^②实际上，这家合作社具有股份合作经营的特点，但它并不属于标准的农民土地入股流转经营形式。该合作社成立于 2008 年 12 月，Y. G. Q. 本人是合作社理事长，注册资金 600 万元，实际出资 220 万元，社长本人占了 60% 的股份。2014 年课题组调查员在此调查时，合作社有正式雇员 7 人，其中财务人员 2 人、管理员 2 人、工头 2 人，机器插秧操作员 1 人。截至 2014 年 6 月，益鑫农业合作社有入社社员 158 人，从这一年开始，该合作社已经不再吸纳新的社员加入。

截至 2012 年，合作社有固定资产 310 万元，购置了收割机、拖拉机、插秧机、烘干机、植保机等各类设备 95 台。合作社 2012 年统防统治、代耕、代插、代防、代割等总服务面积 2.5 万亩，水稻种植、杂交水稻制种、烟叶种植总面积 5328 亩，淡水养殖 103 亩。2012 年，这家合作社完成国家粮食定购粮 225 吨，销售水稻种子 1100 吨，总产值 1100 万元，合作社总收入 866.7 万元，总利润 112 万元。2011 年该合作社被福建省农业厅评为"省级示范合作社"。2012 年又荣获"全国农民专业合作社示范社"称号，理事长 Y. G. Q. 被评为"全国种粮大户"。

调查显示，2013 年，益鑫合作社主要是以经营杂交水稻制种为主，经营面积达 6000 多亩。不过，受益于夏茂镇建立的土地信托经营机制，包括本镇的益鑫合作社在内的土地流转"大户"大部分只要和镇里的信托机构签订合同即可。信托公司再和各村签订土地流转合同，各村则与各

---

① 2009 年 7 月 8 日访谈湖北京山县种粮大户 L. R. Z. 。

② Y. G. Q. 本人 24 岁，担任俞邦村村主任 6 年，后来担任村支书至今，已经连任 18 年。

户签订土地流转合同，这样可以有效降低土地流转的人力和物力成本。益鑫合作社经营的大部分土地都与村集体签订了合同，涉及的农户总数约有600—700户。

益鑫农业专业合作社租赁的土地最长期限是30年，也有部分是十几年的。和一般的土地流转方式不同，该合作社一年中只租赁半年，所租之地大都是实行"烟稻轮作"，上半年种烟，烟叶采摘完之后，就被合作社租来培育杂交水稻种子。因只有租半年，所以租金较低，一般的土地租金100斤干谷，也有部分是200斤干谷，最高的是300斤干谷，只是占很少数。

益鑫农业合作社158个股东中，大多数是沙县周边县的农民，属于夏茂镇本地的农户只有三十几户。外来社员多是本省宁化县、尤溪县等地农民，他们有不少人陆续加入了合作社。据Y. G. Q.本人介绍，这些社员上半年自己种烟叶，下半年等于是以土地入股的方式加入合作社，从事杂交水稻制种。开始的时候，Y. G. Q.试图以雇工的方式雇请这些外来农民为自己耕作，每天80块工钱。但是从2010年的时候，他发现这种经营方式缺乏激励机制，因为"雇工调动不起来积极性，80块钱一天都是出工不出力"。为此，从2011年开始，他开始改变管理思路，让他们在合作社入股。这种经营方式果然很快取得了成效：

> 原来雇他们干，总有出工不出力的。以插秧为例，按照原来的经营方式，靠近路的地方，他们给你插的很好，往里面就越来越差，我们做老板的就到旁边看一看，也没看仔细。像我现在这样以入股包干制的方式，一承包给他们，他们就不会了。因为他们自己也有利益在里面。如果你没有产生效益，你还要倒赔给合作社，效益出来你自己可以多分一些。这种机制就可以解决"磨洋工"的问题。我这个成本给你，要是赢利了你分70%，要是亏了你也要承担亏损部分的70%。[①]

引入了股份制后，益鑫农业合作社的规模迅速扩张。当初，这家合作

---

① 2013年6月10日访谈沙县夏茂镇益鑫合作社理事长Y. G. Q.（52岁）。

社刚开始成立时，社员不多，且多是本地人。到了 2011 年，社员人数也才有 36 人。之后，由于吸收外来农民入股，社员数量迅速增长到 2014 年的 158 人。

该合作社的具体管理方式是把集中经营与分散经营结合起来。从 2011 年开始，Y.G.Q. 就尝试采取这样一种新的经营方式：即按照 1 亩地 900 元的标准（他称之为"成本费"）支付给入股的社员农户和外围农户，实行包干制。到时候如果制种的收益超出 900 元，则超出部分的 70% 的收益归农户个人所有，剩下的 30% 归合作社所得。反之亦然，如果参加合作社的农户经营管理不善，经营亏本，所得收益低于 900 元，则亏损部分也是按照相同比例分担，即农户承担 70% 的损失，另外 30% 损失则由合作社自己负担。

采用这种经营方式之后，益鑫合作社的效益开始明显好转。在此之前，合作社已经连续亏损了两年。从 2011 年开始实行新的管理方式之后，合作社开始盈利。当年，入股合作社农户共 59 户，其中，经营面积 50 亩以下，收入 5 万元以下的有 11 户；经营面积 50—100 亩收入 5 万—10 万元的有 26 户；经营面积 100—200 亩收入 10 万—20 万元的有 18 户；经营面积 200 亩以上收入 20 万元以上的有 5 户。参加合作社的社员年人均纯收入达 15200 元，未参加合作社的社员年人均纯收入 8700 元，比增 65%。不仅如此，在这一年，合作社全年粮食总产 362 万斤，完成国家粮食定购粮 280 万斤，销售水稻种子 83 万斤，总产值达 560 万元。这些指标均比上一年有很大的增长。

到了 2012 年，益鑫合作社实现产值 1100 多万元，经营利润约为 30%。其中大约 70% 归农户（外地租地的农户），还剩两三百万元由股东分红。外地股东年平均能净赚 5 万元以上。作为农业能人，Y.G.Q. 为了节省水稻制种的成本，就不断地探索改进制种的程序。同时，为了应对化肥、农药等生产成本的上涨，合作社逐年提高与农户约定的包干"成本费"，从 2011 年的 900 元，提高到 2012 年的 1100 元，2013 年则进一步提高到 1500 元。正是依靠这套风险共担、利益共享的机制，益鑫合作社经营才得以扭亏为盈，渐入佳境。

值得注意的是，在夏茂镇调查时，我们还了解到，当地农忙季节，因劳动力不足，不少农户或合作社会雇用一些外地的流动农民来从事田间劳作，由此就出现了一个特殊的农民群体——流动农民。他们的生存状态值得特别关注。不同于一般的农民，流动农民在广阔的范围内寻找农业就业机会，并不是厮守在家乡耕作几亩薄田。他们也不同于农民工，农民工外出大都是到城镇从事非农产业，而他们从事的依然是传统的农耕劳动。他们根据全国不同时期的农业生产时节，并通过某种中介组织，在广泛的区域内寻求不同阶段的农业就业机会。从中我们可以看出，市场化的发展使得农业的分工超越了传统的农耕区域，在更广的范围内重新进行劳动组合和资源互补，从而为我国的农村和农业发展带来一种新的气象。

就夏茂镇而言，2012 年 6 月，仅益鑫合作社就专门雇用了 20 多个外地的农民来插秧，主要有来自云南、贵州等地。这些流动的农民在本地的吃住费用都由合作社提供。他们在此插秧时间为半个月，平均每天的报酬在 160 元左右。秧完插之后，他们就再转到其他地方寻找别的劳作机会。同样，当地烟农每年烤烟农忙时，则基本上是雇用江西来的农民来烤烟。整个烤烟持续约 2 个月，完了之后，他们也就离开本镇，但来年烤烟时他们也许还会再来。不过，和包干插秧的流动农民群体不同的是，这些江西农民受雇来本地烤烟，是按天支付工钱，除了吃住免费之外，男工 1 天平均 120—130 元，即使是不出工，雇主也必须按照这个标准支付工钱。

此外，河南人到新疆采棉花也是属于这类群体。我们在河南汝南县的一个村庄调查时，就有一个受访的农户谈到其妻子"闲的时候也跟人去安徽帮人采茶或到新疆采棉花，1 年也能带回家 3000 多元"。

在田野跟踪调查中，有的被调查村庄在近两年内也有一些"头脑比较灵活"的人成立了新的农业专业合作社。例如在福建将乐县安仁乡朱坊村（自然村），2012 年就有一个朱姓农户成立一家农业合作社，主要从事油菜种植。2014 年种植规模达到 300 亩左右，此外，他还购买了榨油机、收割机、农药喷洒机等设备，为本地将要大力发展的有机稻种植业（全乡目标是 1 万亩）提供整体的农药喷洒服务。而在附近的泽坊村，则有人组织专业合作社，按照上游公司的订单从事花卉种植业，主要销往日本和韩国等地，其土地流转规模在 100 亩左右，已经成功运作了 2 年。

从以上这些实践案例可以看出，合作社参与的土地流转经营的组织化和市场化程度更高，抗市场风险能力也更强。特别是 2007 年 7 月 1 日《农民专业合作社法》正式颁布实施之后，各地都对合作社采取某种政策扶持，因此能够获取更多的政府资金补助和银行金融部门的信贷支持，而这点是单个农户难以比拟的。不过，尽管如此，初级合作社中涉及的土地流转仍属于农民主导的土地流转形式，地方政府和农业企业并没有直接介入其中。而在经营中，由于规模较大，合作社一旦遭受经营风险，其经济损失也会比单个农户高得多。例如，沙县的益鑫合作社仅在 2012 年 9 月 13 日的寒流侵袭中就损失了好几十万元，而湖北京山县 L. R. Z. 组织的合作社在 2008 年仅因棉花价格下跌造成的损失也达 20 多万元。

由于可以在更长的产业链获取收益，因此参与土地规模流转环节的农户也比土地个私流转农户获取的收益更高。不过，这种收益是建立在合作社从事非粮种植业生产基础上的。例如，厦门市翔安区前埔村 G. F. 成立的"庄家宝蔬菜专业合作社"向农户支付的每亩土地的年租金达 1000 元，且效益好时还另有股份分红，这是我们调查的 10 个县（区）中土地租赁租金算是最高的。当然，这不仅与其从事蔬菜种植业附加值更高有关，也与其地处厦门市城郊，物流成本低有关。如果仅是种植粮食作物，并不能显示他们能比单个农户获取更高的收益。例如，湖北省京山县 L. R. Z. 的经验就说明了这点，该合作社以每年每亩 100 元的租金租入土地，这个租金水平甚至比当地个私土地流转的平均租金水平更低，当然，L. R. Z. 租入的土地质量也相对更差些。

总体而言，在合作社土地流转中，我们已经看到有一批能够迅速捕捉农业市场机会，同时又能够在城乡经济分工中寻找市场发展空间的现代新型农民群体正在形成。在国家政策引导下，他们可能成为带领普通农户走向市场化的中坚力量。传统的农业也将因此而朝组织化、信息化、市场化水平更高的方向发展。不过，在此过程中，也会呈现出一些诸如土地种植"非粮化"等值得警示的倾向，这点我们在第六章再进行专题研讨。

三　土地私下"买卖"①

虽然土地买卖被我国相关法律制度明令禁止，但从政策实践的角度看，由于公众对政策文本表述的理解歧义，最终导致事实上的在土地所有

---

① 本节内容涉及的地名有敏感性，因此对地名进行匿名处理。

权意义上的私下市场"买卖"关系发生，双方都认可彼此的交易行为为"买卖"关系。土地私下"买卖"是指农户之间或者农户与其他业主之间就某块承包地所达成的长期性的"市场"交易行为。和一般的土地租赁、承包经营不同，这种交易中双方约定的是对农户承包土地的承包权经营权进行一次性买断，且交易中约定的交易价格也非常之高，远超出一般意义上的土地租赁流转的价格标准，从而构成事实上的土地"买卖"交易关系。

严格来说，在土地所有权、承包权、经营权三权分离的情况下，参与市场交易的土地权能只是承包权和经营权，并不是通常意义上的完整的产权市场交易。土地"买卖"具体可以分为两种形式：一种是双方约定交易的是土地的承包经营使用权，最常见的是农村宅基地的"买卖"。虽然宅基地名义上是属于集体所有，但是由于其附着物——房屋属于农民私人所有，如果宅基地上建有房子，一旦双方发生"买卖"关系，这种交易就具有和城市房屋同等的产权交易性质的交易，而国家法律上也把这种交易行为界定属于小产权房交易范畴。实际上，这种交易属于不完整的市场交易，例如，拥有城镇户口的居民不允许到农村购买宅基地及房屋。另一种土地"买卖"方式就是一般意义上作为农业用地的承包地"买卖"。也有的地方这两种土地"买卖"形式都存在。这种交易方式大部分与农民迁移及买卖住宅的情况相配套。

前文已经提及，在湖北省京山县，该县因土地资源相对较多（人均有1.85亩耕地），吸引其他地方的农民移民到此购房租地，安家落户。截至2009年，京山县全县因这种关系发生流转的土地约有6000亩左右。这些外地农民移民主要来自本省长阳、大武县，也有四川省的。据估计，仅该县曹武镇全镇的外来户就有300户左右，其中落户的大约有270—280户左右。不过，这种土地流转形式很容易产生纠纷，2006年，曹武镇有一个名叫Z.F.Z.的本地农户，家里有15亩多的田，他把家里的房子和承包地一起卖给一个四川人，双方口头约定的价格是3万元，但是当时双方没有签订协议，镇里有关部门也没有把他家的房屋和土地确权给这个四川人。2008年，Z.F.Z.因其家里的老人在城里住不惯，就向现户主即四川买主要两个人的口粮田，双方因此而产生争议。后来经有关部门调解，现户主最终还是给了2亩田给Z.F.Z.，当时这个四川人的户口还没有迁移到曹武镇来。从这起纠纷案例中可以看出，当地政府认可这种私下的土地"买卖"行为，尽管有关部门迟迟没有给双方的土地"买卖"进行确权认可。

一般而言，参与"买卖"土地的各类经营者都抱有将来可以将所购土地转化为非商业用地的市场预期。"买入"土地的一方都以此作为市场交易预期，很少有买家是为了单纯地买地来从事农业产业。因此，发生这类土地"买卖"现象的地方基本是在城郊和城乡结合部，本质上，这是一种市场投机行为。调查中我们了解到，在福建 Z. P. 县 D. X. 镇，当地因靠近沿海，人均占有的耕地资源较为稀缺，而当地农民主要靠下海捕鱼为生，令人感到意外的是，这个镇土地私下"买卖"的现象较为普遍。通常被"买卖"的土地大多是靠近开发区或者公路旁边，买家卖家看重的并不是土地作为农业生产资料的价值，而是未来土地征用而转化为非农建设用地的大幅度升值收益。目前，这个镇存在不少非法侵占土地、毁坏耕地、"买卖"土地、随意改变耕地用途等各种非规范甚至是违法的现象。

D. X. 镇的土地"买卖"早在 20 世纪 90 年代就已经出现。近年来，由于原本规划在厦门建厂的"PX"石化项目落户在 D. X. 镇附近的 G. L. 镇，出于未来开发的预期，D. X. 镇当地的土地"买卖"现象迅速增加，土地升值幅度惊人。据当地居民反映，在 D. X. 镇的镇中心附近，1 亩土地的"买卖"价可达 50 万甚至近 100 万元。而在一些相对偏远的也有开发价值的地带，1 亩土地的"买卖"市场交易价也可以达到 5 万元以上。值得注意的是，当地的土地"买卖"行为大多是农户或者商家私下签订协议，私下交易，没有也不可能经过土地管理部门的批准和许可。而按照双方的"买卖"协议，双方约定的时间是永久性的一次性买断。村民卢某介绍了自家买地的基本情况。从他的谈话中可以看出，这个镇土地"买卖"现象并非个别现象：

> 我在 D. X. 镇上经营两家加油站，收入不错，在镇上的黄金地段拥有一套价值 100 多万元 400 多平方米的住房，另在县城和厦门有多处房产。我平常乐于做公益事业，积极赈灾，热心捐资修路、建庙等。至于我个人"买地"是始于 20 世纪 90 年代，至 2009 年我总共

买了20亩左右的地。因为是陆陆续续买的，所以这20亩地没有连在一起，分成四五块。这些土地有的是跟农户个人买的，有的是跟生产队买的。我最近一次"买地"是在3年前（即2006年）。这些地有旱地和山坡地，买的时候价钱最低的是1.5万/亩，价钱最高的是3.5万/亩。我"买地"是出于投资的目的，但到目前为止，我买进来的地都还没卖出去。按照现在的价格，估计我所买的20亩地差不多能值100万元。由于我现在一家也不缺钱用，因此并不急于把所买的地卖出去，等到价格适宜的时候再卖出去。事实上，我所买的地都抛荒着，没人愿意去耕种。因为种田没什么收益的，1亩地辛辛苦苦耕种一年最多也不过两千块的收入，如果在当地打打零工，至少1天都能挣40块，谁愿意种地？实际上，如果有地卖，我还想买，现在镇上可卖的土地不多。当地一般人家如果不是很急需钱的话是不会卖地的。特别是这几年，隔壁的G. L. 镇（因环保争议而闻名全国的厦门"PX"项目迁居此镇，2013年已经开始试生产）要开发，这里的地价更是涨了很多，位于路边的土地1亩可以卖到几万到几十万元。[①]

据了解，在D. X. 镇，参与土地"买卖"的双方都会按照当地传统的习惯，私下签订一份土地"买卖"协议，交易就此达成。以下是D. X. 镇当地一户"地主"家长找到的一份双方"买卖"土地的合同范本：

协 议 书

甲方：……

乙方：……

甲方有一地块，地址在_____，与____邻界。经甲、乙双方协商后作出如下协议条款。

一、此地块东西四至：东至____，西至____，南至____，北至____。

二、甲方转让给乙方的土地面积为陆分伍厘正，每亩转让价为人民币壹万伍仟元正，合计人民币为玖仟柒佰伍拾元正。

三、本协议书签订时乙方已一次性付清给甲方土地转让款。自即日起

---

① 2009年10月1日访谈福建省Z. P. 县D. X. 镇卢某（51岁）。

该地块的土地使用权及财产所有权归乙方所有，任何他方无权干涉该地块的转让，如有出现他方出面干涉该地块的转让事宜及界限、面积等纷争，本着"买者不明、卖者负责"的习惯，均由甲方负责任，与乙方无关。

四、自即日起乙方对该地块享有占有、使用、受益处分的权利。

五、本协议自签订之日起即时生效。甲、乙双方不得违约，违约方要负一切的经济及法律责任。

六、本协议一式三份，甲方执一份，乙方执一份为据。

甲方（签名）：　　　　　乙方（签名）：

　　　　　　　　　　　　时间　二○○五年十二月廿九日

从这份土地"买卖""协议书"中可以看出，D. X. 镇的土地"买卖"是一种民间甚至是地下行为，但双方约定的"买卖"的权利和责任却前后并不完全一致。双方在某些方面似乎在刻意进行模糊化处理，最明显的有几点：一是协议中约定的是土地"出卖者"——甲方是将自家承包的"地块的土地使用权及财产所有权"转让给土地"买入者"——乙方。这句含糊的表述，似乎双方都很清楚，土地的所有权是属于村集体所有，因此双方约定的土地"买卖"似乎仅仅限于是土地使用权的买卖。问题的关键在于，协议第四款又提到，乙方"买得"甲方的土地之后，即获得"对该地块享有占有、使用、受益处分的权利"，这句话表述的意思是乙方获得了完整的土地产权，其中"占有"是个很模糊的概念，也可以解读为所有权。另外，协议书中双方同时约定如有出现他方出面干涉该地块的转让事宜及界限、面积等纷争，本着"买者不明、卖者负责"的习惯，均由甲方负责任，与乙方无关。按照这一条款，未来如果出现面积、界限等纷争风险，是土地"出卖者"甲方承担，这点似乎很合乎常理。不过，这个条款还提到如果出现"他方出面干涉该地块的转让事宜"，其风险也是由甲方承担。而事实上，双方的土地"买卖"交易一开始就是属于违法的，因为甲方拿出来交易的土地是属于集体所有，而乙方明知这是法律不允许的，还仍然"买下"这块地，在这种情况下，乙方单方面想完全撇清自己的责任，并不现实。

事实上，在 D. X. 镇，参与土地私下"买卖"的不仅仅是当地的农民，也包括外来的投资商和乡村干部，他们相互达成某种"合作"或"共谋"关系，大量"买卖"原本属于村民集体所有的土地，俨然形成了一个被当地社会各方认可的土地"买卖"民间地下交易市场。而地方政府对此的监管却并不到位。尽管参与土地"买卖"交易的各方都很清楚这种行为在法律上并不被认可，但当地已经形成一种约定俗成的民间土地"买卖"惯习。在"法不责众"的社会心理预期下，使得各参与土地"买卖"的各方主体产生一种风险规避意识和判断。

尽管如此，D. X. 镇的土地"买卖"行为无疑会侵蚀农民和村集体的土地权益，甚至可能引发一系列的土地纠纷，也直接影响了当地农村社会发展与稳定。而之所以会出现土地"买卖"现象，与当地土地管理缺乏监管，甚至监管者自身也成为土地"买卖"地下市场的参与者有很大的关系。据当地村民反映，该镇乃至其所在的 Z. P. 县因为土地腐败案例时有曝光，这也说明，该镇的土地私下"买卖"行为面临着多方面的隐患。

类似的土地"买卖"决不仅是个别现象，课题组在福建 J. J. 市和 S. S. 市调查时，也发现这两个城市也有土地"买卖"现象。作为福建乃至全国有名的民营经济发达且城市化快速发展的新兴城市，J. J. 市和 S. S. 市的土地"买卖"不仅规模较大，而且涉及耕地和集体建设用地。据了解，这两个城市的土地"买卖"主要发生在 2008 年前后，具体形式为拥有资本优势的本地人以一次性买断的形式从农民手中"收购"土地（以可耕地为主），当时的交易价格每亩在 6 万—7 万元。以 J. J. 市 L. H. 镇某村为例，据说当地某"大户"从农民手中流转了 300 多亩可耕地，涉及农户 110 多户，这些土地一般连块成片，收购后并没有进行农业开发而是全部办理土地性质的变更手续。

下面呈现出的 S. S. 市 X. Z. 镇 H. X. 村某村民反映的本村曾经出现的土地"买卖"现象：

> 我们村有 700 多人，现在隶属于 S. S. 市高新区五金印刷基地，说是高新区，但都是以服装、五金等对环境污染比较严重的产业为主。因为到现在这个地方开发的力度不够高，都是开发商为了圈地搞起来的。我们村人其实对土地的依赖不大，你看像我这样的年轻人基本都在外面上班、经商，因此我们村很早就有土地"买卖"现象。

例如，十几年前我伯父（现居澳门）就买了十几亩地，当时的价格是 5000—6000 元 1 亩，当时钱很值钱，也不算便宜。当初我伯父买这地说白了就是等着拆迁被补偿的，没想迟迟没有等到，而且他怕换了这么多届村干部，担心现在的村干部不承认过去的那个合同（或者承诺）了。现在他人去了澳门，这事也不知道管得了管不了。①

这位村民还提到，当地不仅普通村民参与土地"买卖"，很多企业也以各种名义或明或暗地介入土地"买卖"进程。特别是有些买卖没有经过普通村民允许，引发了群体性事件：

别的村还有一个事例，就是整片土地 2000 多亩，当初被卖掉的价格是 2.7 亿，说是搞工业区开发，现在卖给中骏集团 27 亿，变成是搞房地产开发了。当地村民就不干了，2000 多人抗议，纷纷要求提价，要求以地产开发的价值来进行补偿。然后政府就围了黄线保护拆迁施工现场，敢越线的一律抓起来关。百姓是斗不过政府的，武警都出动了……②

事实上，J. J. 市和 S. S. 市两市介入土地"买卖"的多为本地企业家及一些"脑子比较灵活"的社会个体。这些人在当地有较高的社会威望和经济实力去"收购"土地。这些土地流转通常发生在熟人社会中，收购方和转让方有着复杂的宗族关系或雇佣关系。因此，相对外来收购方，本地企业家收购土地有着较低的交易成本，即使是一家一户地签订合同，议价博弈期通常也不会超过 3 个月。实地调查发现，这些已经被"出卖"的耕地只有部分种植有农作物，但大部分流转土地被闲置。作为"买主"，在这块耕地被征用为非农用地之前，他们仍然允许当地原土地承包户无偿地在上面种植各种农作物。

据了解，J. J. 市和 S. S. 市民间土地"买卖"现象之所以较为多见，是因为当地特有的经济氛围和商业文化理念为土地"买卖"提供了市场"温床"，具体有以下三点：

---

① 2013 年 8 月 31 日访谈福建 SS. 市 X. Z. 镇 H. X. 村村民 L. J. Y. 。

② 同上。

（1）城镇化对土地的需求一直很旺盛。而这两个城市都是典型的人多地少而民营经济又非常发达的地区。截至 2012 年，J. J. 市的城镇化率62%，快速的城镇化意味着城市向农村的扩张，土地征用和转让价格一直居高不下且呈快速上升趋势。在当地的一些企业家看来，"囤地"始终是一项具有低风险高收益的投资项目。

（2）当地富于冒险的商业精神。事实上，参与土地"买卖"的各方很清楚，这种行为属于法律禁止的行为，但他们之所以还是义无反顾地参与到土地"买卖"市场中，与当地人崇尚的"爱拼才会赢"的社会价值信仰也有很大关系。

（3）农民有旺盛的货币资本需求。由于当地的商业经济发达，很多农户急于寻找更多的货币资本投资经营商业，而在资本短缺的情况下，农民自然想到把自家的承包耕地变现为商业资本。尽管他们知道这种交易有很大的风险，而且未来土地还可能大幅度升值，但在"现金为王"的信念支持下，他们愿意并且急于把自家的承包耕地变现。

（4）土地变现有较高的收益。在 J. J. 市和 S. S. 市，当地的农业已经基本萎缩，和从事工商业相比，农民从事农业的收益已经显得微不足道。当地农民会算一本自己的账。自己种地，1 亩地一年所得收益平均最多只有 1000 元，如果是出租给别人，收取地租，则只有 500 元左右。相比之下，"买"地者支付的购地价格每亩是 6 万—7 万元。农民如果是出租土地，意味着他们要 120—140 年才能得到这么多地租，即使是自己种植，也要 60—70 年才能获得同等收益，这样一比较，"出卖"自家承包地的收益就显得极为可观了。

土地"买卖"现象不仅在经济发达地区存在，在经济落后地区也同样存在。江西省 Y. S. 县县城近郊的 G. G. 村也曾经发生过土地"买卖"行为，只不过，参与土地"买卖"的是村干部和一些农户，而且"买卖"双方直接把农业用地改为商业用地了。2010 年 12 月，我们在该村田间随机调查时，偶遇一个正在采收大蒜的农户，他向我们谈起他所在的村存在的土地私下"买卖"现象。

……

调查员：你们村后来还有没有调整过田？

村民：没有，不好调的。

调查员：为什么？

村民：比如前面的葡萄园，田都卖给人了，想调也不好调了。

调查员：嗯，是租给人了？

村民：不是，葡萄园前面那块田是被卖给人造房子了。

调查员：那个田是真的卖掉了吗？

村民：是的。

调查员：是生产队卖掉吗？

村民：不是，个人卖掉的。

调查员：卖给什么人，是外面的吗？

村民：是，就是借着搞这个葡萄园基地买的，不然他也批不下来。

调查员：多少钱1亩卖的？

村民：当时是2万5千块1亩。

调查员：葡萄园的地是租的，葡萄园前面房子的地是卖的？

村民：对。那边还有一片的田也是一次性卖掉的，3万块1亩卖给村里，村里再把地批给人造房子，5万块一栋卖给人，包批的。

调查员：那你有没有卖田？

村民：没有。但我以后要卖田，他们也管不了我。因为他们卖田也没听我们管，现在我们村没有人管得了这事。

调查员：村长书记不管吗？

村民：现在村长书记只管着怎么弄钱，前面那边的西瓜基地就是他们今年搞来的。

调查员：有建了多少栋房子？

村民：二十几栋吧。这个上面查都查不到的，是借用别的地方的名义盖的。

调查员：哦。

村民：我看电视上说，这种做法都是违规的。①

......

---

① 2010年12月11日访谈江西 Y. S. 县 G. G. 村村民朱某（52 岁）。

客观而言，从法律实践的角度来看，上述的种种土地"买卖"行为属于一个灰色的地带。从严格意义上看，当前农村民间存在的私下土地"买卖"涉及的只是土地的承包权及经营权，并不涉及所有权。国家法律明确规定，除非是国家征用，其他任何情况下都不能"买卖"集体土地所有权。不过，国家现行的法律尚未明确农户是否可以把自家承包的土地使用权进行转让。虽然在官方政策文本规定的土地"转让"方式中，农户经过一套程序可以把自己的承包权以"转让"的方式流转给其他业主，但在实际操作中仍然面临诸多的体制障碍。即使是能够操作，也和我们呈现的土地私下"买卖"并不完全一样。

对于土地"转让"，《土地承包法》第41条是如此规定的："承包方有稳定的非农职业或者有稳定的收入来源的，经发包方同意，可以将全部或者部分土地承包经营权转让给其他从事农业生产经营的农户，由该农户同发包方确立新的承包关系，原承包方与发包方在该土地上的承包关系即行终止。"这条规定被认为是法定的对土地承包使用权"转让"流转方式的解读。而2005年3月1日起施行的农业部《农村土地承包经营权流转管理办法》第35条再次对"土地使用权流转"进行官方化的解读："转让是指承包方有稳定的非农职业或者有稳定的收入来源，经承包方申请和发包方同意，将部分或全部土地承包经营权让渡给其他从事农业生产经营的农户，由其履行相应土地承包合同的权利和义务。转让后原土地承包关系自行终止，原承包方承包期内的土地承包经营权部分或全部灭失。"同时，《管理办法》第6条还规定："承包方有权依法自主决定承包土地是否流转、流转的对象和方式。任何单位和个人不得强迫或者阻碍承包方依法流转其承包土地"，前提是"受让方应当依照有关法律、法规的规定保护土地，禁止改变流转土地的农业用途"（第20条规定）。

由此可以看出，当前的法律制度实际上已经以"土地承包权使用权转让"名义为事实上的"土地使用权买卖"开了一个窗口，而唯一的障碍或许在于两个方面：一是要求土地使用权受让方必须有农业经营能力，并且必须把承包的土地用于农业生产用途；二是转让的期限不能超过承包年限。而后一条障碍也随着十七届三中全会提出农户拥有的"土地承包权长久不变"而悄然瓦解了。换言之，拥有"长久不变"的土地承包权的农户可以自主决定把自己的土地承包权及经营权流转给其他业主，这在事实上可能构成土地承包权的"买卖"关系。

我国 1999 年 1 月 1 日（2004 年修订）施行的《土地管理法》第 14 条规定："土地承包经营期限为三十年"，而"农民集体所有的土地由本集体经济组织以外的单位或者个人承包经营的，必须经村民会议三分之二以上成员或者三分之二以上村民代表的同意，并报乡（镇）人民政府批准"，《土地承包法》第 48 条也重申了这条规定。同时，该法的第 63 条更是明确规定："农民集体所有的土地的使用权不得出让、转让或者出租用于非农业建设"。这就把任何的改变农地用途的可能性排除在外。2003 年 3 月 1 日颁布实施的《中华人民共和国农村土地承包法》第 4 条也规定："农村土地承包后，土地的所有权性质不变。承包地不得买卖"。该法的第 10 条在规定"国家保护承包方依法、自愿、有偿地进行土地承包经营权流转"的同时，其第 15 条又明确规定："家庭承包的承包方是本集体经济组织的农户"，这条准入门槛把非本集体的潜在业主排斥在外。然而在实际操作中，参与土地"买卖"的双方似乎可以通过已有制度的漏洞来规避国家的政策限定。

在调查中，我们了解到，涉及土地私下"买卖"的双方都在有意无意在回避一个关键的土地所有权属性问题。事实上，参与这类行为的往往是精明的生意人，他们中的绝大部分都很清楚自己的土地"买卖"行为如果涉及土地所有权问题，这在国家法律上是不允许的。如十七届三中全会通过的《中共中央关于推进农村改革发展若干重大问题的决定》再次重申："土地承包经营权流转，不得改变土地集体所有性质，不得改变土地用途，不得损害农民土地承包权益。"为了规避这个问题，双方就试图通过私下的协议来化解或者应对这其中可能存在的诸多风险。其中一种就是约定双方交易的仅仅是土地承包权和使用权，而不涉及所有权。但对于土地的"出卖方"而言，由于他明确承诺自己拿出来交易的是自家承包地的永久的承包权和使用权，这种约定事实上具有所有权转让的性质，尤其是在承包权已经固化为"长久不变"的情况下。

从法律执行的角度来看，土地"买卖"双方私下签订的合约的有效性取决于国家约定的农民的承包地的承包期长短。通常而言，这种承包期越长，双方合约的有效性也越长。我国 2003 年实施的《农村土地承包法》第 20 条规定耕地的承包期为 30 年，而草地的承包期为 30 年至 50

年，林地的承包期为 30 年至 70 年。其中耕地的承包期约定是与 1997 年实施的第二轮土地延包政策规定"30 年不变"为基本依据的。而 2008 年十七届三中全会通过的《中共中央关于推进农村改革发展若干重大问题的决定》则进一步明确指出"赋予农民更加充分而有保障的土地承包经营权，现有土地承包关系要保持稳定并长久不变"，这个"长久不变"的政策表述在实践中可能被解读是"永久不变"。一旦这个解释在司法上成立，那么双方达成的土地使用权"买卖"关系事实上就是具有所有权"买卖"关系的性质。而本文呈现的土地私下"买卖"现象是以土地承包权"卖方"以一次性永久"卖"断的方式"转让"其所拥有的土地承包权和经营权。特别是在村干部和地方政府监管不到位的情况下，"买卖"双方对土地承包权和经营权的私下交易就侵蚀了土地的集体所有权。

民间还有另一种土地"买卖"则直接涉及土地所有权的"买卖"。这时候双方尤其是买方试图通过民间契约的形式来降低彼此可能面临的政策风险。前文提到的福建 Z. P. 县卢某提供的土地"买卖"协议书就包含了类似的条款和内容。从合约本身来看，土地"买卖"合同是否有效并得以维持，很大程度上取决于交易双方的私人诚信度的高低。一旦有一方毁约并采取法律行动，那么到时候将给有关的行政和司法部门造成巨大的困扰。

客观地说，当前土地实践中呈现的土地"买卖"行为暴露出现行土地制度设计存在的某些漏洞，也暗示着有的地方确实有土地"买卖"的冲动及市场需求。对于当前民间的土地"买卖"行为（包括背后的村集体和地方政府纵容的"影子"），一方面，我们要看到，无论其采取哪种交易形式，民间私下"买卖"土地行为都是现行法律所不容许的，虽然交易双方是自愿进行"买卖"。不过，另一方面，我们也必须看到，目前有些地方呈现出的土地私下"买卖"行为已经日渐形成一个类似城镇"小产权房"交易的"小产权土地"交易市场体系，有关部门无法对此视而不见。暗流涌动的农村土地地下"买卖"终究有一天会浮上台面，这也说明，现行的土地承包制的非正式实践已经大大超越了国家的正式制度设计。令人担忧的是，一旦土地"买卖"现象蔓延开来，由此引发的各种土地纠纷现象或许是爆发性的。有关部门应该提前做好应对准备。

第四章　政府主导型土地流转

从广义的角度看，农村的任何土地流转行为都受到政府政策的影响和引导。如农村土地政策、社会保障、户籍、就业、教育等制度的发展都对土地流转存在不同程度的影响和促进作用（傅晨、范永柏，2007）。不过，本章并不是从这个层面上探讨政府主导型土地流转。和前一章探讨的农户主导型土地流转相比，本章所探讨的政府主导型土地流转中地方政府所起的引导甚至强制作用要大得多。地方政府不仅出台政策对土地流转形成某种干预和激励作用，甚至可能成立某种诸如土地信托机构的组织直接参与组织实施土地流转工作。在这个过程中，地方政府从搞活一方经济、或者从招商引资，发展工业经济的角度来介入土地流转工作。它们介入和干预土地流转，不仅是为了搞好农业服务业，也有自身的利益关切在其中。而这种利益关切既包括对土地流转的政治绩效的考虑，也包括对地方政府自身的经济利益的考虑。

也正因为此，有很多学者对政府主导的土地流转持批判态度。如不少学者注意到，各级政府及村组织试图通过干预土地承包制及土地流转来对农村社会施加控制力。董正华认为，小农制框架内发展导向的威权主义政权与农民结成一定程度的同盟，同盟的实质是政府对农村的控制（董正华，1994）。而在村级土地制度实践中，前文已经提到，有的村庄的村干部通过频繁的土地调整来实现对农村的社会控制，尽管这样做也可以保障土地承包的社会公平（全国农村固定观察点办公室，1998；林卿，1999；朱冬亮，2001；Dong Xiao‐yuan，1996；Kung James Kai‐Sing，2002；Benjamin and Brandt，2002）。

政府主导型土地流转的具体形式包括紧密型"公司＋村集体＋农户"、土地股份合作流转、土地信托流转、土地调整、土地征用等多种形式。一般而言，包括农业企业、专业合作社在内，村庄社区之外的土地经营者如果想流转土地，必须借助地方政府的力量，否则很难与单个分散的农户逐一协商土地流转事宜。乡土社会的信任是建立在以地缘、血缘为基础的熟人社会人际关系基础上的，而村庄社区之外的经营主体是陌生人，短时期内很难获得本地人的信任。因此他们必须借助政府及村集体的力量来参与土地流转。

本章接下来将以本研究在田野调查中获取的土地流转资料为例，对不同形式的政府主导型土地流转模式的实践机制及绩效展开探讨。

一　工商资本介入型土地流转

工商资本介入型土地流转是指村庄社区外部的工商资本直接投资组建农业产业化企业或者建立农业产业基地参与土地流转。和前面探讨的"订单"农业不同的是，这类土地流转中农业企业直接管理经营土地，并以支付薪水的形式雇用本地或者外地农业劳动力从事农业作业生产。在实践中，这类土地流转通常以紧密型"公司 + 村集体（合作社）+ 农户"为组织形式，其规模效益更为显著，形成了较为完整的农产品产销产业链。这点和前章探讨的松散型的"公司 + 村集体 + 农户"组织模式有本质的区别。

一般而言，参与土地流转经营的农业企业大多是来自于村庄社区之外的工商资本，他们在城镇建立了相对固定的农产品销售渠道。而在村级层面，它们假手地方政府和村集体组织（包括其演变形式（股份）合作社），从普通农民手中流转来大片的土地以建立产业基地。这样可以避免与单个的农户打交道，以尽量降低土地流转的协商和交易成本。而村集体作为流转的中介，背后往往得到地方政府的强有力的支持，毕竟工商资本始终是地方政府招商引资的主要对象。村集体组织作为土地所有权的代理人，本身也从中得到分成收益。对于普通的农民而言，村干部是本乡本土人，有割不舍的血缘、地缘关系，他们直接和村干部打交道，彼此的信任关系是外来的农业企业难以比拟的。在紧密型的"公司 + 村集体（合作社）+ 农户"土地流转模式中，通过村集体组织这个中介平台，市场关系就嫁接嵌入到乡土社会的人际关系中。

　　闽西北将乐县万安镇万安村的土地流转属于组织化程度较高的"公司＋村集体＋农户"的规模经营流转方式。该村地处高速公路口，交通便利且土地耕作条件优越，吸引了香港的一家名为"利农公司"（全称是"利农农业技术（福州）有限公司"）的农业产业化企业在此建立连片的蔬菜基地，所产蔬菜主要销往广东及香港等地。2011年，该公司开始与万安村村干部协商，最终流转了1307亩（平整后约有1500亩）上等土地为产业基地，双方约定的经营期限为16年。[①] 按照双方的协商约定，"利农公司"以这片土地每亩额定的1300斤产量的50%作为年租金（即每年租金是650斤干谷），采取一年一付并折算为现金形式向各个农户支付租金（参见表4—1）。而租金是三年一调整，每次调整按照当年干谷的市场平均销售价计算。[②]

　　由于万安村经过多次征地，这次1307亩田地的大规模流转之后，该村剩下的田地已经没有多少了，为了解决流转农民的就业问题，"利农公司"还规定以男工每天60元（女工40元）（每月1800元）的酬劳雇用本村的劳动力，但是多半是一些年龄在50岁以上的村民愿意去做，年轻人大多是到外面打工，不愿意从事这类劳累不体面收入又不高的工作。事实上，这个蔬菜基地所雇用的大部分是江西农民，当地人到此打工的并不多。值得一提的是，这家企业只和村集体而不是与单个农户签订合同，然后再由村集体出面与每个农户协商，而村集体得到的报偿就是利农公司每年以每亩50元的标准向村里支付"管理费"。

表4—1　　　　　万安村利农公司土地流转村民产量及补偿花名册
（第2村民小组）　　　　　　（单位：市斤）

序号	户主姓名	承包产量	成数（%）	成数产量	单价（元/斤）	金额（元）
1	G. W. Z.	5310	50	2655	1.38	3663.9
2	Z. J. Y.	2360	50	1180	1.38	1628.4
3	Z. R. X.	1770	50	885	1.38	1221.3

---

　　① 因1997年，该村实行土地延包"30年不变"政策，到2011年还剩余16年，故双方约定的流转期限以剩余的时间为最长期限。

　　② 如2013年的租金标准就是按照2012年当地每百斤稻谷市场平均价138元来计算，尽管2013年的稻谷市价曾经下跌到120元。

续表

序号	户主姓名	承包产量	成数（%）	成数产量	单价（元/斤）	金额（元）
4	C. F. M.	2950	50	1475	1.38	2035.5
5	C. J. H.	2360	50	1180	1.38	1628.4
6	H. S. W.	1770	50	885	1.38	1221.3
7	H. Y. Q.	2950	50	1475	1.38	2035.5
8	Z. Q. H.	3540	50	1770	1.38	2442.6
9	Z. Y. N.	2360	50	1180	1.38	1628.4
10	Z. Y. L.	2095	50	1047.5	1.38	1445.55
11	S. Z. A.	2514	50	1257	1.38	1734.66
12	S. A. Q.	419	50	209.5	1.38	289.11
13	C. M. D.	2933	50	1466.5	1.38	2023.77
14	C. X. T.	838	50	419	1.38	578.22
15	S. X. Y.	3761	50	1880.5	1.38	2595.09
16	Z. T. S.	1770	50	885	1.38	1221.3
合计	—	39700	—	19850	—	27393

按照"利农公司"与万安村签订的土地流转协议，前者不仅获得了土地经营使用权，而且还获得了相当程度的处置权。在获得 16 年的土地经营使用权之后，"利农公司"即把原先并不整齐的土地重新规划，平整为标准的蔬菜大棚种植基地。为了便于将来复垦，该公司同时与万安镇签订耕地复垦合同，并交纳了一笔复垦保证金（参见双方签订的协议书）。只不过，这种协议书只是一个书面形式，如果真正执行起来，成本依然会很高。因为利农公司已经通过土地平整，打乱了各户之间的原承包地界线，几乎不可能再恢复到原样，这也是未来可能出现纠纷隐患的潜在爆发点。

土地复垦协议书

甲方：将乐县万安镇人民政府（以下简称甲方）
乙方：将乐县万安镇万安村村民委员会（以下简称乙方）
根据《福建省实施〈中华人民共和国土地管理法〉办法》和《福建

省临时用地管理办法》的规定，为确保万安村租赁给利农农业技术（福州）有限公司的黄段、大溪段、小溪段约 1307 亩耕地，在 2027 年 12 月 31 日土地流转期满后得到复垦，经甲乙双方共同协商签订如下协议：

一、在土地流转期满后，若利农农业技术（福州）有限公司不再续租，甲方应按照乙方村民代表大会要求对需要复耕的部分负责复耕到位，并按照国家复垦技术标准，恢复土地原貌，并保证耕地原有水利、耕作层和交通设施的完善。

二、该项目地块的建（构）筑物归甲方所有。

三、本合同一式两份，甲、乙双方各执一份。合同于签订之日起生效。

甲方：（盖章）　　　　　　　　　　乙方：（盖章）

代表（签字）：X. F.（村支书）　　　代表（签字）：H. C. A.

2011 年 12 月 31 日　　　　　　　　2011 年 12 月 31 日

在实践中，紧密型的"公司 + 村集体 + 农户"土地流转组织方式还存在另一个隐患。由于外来的工商资本是纯粹的市场主体，奉行经济理性原则，以追求经济利益最大化为目标，这种价值理念是通过村集体组织这个中介平台嫁接入乡土社会，但它和乡土社会的经济社会理念不一定完全吻合。特别是后者可能更加看重在实现经济价值的同时，也还要追求公平正义价值。这意味着双方在签订合同契约的时候一开始的出发点就是有差异的。一旦将来对合同契约的解读出现分歧，那么就可能引发矛盾和纠纷。在实地调查中，我们可以发现，一旦上游的农业产业化企业经营失败，就极有可能把由此造成的不良后果转嫁到农村，进而转嫁到普通农户身上。

有意思的是，尽管万安镇万安村最终把这 1307 亩的土地长期性地流转给了"利农公司"，但当初在商定土地流转事宜的时候，仍有近 40% 的农户不愿意出让自身的土地经营权，或者对其持观望态度。只是在村干部的不懈劝导下，他们最终没能坚持住自己的立场而在土地流转协议上签上了自己的名字。这说明他们对土地的长期流转持担心或者忧虑态度。类似的情况在本县安仁乡也存在，以至于当地乡政府负责人慨叹农民观念不开放是当地发展农业产业化的最大障碍，这点我们在前一章已经谈到。

另外，2009 年我们在湖北崇阳县肖岭乡霞新村调查时也了解到，2008 年，原本有一个江苏的老板准备在当地投资一个农业产业化项目，计划建立 2000—3000 亩的产业基地。这位投资商向当地农户开出的租金是每亩每年 400 元，相当于当时当地农户种粮一年的纯收益的 80%。为了促进本村村干部参与组织流转土地，该投资商还承诺村集体每亩每年提取 20 元的抽成作为酬劳。即便如此，村干部进行的摸底调查表明，当地只有 30% 的农户愿意把自家的承包地流转给外来投资商，而近 70% 的农户表示不愿意。结果时至我们在此调查时，这个方案仍处于假设阶段。

农业集约化规模化经营必须具备相应的外部条件。即使是发展农业产业化经营，也必须以新型农业生产组织方式、新型农业技术、新型经营精英、广阔的市场拓展前景等因素的介入为前提。无论是农业专业合作社，还是农业企业，它们要从农户手中流转土地，并在农村建立产业化基地，都必须给农户一个经营预期，即他们给予农户的收益要高于至少是不能低于单个农户自己耕作土地获取的收益，而这个收益通常是以种植粮食作物为参照系的，否则他们不会把自己的土地流转给这些村庄外部的业主。

我们的调查表明，几乎所有的村庄外部的业主要获取村庄内农户的土地使用权，他们承诺给农户的土地流转收益往往比农户自己间私下流转的收益至少要高 20% 以上，一般都高出 50%，高的甚至超过 100%。如果外来的经营者要对土地进行整理规划，包括重新建设基础设施，那么他们付出的成本还要更高。在农户看来，他们要求土地租赁经营者付给他们更高的流转租金，是换取心目中的更高的安全感，以降低自身的风险。闽西武平县十方镇就是属于此类例子：

十方镇实有耕地面积 2.1 万亩，全镇人口 4.2 万人，人均只有 0.5 亩地。2009 年，该镇发展种植烤烟面积 4000 亩左右，经济作物种植面积约 8000 亩，规模化经营大约为 5000 亩，全镇有 8 家农业专业合作社，涉及烟叶种植、果蔬、枇杷种植等领域。2009 年春节，附近连城县的一个投资商到当地承包 50 亩的土地用于种植花卉，1 亩年租金是 520 斤干谷（相当于额定产量的 50% 左右），每年分两次结算一次。这个商人与当地农户签订合同，约定的承包期限为 15 年。而事实上，当地农民如果租入土地种植粮食，好的地租金大概是 200

斤稻谷，不足这个"大户"流转价格的一半，稍差的地甚至不要租金。另外，有一个村主任在本镇的一个偏远山村租了 400 多亩地用于种植食用菌菌草，每亩年租金是 100—150 元（注意是货币租金）。该村主任以个人名义和每个农户直接签订合同，约定的租地期限大部分是 10 年，也有部分是转让 3 年。当地政府之所以鼓励他去租种这片土地，是为了尽量不要让这些土地抛荒。①

不过，对于规模化经营主体而言，他们无形中要支付的成本就大大提升。这意味着他们必须有足够高的投资经营项目回报。一旦失算，自己所有的投入可能血本无归。在调查中，我们发现，农业规模化经营主体进入村庄之后投资失败的案例比比皆是：

> 闽西北将乐县安仁乡安仁村在 20 世纪 90 年代后期曾经引入一个福建莆田的投资商，这个商人曾经作为"上山下乡"的"知识青年"而在当地生活多年，对当地颇有感情。当时他在安仁村下属的一个自然村流转了 100 多亩的耕地，用于养殖鳗鱼。土地流转来之后，他对耕地进行了重新平整，挖成一个个养殖场开始养殖鳗鱼。当初，这个投资商给村里租地给他的农户是按照每亩田设定产量的 50% 付给租金，即平均 1 亩地 1 年的租金是 500 斤干谷，折算为当年市场价，以现金方式每年一付。这个价格比当地农户私下流转的租金价格高出 50%。此外，这个商人还要向当地乡政府交纳一笔专门资金，用于耕地的垦复。不过，后来因为种种原因，这个商人只养了两年鳗鱼，养殖计划并没有获得成功。该投资商最终放弃这个项目，其所租用的土地则归还给农户。据说，投资商自己亏损了数百万元。②

另外，很多农民不愿意长期性地流转土地，与国家政策变化有直接关系。由于近十年来，农民经历了从高税费时代的种地"亏本"到税费改革后的"种地有补贴"，他们对耕地的价值预期已经发生了变化。其中部

---

① 2009 年 8 月 12 日访谈武平县十方镇经管站 X. G. X.（42 岁）。

② 2009 年 9 月 15 日访谈将乐县安仁乡安仁村村民 Z. C. D.（55 岁）。

分农民相信，未来耕作土地将有更高的收益，因此即使有外来承包"大户"或者农业产业化企业开出看似很有诱惑力的流转价格，他们仍然不愿意把自己的土地长期外租。

特别值得重视的是，近年来开始有一些国外或者境外工商资本直接进入中国土地流转领域，在农业部门建立属于自己的农业产业基地（如前文提到的将乐县万安镇的"利农公司"）。据《经济参考报》2011 年 5 月23 日报道，由日本朝日啤酒株式会社、日本住友化学株式会社、日本伊藤忠商事株式会社等 3 家世界 500 强企业共同出资，在山东烟台莱阳市建立"朝日绿源农业高新技术有限公司"，公司于 2006 年 3 月 28 日取得营业许可。整个项目占地面积 1142.4 亩。其土地流转的具体操作方式是由农户将耕地流转给以村为单位成立的土地合作社，再由莱阳市政府和沐浴店镇政府同日方签订租赁合同。租期为 20 年，到期后日方应归还，但双方另行达成协议除外。至于土地的租金，第一个 5 年每亩是 800 元，此后每 5 年递增 200 元。截至 2011 年 5 月，该公司项目占地实际已扩展至约1500 亩，其中 700 亩种植玉米等粮食品种，350 亩养殖奶牛，450 亩种植草莓。这 1500 亩流转地共涉及 5 个村的 1000 个农户。事实上，"朝日绿源农业高新技术有限公司"除了自己种植玉米外，还和周边农户签订订单合同，收购他们的玉米。由于公司养殖奶牛每年约需 2.2 万吨玉米做饲料，按照玉米亩产 500 公斤计算，需要 4.4 万亩耕地来生产。因此，公司对当地土地流转市场的影响比想象的更大。不仅如此，日方还有意将项目扩展至 3000 亩左右，并计划在全国复制二三十个同样的项目。据《经济参考报》对相关领域专家的采访报道，大部分受访学者对此持担忧态度，认为会挤占中国本就十分稀缺的包括土地在内的生产资料，进而对中国的农业生产的安全生产构成威胁，因此必须"从数量和规模上限制其扩张步伐"。[1]

二　土地股份合作流转

土地股份合作流转可以看成是专业合作社流转的"升级版"。所谓土

---

① 参见日资在山东租地：中国后院或成他国农产品基地（搜狐网 http：//news. sohu. com/20110523/n308223642. shtml）。

地股份合作是指在家庭承包经营基础上，农民群众按照依法自愿有偿的原则，以土地承包经营权入股联合经营并共享收益的农业合作形式。和一般的土地流转模式不同，农户"入股土地股份合作社，实现的是产权上的联合，而非单个地块的简单相加，合作社或承包商都可以打破原有的地界，尽可能从提高农业生产效益的角度重新整理土地，加大对设施农业的投入，从而提高土地的利用率和产出率。"（孙中华、罗汉亚、赵鲲，2010：33）由此可以看出，农户入股的是以自己承包的实有可耕作的面积为入股依据，各个农户承包的土地面积总和往往不包括田间道路、水利沟渠等属于公共部分的土地面积，而合作社则可以通过土地整理，额外获得这部分土地资源，并从中获取利益。[1] 由此可以看出，在股份合作社经营模式中，合作社不仅获得了约定期限内的土地经营权，而且获得了一定的处置权。

以江苏省为例，该省一直以推动土地股份合作为加快土地规模经营的手段。从 21 世纪初开始，这个省就通过政策扶植的方式推动土地股份合作经营，并在苏南、苏中地区取得了较快发展。尽管如此，由于江苏全省没有统一的法律和政策规范，各地土地股份合作社在组建方式、运行机制等方面差异很大，登记方式也各式各样，各类土地股份合作社已有数千家。据农业部农村经济体制与经营管理司的调查，2009 年底，江苏省运行比较规范的"五有"土地股份合作社（即有章程、有规章制度、有办公场所、有股权证书、有保底分红）共有 1130 家。有的已经形成相当的规模，并积累了一些成功的经验。

为了促进土地的股份合作经营，江苏省及下属地市的地方政府出台了一些政策，鼓励地方政府促进土地流转。例如，苏州市各市、区都出台了以土地股份合作社为主要对象的奖励政策，入股土地每年每亩奖励300—400 元。这个扶持力度是非常大的，毕竟在我们调查的诸如江西铜鼓县、湖北京山县、崇阳县，福建将乐县、武平县等大部分地区，当地农民出租 1 亩土地，一年获得的收益普遍在 100—300 元之间，而且地方政府除了给"大户"进行小额的补助之外，一般的农户得不

---

[1]　一般而言，通过土地整理，可以新增加土地面积 5%—10%。

到任何的补助，而苏州仅政府补助就超过了这些地方的所有租金收入。① 由此不难看出，在苏州的土地流转中，政府的引导力度远高于我们调查的县（区）。

正是在地方政府的政策刺激下，苏州市的土地股份合作经营取得了快速的进展。截至 2009 年年底，苏州市农村土地流转面积为 146 万亩，其中通过土地股份合作社流转的占近 50%。吴江市流转的 36 万亩土地中有 19 万亩通过土地股份合作社（参见孙中华、罗汉亚、赵鲲，2010）。不过，由于苏州市经济发达，地方政府财力雄厚，因此该地鼓励土地股份合作社流转实际上是在重新走一种新型的集体化经营道路，而地方政府对土地股份制经营的大力扶持资助，正在逐步变成一种普惠式的政策举措。这种举措实际上是"城市反哺乡村"政策的一个组成部分，其意义已经远远超出单纯地强调扶持土地规模经营本身。只是，在其他经济不发达的地方，地方政府因财力匮乏，不可能如此大力度地扶持土地流转。

在我们调查的 10 个县（区），有组建土地股份合作社的案例不多，其中比较有代表性的是前章分析过的福建沙县夏茂镇"益鑫农业专业合作社"和厦门翔安区前埔村的"庄家宝蔬菜专业合作社"等，但这种合作社的组织化和规模化程度都不如苏南的股份合作社。不过，在沙县的其他乡（镇），借助地方政府建立的土地信托流转机制，已经出现组织化程度更高的股份合作社。按照沙县政府的规定，土地股份合作流转时，实行土地股份"分红"保底价，分为一、二、三、四 4 种等级，土地股份"分红"保底原则上分别为 150、100、50、25 公斤干谷/年·亩，由政府统一颁发印制的土地股权证书。例如，该县高桥镇官林窠村以每年每亩

---

① 相比之下，厦门市直到 2015 年才出台类似的鼓励政策。这一年，厦门市委办公厅、厦门市人民政府办公厅发布《关于引导农村土地经营权有序流转发展农业适度规模经营实施意见》（厦委办发［2015］14 号）规定：自 2015 年 5 月 24 日起，对持有工商营业执照，经营范围涵盖并具体从事农业生产经营的企业或单位等两类经营主体进行资金补助：一是依法采取租赁、吸股等方式流入承包地经营权的农业经营主体；二是复垦经营撂荒的农业经营主体。具体要求是签订土地流转合同期限应在 5 年以上（含 5 年），且集中连片耕作 30 亩以上（含 30 亩），合同期内按每年每亩 200 元给予补助，对于流转期限超过 10 年的合同期内按每年每亩 300 元给予补助；对经营撂荒耕地的，复垦面积需达 30 亩以上（含 30 亩），流转时间 5 年以上，种植农作物一季以上，须满 5 年后，一次性按每亩 500 元给予复垦补助。

150 公斤干谷的租金与农户签订《农村土地流转委托协议》，土地集中连片后，再由村集体统一向经营业主流转。[①]

不过，总体而言，在本研究调查的大部分股份制流转地区中，在政府引导方面不如苏南等地的扶持力度高。除了国家出台的一些扶持农业专业合作社的政策之外（如给予一定额度的低息、贴息贷款），地方政府并没有出台更多的特殊政策对其土地流转进行引导和扶持。

就土地流转的角度看，土地股份合作经营中，土地流转约定的期限都很长，有的可达十几二十年，租金也相对较高。实际上，这类土地流转模式在江浙等经济发达地区较为常见，原因在于，这些地方非农产业发达，大多数农民有收入更为稳定的非农就业机会，因此土地的社会保障作用已经大为下降，农民对土地的依赖程度也大为下降。考虑到大部分农户自己经营土地是以种粮为主，每亩年纯收益很少能够超过 1000 元。如果以此为参照系，他们把土地流转给合作社或者农业企业，加上地方政府的政策补贴和扶持及股份分红，农民出租土地获得的收益基本都达到甚至超过1000 元。这个收入已经高于他们自己经营土地种植粮食作物的收入。因此这些地方的农户愿意把土地入股流转给合作社。

在经济相对落后的地区，情况并非如此。正如我们在前章已经探讨过的，这些地方的农户从事非农产业的机会少，地方政府对土地流转的资金扶持也较少甚至根本就没有，因此当地农民即使长期出租土地，其获得收益也很少有超过 400 元的。相比之下，他们自己经营土地，获得的收益可达 800 元（2013 年经营收益）。对于本来就收入不高的他们而言，自己种地还是有利可图，何况他们还要依托土地作为其最后的社会保障。

三　土地信托流转

土地信托流转经营模式也是近年来在经济发达地区出现的土地流转经营模式。和别的土地流转经营方式相比，出现这类模式的地方的农户对作为农业用地用途的土地依赖性已经大为下降。当地农民因常年外出打工经

---

① 巫瑞万：《沙县积极探索农村土地流转新机制》，《三明日报》，2009 年 6 月 15 日第 2 版。

商，已经有相当部分长期"离土离乡"而从事非农产业，并在城镇站稳了脚跟。这时候，类似土地信托流转经营这样的模式就应运而生了。[①]

一般而言，土地信托流转经营是指土地承包经营所有权人为了有效利用土地，以取得收益为目的，以信托契约的方式将土地委托给专业信托机构，由该专业机构利用其专业进行规划与管理，就有关土地开发进行全盘规划与执行，包括开发规划、资金筹措、建筑物兴建、地产分售、租户招租、维护管理等，并将经营利益按期分配给土地所有人或受益人。在信托合约到期时，该专业机构再依约将信托财产返还给委托人的一种土地经营管理方式（沈映春、周晓芳，2009）。和一般的租赁流转经营不同，土地信托经营中信托机构有权对土地进行整理，兴建农业基础设施，但一般不得改变土地的农业用途。

依据土地信托机构的产权属性，一般分为民办信托机构、村集体信托机构和官办信托机构等三种形式。其中民办信托机构一般是农村中的技术能手、专业"大户"等牵头兴办的，其特点是组建和运行过程中的自发性和独立性。而村集体所办的信托机构则是村干部以村集体组织的名义开展信托服务。在江浙地区出现的村一级土地流转托管站多属于这种类型。它们通常是由村干部担任中介机构的负责人，而外出打工、经商等不愿耕种或无能力耕种的农户，则把自家的承包地交给村土地流转托管站托管，再由托管站将土地经营权流转出去。至于官方信托机构，则主要是地方政府一手建立起来的信托组织。

事实上，土地信托流转经营与土地返租倒包、转包、租赁经营、股份合作及"土地银行"等多种流转形式联系在一起。而且，土地信托机构大都是依托地方政府或者村委会而设立。以浙江德清县沈家墩村的"股票田"为例，它是效益农业向规模型农业发展的产物。所谓"股票田"，就是土地经过规范的投标方式向经营权人流转后，地界被打破，但原使用权人仍享有其使用权益，并获得其"股权"的收益——租金。这种"定量不定位、定权不定地"是对"股票田"的形象概括。其基本特征有两点：一是转让的土地不再保留原边界，但村经济合作社将其面积登记造

---

① 目前我国对土地信托机构的建立和服务开展还没有统一规范的法律规定，但有的地方政府为推进土地流转而颁布了一些地方性的法规和政策。

册，承认其使用权益；二是其流转过程的不可逆性，即原使用权人不能再收回这部分转让出去的土地。经营者经营期限满后，再进行招投标，产生新的经营者。使用权人也可以参加竞标经营，但那时，他的身份已不是经营权持有者，而是市场经营者了。

从沈家墩村的实践看，村经济合作社先将土地从使用权人那里"倒包"出来，再通过投标方式反租给经营权人，经营者将土地整理后变成"股票田"。村经济合作社根据投标价格再反推算出返回给使用权人的红利（租金）。在沈家墩村 900 亩圈子的 210 亩农田，"倒包"上来，再以平均价 640 元/亩的价格租给经营权人，村经济合作社扣除必要的费用后，将剩下 550 元作为红利（租金）返回给承包权人；在这其中，村经济合作社也有 15 亩田成了"股票田"。股票的分红红利是变化的，"股票田"的"红利"也不是一成不变的，它的变化取决于每个租赁期租金的高低。①

很显然，德清县沈家墩村的"股票田"实践中，入股的农户的土地已经被"折算"成股票或者股份。他们的土地承包权和使用权实际已经虚置，只是凭着账册上田亩数字收取红利（租金）。租出去的土地变成了他们"入股"的本金。农户作为土地承包使用权人，他们获取的红利（租金）中还包括他们向所有权人交纳的"承包金"和向国家交纳的"农业税"（董国礼、李里、任纪萍，2009）。

同样的土地信托经营在浙江省绍兴县也存在。2007 年，该县抓住粮食购销市场化改革这一机遇，建立了县、镇、村三级土地信托服务组织，以调整农业种植结构为目标，对土地进行余缺调剂。这些遍布全县的土地信托组织就像银行吸储一样，接收农户申请托管的土地，再通过网上招租、登报招租等形式，把土地转包出去。这个县钱清镇梅二村村民许某从村"土地信托服务社"承包了 150 亩土地，种起了国外松、槐柏等花木。截至 2008 年，这个村的村土地信托服务社已吸储全村 300 多农户的 600

① 转引自董国礼、李里、任纪萍：《产权代理分析下的土地流转模式及经济绩效》，《社会学研究》2009 年第 1 期，第 47 页。

多亩土地。原承包户将经营权转让给了村里新组建的土地信托服务社后，每年从服务社领取一定数额的股金。像梅二村那样，2008 年在新一轮土地使用权流转过程中，绍兴县 700 多个村都建立了土地信托服务社，县、镇两级也相应建立了土地信托服务中心和土地信托服务站。在土地流转中，截至 2008 年，浙江省共有类似"土地信托中心"的中介服务组织达 3063 个，其中有 2910 个为村级中介服务组织，153 个为乡级中介服务组织。土地流转中介服务组织数量占村数量的比例为 7.8%（董国礼、李里、任纪萍，2009）。①

在我们调查的 10 个县（市）43 个村中，土地信托经营极为少见。只有闽西北山区县——沙县有在开展土地信托经营，并取得了较大的进展。作为闻名全国的"沙县小吃"的发源地，该县外出经营"沙县小吃"的农户达 1.3 万余户，近 6 万人，约占全县农村人口总数的 30% 和农村劳动力的 70%。劳动力的大量外迁，直接导致农业经营滞后甚至出现"人走地荒"的现象。在这种情况下，自 2006 年开始，地方政府即开始对土地流转进行政策促进，逐步建立起一整套的土地信托流转机制。沙县县政府依托县农业局等部门，成立土地承包经营权信托有限公司，实行统一委托、统一流转、统一分配，同时在乡（镇）建立土地信托网络，建立风险防范和收益返还制度，提高土地流转规范化、市场化水平。

据沙县地方政府出台的《沙县农村土地承包经营权信托试点工作方案》的规定，本县县级土地信托机构名为"沙县源丰农村土地承包经营权信托有限公司"，由县政府出资设立，除了夏茂镇外，各镇（街道）都设立分公司。公司设董事会、监事会和经营班子。其中董事会 17 人，董事长是分管的副县长兼任，而副董事长是县农业局局长兼任，其余董事包括县委农办、县财政局、土地局负责人及各乡镇（街道办）镇长（主任）；监事会有成员 5 人，也是由政府部门干部组成；经营班子有成员 14 人，包括总经理和副总经理各 1 名，下设机构有市场部、储备部、信息部、招商部，每部各有 3 名业务员。按照《方案》的规定，县级信托公

---

① 转引自董国礼、李里、任纪萍：《产权代理分析下的土地流转模式及经济绩效》，《社会学研究》2009 年第 1 期，第 48—49 页。

司的职能是授权乡（镇、街道）分公司签订土地信托合同；土地信息发布；向外发包土地；整合涉农资金，实施有关项目；负责信托土地经营；承担土地信托风险；获得土地信托收益。乡镇土地信托分公司职责：负责土地资源的摸底、调查、规划；引导农户参与土地信托流转。而各个乡镇的信托分公司的职责是根据县公司的授权，负责与村委会（委托方）签订信托合同书；协助实施有关项目；负责本辖区内信托土地的监督管理；负责调解本辖区的土地信托纠纷；不承担经营风险。整个沙县土地信托的流程大体如下：

（1）信托申请。村委会向土地信托（分）公司提出书面信托申请书（沙县农村土地承包经营权信托申请书）；申请书应注明信托地块地名、面积、土地状况、委托价格、可经营范围、涉及农户数等信息（土地信托公司以连片地块接受土地承包经营权信托，土地连片面积不少于100亩）；

（2）实地调查。土地信托（分）公司收到村委会的信托申请后，三个工作日内派出工作小组实地调查、核实，土地信托公司在七个工作日内对土地作出综合评价，并决定是否接受信托；

（3）土地委托。村委会与农户做工作，连片土地的所有农户同意信托流转，村委会与全体农户签订《沙县农村土地承包经营权委托协议》；

（4）土地受托。进入正式信托程序，土地信托（分）公司根据县公司授权与村委会签订《沙县农村土地承包经营权信托合同》；

（5）发布信息。将信托土地面积、土地状况、产业重点等信息，通过沙县人民政府网、沙县土地流转信息平台，以及举办招商会等向社会公开发布；

（6）确定土地租赁对象。采取公开竞标，招商引资等方式，确定有经济实力、先进经营理念的种养大户、专业合作社、农业专业公司租赁对象；

（7）签订租赁合同。由土地信托（分）公司与租赁方签订合同。合同主要内容应包括：租赁年限，租金和给付方式、风险控制措施，委托方、受托方、受益人的权利与责任等；

（8）信托登记。土地信托有限公司将土地经营权信托向沙县农业行政管理部门办理信托登记。

应该说，沙县的土地信托流转短期内取得了明显的成效。截至 2012 年年底，这个县全县已流转土地近 13 万亩，占全县耕地总面积的 65%。为了更好地推进土地流转工作，沙县还尝试对农户的承包地进行调整。对于那些投资规模大、产业规模大、流转周期 10 年以上的农业项目用地中，如出现个别农户不愿或不能流转其土地的，当地村委会会出面与愿意流转的农户进行异地调整，互换等质等量的土地给不愿流转土地的农户，再按第二轮土地承包经营权证发放程序报县农业局经管站，申请变更新发土地承包经营权证。这样可以有效地达成连片流转的目标，更高地提高流转绩效。

与此同时，沙县 2011 年 12 月被列为中国 6 个农村金融改革试验区之一，开始了探索破解中国农村融资担保难问题的试验。[①] 该县在福建省率先建立村级融资担保基金。农户加入村级担保基金，能够便捷地从农村信用联社申请贷款。2013 年 6 月，沙县在全县选择 3 个村先行试点村级融资担保基金。在短短的 3 个月内，就为 90 户农民发放贷款 661 万元。试点村还为每户农户建档评信，按照"一户一册"的原则，建立农户经济档案，逐户进行信用评级，分为 AAA、AA、A、BBB、BB、B、C 等 7 个等级。只有获评 A 级或以上的信用农户才可获农村信用联社的贷款，A 级信用贷款额度为出资额的 2 倍，AA 为 3 倍，AAA 为 5 倍，信用最高、出资满额的可贷 10 万元。额度特别值得一提的是，通过基金担保贷款利率优惠，比其他农业抵押贷款利率优惠 50%。这一改革举措扩大了当地农户的融资渠道，有助于农民进一步脱离农业产业，也有助于一些农户通过融资对农业增加投入。无论是哪一种情况，都为土地信托流转发展创造了更好的外在条件。

[①]　该县 2014 年 11 月又被国家林业局等 13 个部委局列为"全国深化集体林权制度改革试验区"，成为全国 8 个同类试验区之一，着力在深化集体林权制度改革方面进行试点突破。

　　为了全面了解沙县的土地信托流转经营模式，我们接下来以该县土地信托流转的试点镇——夏茂镇为例作进一步的阐述。作为全县最大的镇，夏茂镇土地总面积247.9平方公里，其中耕地面积3.54万亩，辖有27个村1个社区，总人口4.05万人，其中农业人口3.67万人。作为"沙县小吃"的主要发源地，该镇从90年代初期开始就有人外出经营"小吃"。现如今，在全镇总劳动力人口2.2万人中，外出劳动力达1.6万人，占全镇劳动力总数的72.7%。这些人大部分是从事"沙县小吃"行业，几乎遍及全国各个省（自治区、直辖市）。由于大量劳动力外出，该镇务农人员严重不足，土地利用率快速下降。2010年，据统计，当年全镇耕地抛荒面积总计达到3923亩，约占全镇在册耕地总面积的33529亩的11.7%。虽然被抛荒的耕地大部分是山垅田，但也不利于农业生产的开展。[①] 另外，据该镇农业服务中心调查，截至2012年年底，全镇成片抛荒的山垅田就有7片，总面积达845亩。

　　为了应对劳动力大量外出而引起的务农劳动力严重不足的情况，近年来，夏茂镇按照依法、自愿、有偿的原则，以"政府引导、企业运作、互利合作、严格监管"为指导思想，以保障农民合法权益为目的，积极开展农村土地承包经营权流转信托工作。2011年6月，这个镇成立沙县"金茂农村土地承包经营权信托有限公司"（不属于县土地信托公司下属机构）。公司注册资金30万元，挂靠在镇农业服务中心，其营业面积达150平方米，有雇员6人。公司的主要收入来自于两个方面：一是向参与土地流转的出租方——村集体——收取"管理费"，标准是每年每亩5元；二是向土地租赁方收取信托服务费，标准不一。村集体则向普通农户收储土地，转而委托镇信托公司，后者则借助地方政府的招商引资平台，吸收工商资本从事农业项目开发。

　　夏茂镇的信托公司之所以能够生存，是利用镇政府与村委会的特殊关系，这样可以避免和分散的农户直接打交道。信托公司只要和全镇的28个村（居）委会（含1个社区居委会）建立土地流转信托关系。下面通过两个合同范本，可以看出该镇整个土地信托流转的基本程序。

---

① 按照夏茂镇的统计报表说明，被抛荒的耕地是指上年春季有种植，而统计当年才抛荒的。

沙县农村土地承包经营权信托合同

甲方：沙县夏茂镇东街村民委员会

乙方：沙县金茂农村土地承包经营权信托有限公司

根据《中华人民共和国农村土地承包法》、《信托法》和有关政策、法规的相关规定，经双方协商一致，就农村土地承包经营权信托相关事宜，订立本协议。

一、信托土地概况

1. 位置：五里亭至十里亭。

2. 面积：104.1 亩。

3. 土地状况：山垄田为主。

二、信托期限

土地承包经营权信托期限 17 年，从 2012 年 1 月 1 日起，至 2028 年 12 月 31 日止。

三、信托租金

乙方每年交付给甲方租金干谷 12631 斤（折价）。2011 年 12 月 31 日前交清 2012 年度租金，此后每年 10 月 31 日前交清下一年度租金（以 10 月 31 日镇粮站挂牌价为折算价格）。

四、信托土地经营范围

种植业、养殖业。

五、甲乙双方的权利和义务

1. 甲方信托给乙方的土地经营权必须权属明确，没有争议。若有争议由甲方负责调解。

2. 土地信托期间，财政下拨的良种补贴、粮食综合直补等政策性补贴归甲方承包者所有；若遇重点工程建设需征用委托的土地，土地补偿费和安置补助费归甲方受益人所有。青苗及地面设施补偿费归乙方所有。

3. 乙方有权对信托土地进行调整成片、整理开发，提升地力，以及建设农业附属设施等。

4. 乙方有权对信托土地自主经营或租赁给第三方（种养大户、农业合作社、农业公司等）经营。

5. 甲方应协助乙方做好信托土地的监督管理。

本协议一式两份，甲、乙双方各执一份，本协议未尽事宜，由甲乙双方共同协商，本协议自甲、乙双方签字或盖章之日起生效。

甲方（签章）：沙县夏茂镇东街村民委员会

代表（签字）：

乙方（签章）：沙县金茂农村土地承包经营权信托有限公司

代表（签字）：

年　　月　　日

附：《东街村农户租金》

沙县农村土地承包经营权流转租赁合同

合同编号：第　　号

甲方：沙县金茂农村土地承包经营权信托有限公司

乙方：X. H. S.（身份证号：35042719700910××××）

为了保障双方当事人及承包方的合法权益，根据国家有关法律、法规和政策规定，经双方协商同意，订立本合同。

一、土地的面积、地点

1. 甲方租赁给乙方的土地必须权属明确。

2. 在土地租赁期间乙方只与甲方协调联系。

3. 土地地点：五里亭至十里亭。

4. 面积：104.1亩。（见东街村农户土地登记表）

二、土地用途及租赁期限

1. 在租赁期内乙方有权在土地上从事种植业和养殖业，但不得改变土地用途，不得从事掠夺性生产。

2. 租赁期限17年，自2012年1月1日至2028年12月31日。

三、信托付款方式

乙方每年交付给甲方租金干谷12631斤（折价）。2011年12月31日前交清2012年度租金，此后每年10月31日前交清下一年度租金（以10

月 31 日镇粮站挂牌价为折算价格）。

四、甲乙双方的权利和义务

1. 甲方及土地所在村委会有权对土地开发利用进行监督，并保证土地按照合同的条款合理利用。

2. 乙方必须按照合同生产经营，一切收益归乙方所有。但财政下拨的良种补贴、粮食综合直补等政策性补贴归土地承包方所有。

3. 乙方可在租赁的土地上建设与农业生产直接相关的蓄水、排灌等设施。租赁期满后，甲方需要使用，则保留设施。否则，由乙方负责拆除并恢复原样。

4. 租赁期内，若遇重点工程建设需征用租赁的土地，土地补偿费和安置补助费归土地所在村所有，青苗及地面设施补偿费归乙方所有。

五、合同的变更和解除

1. 在合同履行期间，甲乙双方不得因法定代表人或人员的变更而变更或解除本合同。

2. 合同期满，如甲方继续租赁土地，在同等条件下，乙方享有优先权。

六、服务费：乙方每年交付给甲方信托服务费人民币伍佰元整。于每年缴纳租金时一并存入甲方指定账户。

七、违约责任

合同期内，如一方违约，违约方应向对方支付违约金拾万元，造成损失的，依法予以赔偿。违约包含但不限于以下几种情形：

1. 甲方在合同期内收回耕地。

2. 乙方在合同期内因非不可抗力原因（如政府征用、耕地遭各种灾害毁坏不能耕种等）不再租赁土地。

3. 乙方不按合同规定进行农业生产。

4. 其他违约情形。

八、合同事宜与纠纷

1. 本合同一式三份，甲方、乙方、县农业局各执一份。

2. 本合同未尽事宜，可由双方另签订补充协议。补充协议与本合同具有同等效力。

3. 本合同履行期间，如发生纠纷，应由当地镇政府和农业局召集协商解决。协商不成，可向沙县人民法院提起民事诉讼。

甲方（盖章）：沙县金茂农村土地承包经营权信托有限公司
代表（签字）：

乙方（盖章）：

签订日期：　　　年　　月　　　日
附件：《东街村农户土地登记表》（省略）

　　从这两份合同样本中可以看出，东街村村民委员会把从本村农户手中收储的104.1亩的山垅田以信托方式转给本镇的"沙县金茂农村土地承包经营权信托有限公司"。双方约定的信托期限也是土地延包30年中的剩余年限（从2012年至2028年），总计17年。租金标准是按照每年每亩120斤干谷支付。"沙县金茂农村土地承包经营权信托有限公司"获得这片土地的经营权之后，再以土地租赁的形式租给业主X.H.S.，期限也是17年，租金标准不变，但X.H.S.必须每年向信托公司支付信托服务费500元。平均每亩每年信托服务费是5元。后者因此获得这片土地的经营权。通过这两个协商程序，原本承包给农户的土地就先被村集体收储，然后以信托方式流转给镇信托公司，镇信托公司再以租赁的形式流转给新的承包业主X.H.S.。整个信托流转的程序就达成了。

　　站在土地出租的农户的角度来看，他们把自己承包的土地通过信托方式流转出去，每年获得的收益除了国家的良种补贴和粮食综合直补外，就是每年每亩120斤干谷的租金。这个标准虽然不高，但是考虑到他们出租的基本上是山垅田，其参照系是如果流转不出去，可能面临的处境是被抛荒，因此当地农民对这个租金收益也能够接受。

　　另有一点必须注意，由于业主X.H.S.通过信托方式流转的土地租赁期限长达17年，因此他在获得土地经营权的同时，也在相当程度上获得了租赁经营期限内的处置权。根据夏茂镇信托公司与业主谢辉生签订的土地承包经营权租赁合同的规定："在租赁期内乙方（业主谢辉生）有权在土地上从事种植业和养殖业，但不得改变土地用途，不得从事掠夺性生产"，除了这个约束性条件外，没有其他特别的约定。这意味着，在17

年租赁期间内，业主不仅可以进行可持续的投入，同时也可以把这片土地的经营权再流转给其他业主。

必须注意的是，考虑到近年来福建省一直在大力推进土地平整整治以及农村田间道路及水利设施建设，而所需资金投入基本是来自于公共财政投入，因此一旦外部耕作条件改善，则这些土地将因此而大幅度升值。[①]而双方合同约定中并没有涉及这方面的内容，这点可能成为引发未来纠纷的隐患所在。目前，夏茂镇好点的地每年每亩的短期租金普遍是在 300—400 斤干谷，相比之下，这些山垅田的租金只有 120 斤干谷，仅有前者的 1/3，且一定 17 年不变。这也从一个侧面说明信托流转经营的土地有很大的升值空间。

事实上，夏茂镇已经发生过类似的纠纷案例。前章提到的益鑫农业专业合作社在承包土地时就发生了农户违约的事情，理事长 Y. G. Q. 就谈到了这点：

> ……
>
> 调查员：你们这边有没有土地平整项目？
>
> Y. G. Q.：也有的。
>
> 调查员：那你们向农户承包土地，有没有因此而违约的事情？
>
> Y. G. Q.：有的。有的地承包来，但是土地平整以后，原来我们那个租金是 100 斤（干谷）1 亩，农户要求提高租金，要 300 斤 1 亩。没办法我们就把地退给了他们，是两个村小组的土地。当时承包时间是两年，当时我们费了很大力气平整土地，后来却还给了他们。
>
> 调查员：一共有多少亩地？
>
> Y. G. Q.：加起来几十亩地，两个村小组的地。
>
> ……[②]

---

① 以福建将乐县为例，县烟草局 2009 年度烟叶生产基础设施建设年度计划投资 2926 万元，规划建设烟水路项目 191 项，项目分布在 13 个乡镇 56 个种烟村，受益烟田 2.3908 万亩，受益农户 9295 户。此外，县农业综合开发办公室则负责推进土地整理项目，仅 2009 年度就在两个乡镇规划总面积 3406 亩土地整理项目，总投资 781.2 万元。类似这样的农业综合开发项目，全县累计投入达数千万元。

② 2013 年 6 月 10 日访谈沙县夏茂镇益鑫合作社理事长 Y. G. Q.（52 岁）。

在促进本镇的土地流转过程中,夏茂镇镇政府发挥了重要的中介和组织作用。主要表现在以下三个方面。

(1)搞好土地流转信托中介组织和服务工作。镇土地信托公司对全镇的所有土地资源的利用状况及耕作条件等进行详细的调查摸底,并建立土地流转档案,便于开展土地流转工作。例如,表4—2就是2012年夏茂镇政府统计的全镇可规模流转的土地信息资料。

表4—2　　　　　　　　夏茂镇 2012 年可规模流转土地情况表

乡镇名:夏茂镇　　　　　　　　　　　　　　　　　　2012 年 2 月 12 日

所在村	具体地块	面积	其中:			土壤状况	交通状况
			洋面田	山垄田	山坡地		
中堡	西水坑	50		50		灰泥田	距集镇 15 公里
	梨坑坑	50		50		灰泥田	距集镇 15 公里
	坑仔头	70		70		冷烂田	距集镇 4 公里
	黄窠	70		70		冷烂田	距集镇 8 公里
	后林坑坑	85		85		冷烂田	距集镇 5 公里
大布	粉岭头	58		58		冷烂田	距集镇 6 公里
	坑坑	50		50		冷烂田	距集镇 7 公里
	岭后	50		50		冷烂田	距集镇 7 公里
东街	石坑	200		200		灰泥田、黏土	距集镇 8 公里
	五里亭	80		200		灰泥田、黏土	省道旁,距集镇 6 公里
梨树	大坑	550	550			青砂田	省道旁,距集镇 13 公里
	桥上	120	120			青砂田	距集镇 14 公里
	松林下	50		50		冷烂田	距集镇 17 公里
松林	洪厝窠	150	100	50		乌沙泥	距集镇 6 公里
	大门坑	200	50	150		冷烂田	省道旁,距集镇 8 公里

续表

所在村	具体地块	面积	其中：			土壤状况	交通状况
			洋面田	山垄田	山坡地		
松林	后门垅	100		100		冷烂田	省道旁，距集镇7公里
	产坪	80	80			沙土	省道旁，距集镇7公里
岩观	洋付	110		110		青砂田	距集镇7公里
罗坑	大垅口	99		99		冷烂田	距集镇6公里
儒元	儒元养鳗场	120		120		冷烂田	距集镇6公里，水泥路
	杨梅后	120		120		冷烂田	距集镇6公里
坡后	甲头仔	80		80		灰泥田	距集镇13公里
	大池尾	100		100		灰泥田	距集镇15公里
	船坑	100		100		灰泥田	距集镇10公里
岩坑	黄大坑	56		56		冷烂田	距集镇20公里
俞邦	西坑垄	110	40	70		灰泥田、黏土	省道旁，距集镇4公里
	鱼塘	150					省道旁，距集镇4公里
西街	罗坪	500	120	380		灰泥田、黏土	距集镇5公里

（2）大力引进外地农民在本地务农。调查显示，外来农业劳动力最早来夏茂镇是2000年，2006—2008年最为集中，有60%的外来农业劳动力是在此期间来到夏茂镇务工。据2010年统计，该镇外来务农劳动力达到394人（应该是夫妻户）。这些流动的农民在本镇承包经营的土地面积达1.8万亩左右，平均每个外来劳动力经营的土地面积达45亩左右，已经接近通常的50亩"大户"经营标准。换言之，全镇超过一半的土地现在是由外来劳动力经营。按照2014年的标准，外来农民在夏茂镇租赁土

地，如果是种菜，每亩每年的租金是 400 斤干谷，如果是种烟，则每亩每年一般是 300 斤干谷。

据不完全统计，2012 年，全镇几乎所有的村庄都有外来劳动力。这些外来劳动力除了有部分老家地址不明外，其余主要来自本省本三明市的宁化县（81 户）、大田县（15 户）、尤溪县（57 户）、福清市（12 户）、将乐县（9 户）、永安市（17 户）等地，建宁县（4 户）、长汀县（2 户）、清流县（1 户）、泰宁（1 户）也有少数，最远的有来自四川、重庆、贵州的，各有 1 户。和一般的外出务工的农民不同，这些外来务工农民有 2/3 是夫妻前来务工，有的甚至是全家迁移到此地。以此推算，在此务农的外来劳动力应该达到 500 人以上，算上他们的子女，可能超过了600 人。

虽然截至目前，他们在当地还没有买房落户的打算，但有不少已经在此租房居住了多年。他们俨然把夏茂镇当成自己的第二故乡了。特别值得一提的是，夏茂镇也开始发展房地产业，据说当地的房价 1 平方米已经达到了 4000 多元。这对于一个远离县城的中心镇而言，也算是高房价了。

调查显示，2012 年，夏茂镇有 221 户外来农民是在当地租赁土地经营，另外 170 多人是受雇于茶山、果山、牧业等农业产业化行业。平均每个农户在此承包的种植面积大部分是 30 亩左右，这个规模也是一般一个农户最合适的经营规模。其中租赁面积超过 50 亩的"大户"有 10 户，最多的一户承包经营了 200 亩的地，承包面积低于 10 亩的只有 8 户。统计表明，他们租赁的土地期限一般都是一年一租，只有 8 户本省福清人在此养殖鳗鱼，因此他们租赁的土地期限达 10 年，另外租赁期限两年的有 5 户，经营面积为 92 亩，3 年的有 3 户，经营面积为 46 亩。因当地大量的本地农村劳动力外出从事"沙县小吃"行业，劳动力短缺是一种常态，外来农民似乎不太担心租不到地的问题。

夏茂镇政府的统计信息显示，2010 年，该镇外来农民中，从事烤烟种植业的有 155 户；有 27 户种植水稻，有 7 户是"种粮"，但没有说明具体是种哪种粮食作物，有 6 户是实行烟稻轮作，既种烟也种稻子；有 1 户来自邻县将乐的农户租赁了 32 亩的地，用于种植瓜果蔬菜，其中西瓜 7 亩；芋 20 亩；辣椒 5 亩。

2012 年，该镇土地经营面积在 30 亩以上的农户达 217 户，总经营面积达 10926.96 亩。其中经营面积超过 100 亩的有 12 户。这些"大户"有的是从事烤烟种植业。不过，和其他被调查的乡镇相比，夏茂镇的"种粮大户"相对比较多。据统计，2011 年该镇单季粮食种植面积在 100 亩以上的有 17 户（包括本地和外地农户），平均每个"大户"耕作的规模达 335 亩。其中面积最大的一户是前文多次提到的 Y.G.Q.，他本人于 2008 年组建了益鑫农业专业合作社，2011 年经营的 1800 亩地主要是发展水稻制种产业。如果扣除他这一户，其他农户经营的规模大多在 100 亩以下。

为了让这些外来农民在此安居乐业，夏茂镇镇政府协调有关单位和部门，积极为外来农户的生产、生活提供便利，落实优惠政策，包括对其子女就学给予免收借读费，享受夏茂籍子女就学待遇；及时为外来人员解决生活困难，帮助其解决生活住房，优惠土地租金；帮助协调小额信贷，解决临时周转金问题；帮助搞好农业技术和信息服务，免费提供技术培训；帮助外来务农人员购置农机具，提供生产服务。而当地农户、村干部也尽力为外来农民提供更好的生产和生活条件。当地村民不仅把房租给他们（镇里的农民修建的老房子一年租金大概是 1000 元），而且也建好烤房（大烤房建设成本是 3 万元）租给他们，一个大烤房一年的租金是 800 元。与此同时，[村里还给他们提供给电线、机械这些设备，在出租的土地上村里和政府给他们修好路、沟渠，装上电线这些配套设施。同时有村暂时不用的空房子租给他们居住]。正是因为有了当地政府和农户的大力支持，外来农户似乎并不感觉他们在这里会受到排斥，生活也很便利。

（3）大力开展农业项目招商引资工作。夏茂镇镇政府以土地信托流转为基础，专门成立招商领导小组并建立责任制，以项目带动为抓手，促进土地流转工作。截至 2014 年，该镇引进落户的各类农业产业化项目有 14 个，包括炎洪生物工程项目、洋元黄花菜种植项目、祥云牧业肉牛养殖项目、福农特色经济作物种植项目、儒元千亩现代烟—稻基地、永辉"农超"对接蔬菜基地、宏苑茶叶基地、福建省农科院育种基地、三明六三种业水稻品种展示基地、红南果业生态农庄、清风茶叶基地、万亩现代烟草基地、海鲜菇工厂化生产、顺鑫肉鸡养殖项目等。设想一下，如果没有夏茂镇镇政府的引导，建立土地信托流转机制，这些农业企业想要到当地大规模流转土地发展产业，几乎是不可能的。

与此同时，夏茂镇还结合各村的实际情况，选择确定一批"一村一品"的重点村加以推进。其中该镇的西街村、溪口村、洋元村被界定为是蔬菜种植专业村；而中街村、松林村、儒元村则重点发展烟叶生产专业村；坡后村重点发展肉牛养殖；上碓村、罗坑村侧重发展茶叶种植生产；长阜村重点发展绿化苗木生产；俞邦村、月邦村重点发展水产养殖。

从夏茂镇的土地信托经营的运作机制看，这种土地流转模式背后有地方政府的直接干预和参与，属于"地方政府＋公司＋村集体＋农户＋流动农业劳动力"的组织模式。地方政府不仅出资成立土地信托机构，同时通过村集体组织动员广大农户参与到整个土地流转过程中。在此基础上，地方政府再把招商引资与土地信托经营紧密集合起来，发挥了普通农民和村集体难以替代的作用，并建立了政府、市场、农户三方协作共赢的土地流转治理模式。

四　土地调整

和前面的几种市场化条件下的土地流转方式不同，在第二轮土地延包制实施前，我国不同地方一直存在定期或者不定期按照各个农户家庭的人口增减变化进行调整的现象（林卿，1999；朱冬亮，2001、2002；贺振华，2006；等）。前文已经提到，很多学者并没有把这种村组主导的土地调整纳入土地流转范畴而加以研究。然而，在实践中，作为一种土地资源重新再分配方式，土地调整仍有在多方面的土地流转层面上的意义。

土地调整是一种村组之间因为农户家庭人口的自然的增减变化而进行的一种调整。这种调整方式为了实现"集体成员权"约定的土地均衡公平分配的目标。事实上，在20世纪90年代中后期实行土地延包"30年不变"之前，我国农村地区的土地调整较为常见。其方式主要有两种：一种是村组不调整土地，仅在人口增减的农户之间以"动粮不动地"或"动钱不动地"的形式进行个别调剂，这种土地调整方式是国家鼓励的，但具体操作起来很难；另一种则是把土地打乱重新抓阄分配，这是绝大部分村庄实际实行的土地调整方式。本研究调查显示，在1997年第二轮土地延包制实施之前，43个被重点调查村中有41个村存在每隔三五年进行土地调整的习惯。

　　不过，第二轮土地延包制实施之后，土地调整现象减少了很多。在本研究调查的 43 个村中，有 8 个村庄至今仍保留定期或者不定期调整土地的习惯，包括福建将乐县安仁乡京峰自然村，江西铜鼓县的浒村、谭坊村、铅山县的马鞍村等。其中京峰村属于将乐县安仁乡余坑村的一个自然村，全村只有 21 户，属于一个村民小组。该组是全村 10 个村民小组唯一一个还在每隔 5 年定期调整土地的村庄。京峰村曾定下公约：土地 5 年一分，因当时无村民反对，故这个做法一直延续至今。其每次调整方式都是大调整，即把全村的土地打乱重新抓阄分配。最近的一次调整是 2008 年。这次调整，平均每个人口分到 750 斤产量的土地份额，7 个人为一个"钩子"（即股份），各种田（好、中、差）按一定比例搭配好组成一个"钩子"。若家中正好是 7 口人，则领取一个"钩子"包含的全部土地。若不是，则与其他户人家自行组合，再进行内部分配。土地产量在每次分田时也要重新评估，山垄田和被野猪侵扰的耕地的产量在评估时较低。[①] 因该村属于移民村，所以该村的土地面积是相对固定的。其中有个原来来自附近朱坊村（同属于余坑行政村）的村民搬回原来的村子，就把自己从朱坊村带来的土地又带了回去。

　　江西铜鼓县大塅镇浒村的土地调整方式有别于福建将乐县安仁乡的京峰村。这个村共有 7 个村民小组，大部分村组每隔几年会对本村组耕地进行调整，其中以小调整居多，主要是根据当时每个农户家庭实际人口进行分配。调整方式有两种：一种是一年一调，由人口增加和人口减少的农户私下协商调整，这种方式占多数；另一种则是每隔几年大调整一次，基本是全村组土地打乱，重新抓阄。在该村的大部分村民看来，虽然国家政策规定土地承包制度不变，但不是指每个农户承包经营的土地面积永远不

---

　　① 在 20 世纪 80 年代初实行土地联产承包制时，原先由村集体承担的国家税费及村集体公益事业的提留都分解到农户承包的土地中，并以每块地所产的粮食数量为评估依据。因不同地块所处的地理区位及土壤好坏有很大的差异，因此这个评估并不是以地块面积计算，而是以每块田地的粮食产量计算。故在农村，分田并非是按照面积计算，面积甚至没有直接意义，而土地的产量才是农户分田的依据。后来，因土地的价值不断下降，村集体在每次调整土地的时候不断对不同地块的产量进行调整，山坡田的产量越调越少，而平地上交通便利耕作条件好的田地的产量则越来越高。村集体的目的是这样尽量减少山坡田抛荒的现象。一个 4 口之家的农户如果分到山坡田，其土地面积（包括粮食产量）比同是 4 口之家农户分到的"好田"的面积（及粮食产量）要高得多。因此，农村土地调整对土地流转会产生很大的影响。

变，因此有必要根据实际情况来调整。在浒村，其中有个村民小组由于已经有20多年没调过耕地，在2009年换届选举时，该村小组的老组长人选被村民小组会议通过决议的形式换掉了。为此，新任的村小组组长召开组员会议，将"10年一大调，3年一小调"写进乡规民约，一式三份各自保存在村、组及每户家中。

浒村在调整土地的实际操作中也存在一些问题。其中最突出的一点是，由于有的村民小组是约定小调整，就是人口减少的农户把自家多余的地调整给人口增加的农户。这种是属于农户私人之间的土地调整，而且村组也没有约定彼此间要把哪块地调整出来，因此人口减少需调出土地的农户往往把自家原先承包的山垅田、"欠水田"或者是偏远地之类的"差田"调给人口增加的农户。这种做法往往让后者感到很不满。

在铜鼓县另一个村谭坊村，该村的耕地也是按照人口的变化三五年调整土地，只不过，该村的土地调整属于小调整。全村的人均占地从80年代初实行土地承包制时的1亩多地下降到2009年的人均8分地。

江西铅山县马鞍村是个偏僻的小山村，全村有151户，总人口635人。本村总共有250多亩耕地，另有退耕还林100多亩，抛荒地很少。即便如此，这个村生产的粮食仍只能满足全村口粮需求的一半，原因是本村地处深山，山高水冷、光照不足，田地的质量不好，都是山垅田，加上山里有野猪破坏，亩产不到400斤。为了保障口粮，这个村一直约定耕地是15年大调整一次，期间还会进行小调整，这种惯习一直延续至今。

虽然目前调整土地的村庄已经所剩不多，但据我们调查了解，43个村中，大部分村庄的1/3左右的村民仍然希望村里能够像过去一样，定期根据农户人口的增减变化调整土地。特别是经济相对落后的地方，这种诉求显得更为强烈。而有这种意愿的基本上都是人口增加的农户。一般而言，人口增加越多的农户，其土地调整的意愿也就越强烈。他们的调地阻力主要来自于国家法律的制约以及人口减少较多的农户的强烈反对。铜鼓县大塅镇交山村村民 Z. Z. X. 就反映了自己的强烈的调地意愿：

　　我家中现在总共有16口人，但耕地总共才9亩，而全村人均有1亩耕地，家里还有林地16亩，人均也才1亩，而全村人均有将近10亩山。我有4个儿子，其中有3个都在铜鼓县里打工。我认为家里的田不太够，但村组还是一直未做调整。我们组最后一次调整是四五年前，那次调整我家增了 2 亩地。目前我家的地全部自己耕作，每年粮食能收 8000 斤左右，留 5000 斤自家吃，能用于出售的只有 2000 斤。我当然希望能够再次调整耕地。①

　　和铜鼓县类似，河南汝南县不少村庄也存在土地调整现象。在我们调查的汝南县的 5 个村庄中，有 4 个村庄因为修建高速公路土地被征用，或者本村有的村民家的子女大学毕业后走上工作岗位，其所属承包地被村集体收回而重新发包，这时候就必须重新大调整或者小调整土地。其中有一个村就属于这种状况：

　　　　村里最近一次调整土地是好几年前，记不清了。是小调整。村里两个学生大学毕业了，村里把地收回来，就开会商量把地给哪一家，结果要地的人家太多，争得是一塌糊涂。我是搞不明白，要它干啥。人真是想不开。②

　　在实地调查中，我们还发现有另一类的土地调整现象。即有的村庄预留一部分土地（包括预留机动田、预留部分山林等）以调剂农户间承包地分配不公。这样做的目的，是为了更好地保障农民的"集体成员权"权益。如何处置这一部分土地，一直是土地承包制实施中的一个难题。如湖北省京山县曹武镇很多村在 20 世纪 80 年代初土地承包制开始实施时都留了 5% 的机动田。全镇预留的机动田达 2308 亩，占全镇总耕地面积（67716 亩）的 3.4%。第二轮土地延包时，该镇把这部分田重新分包确权到户。而福建将乐县安仁乡福山村也一直保留机动田 40 亩（4 万多斤产量）。村里规定，机动田的收益用于发展村里的公益福利事业。目前，这些地是租给人耕种，每亩收租金 200 元/年。虽然该村一直有部分村民希望把这些田也分到户，但一直没有实行。

　　据了解，各村农户对于土地调整的意愿是各占 1/3，即希望调整土地

---

① 2009 年 8 月 2 日访谈铜鼓县大塅镇交山村村民 Z. Z. X.（59 岁）。

② 2010 年 2 月 18 日访谈河南汝南县某村村民胡某（34 岁）。

的农户大概占 1/3 左右，他们大都是人口增加的农户，而反对调整的也大概占 1/3，这些家庭属于人口减少的，另有 1/3 的农户则保持中立。这种家庭人口没有什么变动，调不调整土地对于他们影响不大，因此对土地调整也抱着无所谓的态度。按照现有的乡村治理体制，仅占人口 1/3 的农户的调整土地的意愿并不能得到同村大多数农户的支持，加之土地延包"30 年不变"的政策约束，土地定期调整的现象自然相应减少。不过，也有的村试图突破既定制度约束，因此给村庄的正常社会秩序造成很大的影响。

　　河南郸城县黄楼村就是一个典型例子。该村的村民对土地的价值认知并非一成不变，而是随着国家农业治理政策的变化而变化的。在农业补贴政策实施以前，黄楼村人要缴纳"公粮"、"提留款"、"土地税"等各种税费款项，加上种植土地所需要的灌溉、购买肥料农药及劳动付出等，农民承包土地耕作面临着几乎收支相等甚至要赔钱的境地，这导致大量农民对土地耕作不甚热心，随随便便将作物播种以后就外出打工，然后在收获季节返回收割，至于收成好坏，他们并不怎么关心。这段时期内，该村的农民似乎对土地没有太多的情感。然而，这只是表面现象。约在 2006 年前后，当地的农业税费取消了，而且国家还给予各种农业补贴，在此之后，该村村民似乎意识到土地也不完全是个负担，甚至可能带来某些意外的收益。土地在他们心目中的分量也越来越重。而到了 2008 年，该村风闻要重新调整土地，这个消息一经传出，就彻底打乱了该村往日的平静生活。一个受访村民描述了这场风波：

　　　　一度对种地热情不大的村民，出现了纷纷让儿子赶紧结婚生子、让女儿推迟婚约来多为自家挣些土地的事情。记得在 2007 年、2008 年腊月和正月，我们村几乎每天都有结婚或送喜饭（孩子出生后的满月庆贺）的事情发生。要知道我们村人对结婚的日期是很看重的，平时务必选一个"黄道吉日"，然而这时候已顾不上什么"日子"的好坏了，更别提子女实际上是否到了法定结婚年龄，就催促着他们去派出所登记结婚。谁知后来土地并未调整，不少家庭倒添了人丁，造成人多地少负担重的后果。故这些家庭对政府、村委会的怒骂与不满直到现在还在持续。①

　　黄楼村村民之所以对土地调整传闻消息反映如此紧张，是因为该村上次土地调整还是 1997 年前后二轮延包时候的事情。而在当地村民看来，过去 10 年的国家政策变化让他们对土地有了认知上的大转变。在当地，目前国家给每亩地发放的各种种粮补贴为 113.54 元。这种种粮补贴收益相当于国家无偿发给农民的一份福利。而这份福利是依附在每个农户实际承包的土地面积上，而每个农户承包的土地面积则取决于自己家庭享有"集体成员权"身份的人口的数量。村民只有分到了属于自己的"份子地"，自然也就相应地享受到这份福利。反之，如果他们不能分到土地，意味着他们就不能享受这份福利。从中我们可以看出，原本用于激励提升农民种粮积极性的国家粮食补贴政策，在实际实施过程中已经演变成一种依附在"集体成员权"的一种福利，并且影响到土地的公平分配。

　　和我们调查的其他村庄不同，黄楼村是典型的"种地 + 务工"类型的村庄。与南方山区村庄不同的是，该村人口众多且土地资源稀缺。全村3000 多人，占地只有 6000 多亩，其中耕地 4000 多亩，除此之外，村里再没有别的可供生存的资源，而南方村庄多半还有或多或少的林地。加上黄楼村没有什么像样的非农产业，当地村民除了耕种自家承包的几亩薄地之外，剩下的唯一途径就是外出到深圳、东莞、温州、广州等地务工。由于缺乏资本和引导，这个村的村民即使外出务工，也是属于真正意义上的"农民工"群体。他们到了沿海城市，除了进入工厂出卖体力之外，没有其他资本。他们中的大部分人年复一年地打工，自然也年复一年地重复同样的打工生存方式，似乎没有更多的向上的社会流动渠道，也没有更多的想法，包括转行做点小生意或者自己创业之类的想法。直到现在，这个村的大部分年轻人依旧和当年最初外出务工时的老乡或者父辈毫无区别，他们还是从事着最劳累、最低工资、最无技术含量的劳动。整个村外出的打工群体陷入一个从打工者到打工者的代内、代际循环里。而他们似乎对这种生活方式也很知足，或许也感到很无奈。

　　深究起来，黄楼村人之所以摆脱不了打工者身份，其原因大致有以下

几点：首先，囿于传统家庭观念与习俗，使得这个村的村民几乎把挣来的钱全部用于消费，包括建房、购买家具家电、结婚生子等，并未把财富转化为必要的资本与生产力；其次，该村村民似乎普遍缺乏胆魄，也确实承受不了独立打拼闯荡潜藏的风险与损失。辛辛苦苦多年打工挣来的积蓄转化为资本以后，一旦经营不善，对于他们来说，无异于让一家人走上绝境；再次，该村人的"原子化"状态造成黄楼村人在村庄事务上难以团结与保持一致，更遑论让他们在资金或技术上进行联合了；最后，当地政府并未为外出打工者提供多少政策或创业福利上的帮助，从而使打工者缺乏进一步发展的外部支持。

即使是在城市从事最底层的工作，黄楼村还是源源不断地向东南沿海城市输送着劳动力，他们有很多属于第二代甚至第三代农民工了。其所从事的工作不一而足，多是制鞋、玩具加工、电子配件、制伞等轻工行业，工资大致在 1000—3000 元之间（2009 年数字，2014 年后普遍上涨到3000—5000 元）。这些工作的特征是劳动时间长、劳动强度大、技术含量稍低等。虽然打工者本身也意识到打工的出路不大，却因为和留守同村人进行横向对比时获得相对优越感，他们对工作似乎并无太多不满意。

总体而言，非农经济发展越落后，越依赖土地生存的村庄，村民的土地调整意愿越强烈。换言之，越依赖土地生存的村庄，其村民对"集体成员权"实践越重视。不仅如此，为了应对可能出现的山垅田抛荒的现象，有的村庄规定，如果谁家抛荒了自己的土地，则下次调整土地时，就扣除相应的抛荒地面积数量。如江西铜鼓县大塅镇浒坪上组就明确约定：如果哪户农户把自家承包的土地抛荒掉，这块地就得固定在他家的耕地中，不能拿出来参与调整调配。类似的情况在福建将乐县安仁乡余坑村第二村民小组（属于朱坊自然村）也有约定。为此，该村的一户村民不得不在不收取田租的前提下"倒贴"100 元请人帮忙耕作其家承包的 2 亩山垅田，前提下是承租人不得抛荒这片土地。

不少研究者认为，土地调整有损效率，而土地产权不完整（缺乏排他性和安全性）是导致土地频繁调整的制度原因。为此，国家试图通过土地承包权的长期化甚至是固化约定，包括强力实行"增人不增地，减人不减地"政策，以化解产权残缺所带来的弊端（贺振华，2006）。然而，正如姚洋等所指出的，尽管国家规定耕地承包权长时期不变（如第一轮耕地承包约定"15年不变"，第二轮耕地延包"30年不变"乃至十七届三中全会规定的土地承包权"长久不变"），但村级土地制度实践中却普遍存在每隔若干年定期或不定期按照农户家庭人口增减变化而调整耕地的现象，其目的是为了追求村庄"生产剩余的最大化"，以保障全村的公共福利最大化（全国农村固定观察点办公室，1998；姚洋，2000）。

从国家有关的土地制度来看，是否允许进行土地调整并没有明确规定。《中华人民共和国农村土地承包法》第二十条规定：土地的承包期为30年。对此，有关部门出台的中华人民共和国农村土地承包法"释义"对此进行了专门的解释。其中"承包期限是指农村土地承包经营权存续的期间，在此期间内，承包方享有土地承包经营权，依照法律的规定和合同的约定，行使权利，承担义务。"但该"释义"并没有提到是否允许农户把自家的承包经营权通过市场方式让渡给第三方。而2008年十七届三中全会通过的《中共中央关于推进农村改革发展若干重大问题的决定》政策文本明确指出：在强调"土地承包经营权流转，不得改变土地集体所有性质，不得改变土地用途，不得损害农民土地承包权益"的前提下，"赋予农民更加充分而有保障的土地承包经营权，现有土地承包关系要保持稳定并长久不变"，但该决定同时特别强调指出："加强土地承包经营权流转管理和服务，建立健全土地承包经营权流转市场，按照依法自愿有偿原则，允许农民以转包、出租、互换、转让、股份合作等形式流转土地承包经营权，发展多种形式的适度规模经营。"这说明，土地承包关系"长久不变"和土地流转并不是相互矛盾的。而现实的情况是，土地流转已经面临新的瓶颈。

不仅如此，在国家相关法律的具体条文规定方面，《土地管理法》和《土地承包法》似乎存在某些冲突的约定。如《土地管理法》第14条规定："在土地承包经营期限内，对个别承包经营者之间承包的土地进行适当调整的，必须经村民会议三分之二以上成员或者三分之二以上村民代表的同意，并报乡（镇）人民政府和县级人民政府农业行政主管部门批准"，这条规定明确承包期内可以进行土地调整，前提是依照村民委员会自治法规定由2/3村民成员或者村民代表通过即可。但是，《土地承包法》第27条则规定：在承包期内，除非是因自然灾害严重毁损承包地等特殊情形可以对个别农户之间承包的耕地和草地需要适当调整的，否则

"承包期内，发包方不得调整承包地"。而《土地承包法》第 28 条则进一步规定，在三种情形下获得的土地可以用于调整承包土地或者承包给新增人口：（1）集体经济组织依法预留的机动地；（2）通过依法开垦等方式增加的；（3）承包方依法、自愿交回的。另外，该法第 33 条规定："流转的期限不得超过承包期的剩余期限"。这两条规定显然和《土地管理法》有明显差别。

作为一种由村集体和村规民约主导的土地流转方式，土地调整属于国家土地承包政策在村级的变通性实践。虽然国家及地方政府没有直接干预土地调整的过程，但是正是由于国家宏观政策法规明确规定，享有"集体成员权"的农村人口可以依法获得土地的承包经营权，因此调整土地与否都是国家宏观政策的实践在农村基层的解读差异而已。

和别的土地流转方式相比，土地调整完全是以追求公平效益和村庄的社会稳定为目标，村集体甚至地方政府也可借此过程来对农村社会施加某种控制力。也正是因为这点，土地调整会影响土地经营的经济效益。频繁的土地调整构成土地长期流转的直接障碍，并影响土地的长期投入和可持续经营。

五　土地征用

按照我国相关法律的规定，国家或者地方政府因为基础设施建设或者公益事业建设需要，可以在农村征用土地，并给予村集体和农户相应的经济补偿。虽然很多研究者没有把土地征用纳入土地流转范畴而加以研究，但土地征用会给已有的土地流转制度造成多方面的影响，因此我们非常有必要对此展开专门探讨。

从某种程度上说，土地征用是政府以公共权力和公共建设的名义，强制性地从村集体和农民手中"买入"土地的行为。这种行为甚至具有某种"强买强卖"特征。这点也是它区别于前章探讨的土地私下"买卖"的最主要特征。虽然国家政策规定，政府征用土地，必须给村集体和农民"合理"的补偿，但这种补偿远不能反映土地的实际市场价值。和其他的土地流转形式不同，政府征用土地属于政府单方面的政策行为，而且往往改变了土地的农业用途。

　　在调查中，我们发现，不少村庄都有因为修建高速公路、铁路、水库等而被征用土地的现象，并给当地农民的生计造成长期性影响。例如，1995 年，江西省铜鼓县三都镇东山村因修建水库，全村被征用土地 130 亩，当时每亩补偿只有 1000 元。其中村民 L. X. C. 一家就被征用 4—5 亩，扣除这部分土地，全家 4 口人，只剩 1.63 亩地。为此，该村民不得不从自家侄子家租入 3 亩地耕作以维持生计（不要租金）。由于失去土地之后，这个村的村民没有别的生路，后来有 100 多人到江西省委省政府上访，要求解决"生存"问题。为此，地方政府才按照每个人口 0.4 亩地的标准调整了部分地给这个村的失地农民，而这些地基本上是把当地此前的"粮食自给工程"的荒地改造而成。①

　　在湖北省京山县沙坪镇东关村，2007 年前后因修建杭瑞高速公路，该村被征用水田 48 亩，荒山 62 亩。征用水田每亩补偿 2.3 万多元，实际发到被征地农户的补偿款是 2.2 万元，林地每亩补偿 1.8 万元，荒山每亩补偿 1.2 万元。按照习惯做法，村集体都会从中扣留部分款项作为集体所有权的分成体现。而在该县的肖岭乡霞新星村有一户农户，全家 7 口人，却只有 2 亩多地，且田质比较差，而杭瑞高速经过她家的这片地，但是自己家因为在此次征地问题与村里的利益纠纷较大。主要原因是村里希望将征地补偿额的 15% 均分给本村民小组各户，另外 10% 的补偿额为村里提取。后来这户村民去上访，村里提取的部分才降为 5%。为了生存，该受访者的儿子不得不去"借田"耕种，全家总共借田约"2 担 4 升"地，否则全家生计将难以为继。②

　　而在福建省武平县十方镇也有村庄因修建高速公路而被征地。全镇被征地面积达 1000 亩。补偿标准为每亩 2.6 万元，实际到农户手中 2.3 万元，其余被村里提留，用于发展村集体公益事业。该镇的高梧村因此被征用土地 90 亩，而山地补贴标准只有 3000 元/亩，比湖北省崇阳县的补偿标准低得多。

　　在福建省将乐县万安镇万安村，该村曾经多次被征地。2003 年修建高速公路，每亩补偿标准是 1.2 万多元，分到农户个人的只有 9000 多元，

---

① 2009 年 8 月 2 日访谈铜鼓县三都镇东山村干下组村民 L. X. C. （45 岁）。

② 2009 年 7 月 13 日访谈湖北崇阳县肖岭乡霞新星村 D. X. L. （女，71 岁）。

村集体抽了 2000 多元。2009 年，当地因为省道拓宽，又征用了部分田地，每亩补偿费是 2.9 万元左右，村集体也抽成了部分。2011 年，该村又因为洪灾及新农村建设而被征用了不少耕地，每亩补偿费是 4 万元，其中村集体抽取 30%，其余 70% 归农户个人。

另外我们在河南省汝南县总共调查了 5 个村庄，其中有 3 个村的土地被征用修建高速公路，为此，这 3 个村把全村的地都打乱重新按照家庭人口分配。只不过，和别的村庄不同，其中有 2 个村参与分配的人口都是按照 1997 年前后第二轮土地延包政策实施时约定的"减人不减地，增人不增地"时期的家庭人口数来确定的，不是按照调整土地时的家庭实际人口数分配。

事实上，为了降低征地成本，各地的地方政府采取了不同的征地方式。例如，福建石狮市 2009 年前后在征收祥芝镇湖西村的 200 多亩耕地时，就采取了两种补偿形式：一种方式是规定每征 1 亩耕地，给该村民补偿 2.6 万元或是 2.8 万元（早两年的时候是 1.6 万元），同时政府许诺将来会再从被征地面积割一块面积相当于出让地的 1/10 的地作为"回扣"，给村集体和村民作为开发建设用地，以此补偿给村民。但是由于地方政府对这块补偿低的交付时间和具体地点直到 2013 年 11 月都还没有明确，所以一开始虽然有很多村民签订了这种补偿形式，但之后很快就后悔了，纷纷改成了第二种补偿形式。后面一种补偿方式就是 1 亩耕地补偿 10 万元，一次性买断其产权，以后这块地就归属政府了，政府也不再负责安置村民。[①]

客观地说，随着我国城镇化、工业化和现代化进程的不断加快，非农建设对土地的需求量也急剧增大，征地规模和被征地农民人口数量随之扩大。据国土资源部统计，仅在 1987—2001 年间，我国非农建设占用耕地量达 3394.6 万亩，其中 70% 以上是征地（文静，2003）。从 20 世纪 90 年代开始，我国各地都大兴大办开发区的热潮，最高峰时开发区数量达 8000 多个。当时，全国每年流失的耕地数量在 1000 万亩以上，其中人为征占 500 万亩。从 1996 年开始，中央严令限制新增征用土地，并且要求土地总量平衡，于是全国每年被征占土地减少到 200 万—300 万亩。有学

① 2013 年 8 月 31 日访谈福建石狮市祥芝镇湖西村村民 L. J. Y.（38 岁）。

者推算，如果按照大多数被征地区人均 1 亩耕地计算，每年就有新出现 200 万左右失地农民（王放，2005）。有资料显示，截至 2005 年，我国失地农民已超过 4000 万人（陈传锋，2005：3）。而按照《全国土地利用总体规划纲要》，2000—2030 年的 30 年间非农建设还将占用耕地超过 5450 万亩（温兴琦、赵锡斌，2003），因此征地过程仍将持续。

从土地流转的绩效评估角度看，土地征用是政府以公权力名义一次性"买断"村集体土地。农民一旦失去土地，将成为失地农民，由此给农民带来的影响是全方位的。在后续的社会保障机制跟不上的情况下，农民对此普遍采取强烈抵制的态度，很多农村的群体性抗争即因此而引发。不仅如此，土地一旦被征用，村集体不得不重新对既有的土地承包格局和流转格局进行重新调整。这样一来，此前约定的土地流转规则机制将不得不重新变更，其土地流转绩效也将重新评估。

对于普通的被征地农民而言，一旦失去被视为"命根子"的土地，必然在生活、就业、养老等方面出现一系列的问题。对于政府征地行为，很多学者从政府征地的方式、补偿机制、征地难、失地农民等多学科多角度进行探讨（朱冬亮，2007）。大家都注意到，由于相关土地制度不完善，在土地征用具体操作过程中出现了征地行为不规范、征地程序不合理、征地补偿标准不公平、征地安置不完善等方面的问题，直接损害了农民的权益（李永年，2003；肖宇宁、徐婷，2005；贺卫华，2005）。为此有研究者不断呼吁指出，要针对失地农民构建确保社会公正的土地利益分享法律机制、劳动就业利益分享法律机制、劳动利益保护法律机制、社会保障体系以及农村土地的市场化补偿机制（李春斌，2009）。[①]

---

① 值得注意的是，2016 年 3 月本课题组在浙江龙泉市农促调研时发现，该省最近几年一直在尝试给予被征地农民较为完善的养老待遇。按照规定，当地农户家里被征地达到约 600 平方米，政府就给予 1 名家庭成员以养老指标。

第五章　政策干预下的土地流转模式及绩效评估

在第四章，我们看到国家和地方政府都在试图引导和干预农村土地流转进程。实际上，我们在对 5 省 10 县（市、区）进行调查时，发现县（市、区）层面也是研究土地流转不可忽视的一个层面。原因在于有的地方政府出于种种原因，可能采取不同的行政方式对本地农村的土地流转进行干预，其结果就使得各地的土地流转呈现出不同的特点。而在另外一些县（市、区），当地的地方政府可能没有采取过多的举措来对本地的土地流转市场进行干预，因此这些地方呈现的土地流转基本处于自发和自觉状态。一般情况下，地方政府对土地流转的政策干预往往由省级政府或者市级政府出台指导意见，而县（市、区）级政府则负责贯彻实施，后者在政策执行中扮演着关键性角色。

本章接下来将以福建闽西武平县为个案，探讨政府干预下的土地流转模式及绩效评估。

一　国家惠农利农政策实施及目标

正如前文指出的，从 21 世纪开始，我国开始逐步调整原有的"汲取性"农业治理体系，转而采用"反哺型"农业治理体系。这种政策转向的突出特征就是取消农业税费，转而对农村和农民实行一系列利农惠农政策。① 根

---

① 本研究调查的地方的税费改革大都起始于 2003 年。如江西省铜鼓县在税费改革前，农民承包 1 亩地要缴纳各种税费总计达 100 多元，其中农业税（即公粮）55 元 1 亩，村提留 20 元 1 亩，义务教育费（教育附加费 20 元 1 人），水费 3 元 1 亩，国防费每人 0.5 元，优待金大约是 1—2 元 1 人，还不包括乡（镇）统筹这一块。2003 年，这些税费全部取消。

据张红宇等研究者的归纳，总体而言，我国农业政策的基本框架包括基本经营制度、耕地保护制度、粮食安全政策、农业补贴政策、市场流通政策、农业科技政策、农业资源环境政策等16项内容（张红宇、赵长保，2009）。十八届三中全会提出，要在城乡一体化背景下，建立城乡资源的均衡配置和城乡要素的平等交换机制，建立以工促农、以城带乡、工农互惠、城乡一体的体制机制。当前，我国正在探索新型工业化、城镇化、农业现代化道路，由此带来现代农业技术不断发展，以及农业机械化、农村信息化，农民人力资本水平不断提高的"红利"。传统的"汲取型"农业治理体系正在向"反哺型"治理体系转型。国家对"三农"的公共财政支持力度持续加大，包括给农民发放种粮直接补贴、良种补贴、农资综合补贴、规模经营特别补贴等各种普惠式的财政补贴、同时加大对粮食主产区的财政转移支付力度，实施农机购置补贴政策，增加对农业水利、道路等基础设施投入，加大生态补偿投入等。[①] 所有这些惠农利农乃至强农政策，都是为了给农村农业发展创造一个更好的政策环境。

（一）国家政策激励目标：建立现代农业经营体系

总体而言，我国的惠农利农政策是以搞活放活土地承包经营权为目标，进而建立中国特色的现代农业经营体系。自1988年我国从法律上允

[①] 粮食直补主要针对粮食收购环节，用以鼓励农民交纳粮食；良种补贴用于推广使用新的良种；农机具购置补贴用以鼓励采购新农具，推广农业规模化经营；农资综合直补则是因柴油、化肥、农药等农业生产资料价格的上升而发放的补贴。2002年，我国首次在安徽省天长市进行农民种粮直补的试点改革，之后逐步推向全国。2004年起，我国实行减免农业特产税政策，并于2005年推广到全国。与此同时，从2004年开始，将流通环节的补贴转变为对种粮农民的直接补贴。2006年开始对种粮农民实施农资综合直接补贴。目前，中央对种粮农民实行直接补贴、良种补贴、农机具购置补贴和农资综合补贴等综合扶持政策。各省则结合国家政策，制定具体的补贴实施办法。如广东省2008年直补标准为年种植水稻15亩及以上的农户，每年每亩补25元；综合直补标准为每年每亩30元；良种补贴标准为早稻每亩10元，中、晚稻每亩为15元（参见http：//www. huidong. gov. cn/ReadNews. asp?NewsID＝4368）。而在湖南省，2012年，该省给种粮农民发放的种粮直补标准为每亩13.5元，农资综合补贴为每亩80.6元标准。种双季稻的农民每亩还可获21.8元标准的双季稻补贴，当年湖南农民种植双季稻可获种粮补贴每亩达142.04元，种一季稻每亩获补贴107.17元（《长沙晚报》2012年4月9日，http：//hn. rednet. cn/c/2012/04/04/2572144. htm）。而在吉林省，按确定全省种粮农民直接补贴的计税面积5890万亩计算，亩均补贴106元。按人均计算，该省农村人口是1440万，人均补贴可达431元（参见http：//www. fsny. jl. cn/show. aspx?id＝182&cid＝3）。

许并承认农民的土地流转开始，国家不断推出一系列法律法规，旨在促进土地流转的规范发展。十八届三中全会《决定》要求，在坚持家庭经营在农业中的基础性地位的前提下，推进家庭经营、集体经营、合作经营、企业经营等共同发展的农业经营方式创新。2013 年中央一号文件提出，要加快农业经营方式转变，提高农业集约化、专业化、组织化、社会化经营水平，建立现代农业经营体系。而 2014 年中央一号文件则进一步指出，要以保障国家粮食战略安全，"把饭碗牢牢端在自己手上"为基本方针，以解决好地怎么种为导向，加快构建新型农业经营体系；以满足吃得好吃得安全为导向，大力发展优质安全农产品。努力走出一条生产技术先进、经营规模适度、市场竞争力强、生态环境可持续的中国特色新型农业现代化道路。

研究表明，我国对"三农"的公共财政支持力度持续加大，这些惠农利农政策主要是以补贴制和项目制来执行实施（渠敬东，2012）。国家有关部门为农民及其他农业经营者创造各种利农惠农政策条件，目的一是调动他们从事农业生产特别是提升农民的种粮积极性，保障国家的粮食战略安全；二是提高农业的现代化、信息化和科技化水平，进而建立现代新型农业经营体系，而促进土地流转无疑是国家政策激励的主要目标之一。

一般而言，国家和地方政府介入土地流转，基本上是以促进土地规模化经营为激励目标。根据国家相关政策要求，有条件的地方可以发展多种形式的适度规模经营，而这点被认为是农业未来发展的趋势。适度规模经营可以增强农业组织化程度，对农业发展更是有推力，更能带动农村经济进步。同时，借助土地流转"大户"和农业产业化企业，可以增加对农业经营的投资，打通农产品生产销售的通道，做活市场，从而进一步增强农民从事农业种植的积极性。因此各级政府推动土地流转，主要还是以促进大面积土地流转为目标。例如，2014 年，福建省拟定要培育土地股份合作社 40 家，培育土地托管合作社 40 家，并成立土地承包经营权信托公司 20 家。同时，该省还规定，对粮食产能区内土地经营权连片流转 100 亩以上种植水稻的经营主体，每亩给予 100 元奖励。[①] 而在此之前，福建省已经出台了一系列农业扶持和补贴政策。2014 年出台新政策的目的则

---

① 参见《今年我省农业领域开展八大改革》，《福建日报》，2014 年 5 月 19 日第 1 版。

是为了进一步加大对土地流转的政策激励力度。[①]

农业政策对土地流转的影响可以从多角度、多方面进行评估。站在政府的角度来看，制定政策促进土地流转工作，就是要建立健全土地流转市场，让土地资源得到更好的配置。各级政府制定各项政策，引导、激励土地流转，并不断对土地流转市场进行规范。十七届三中全会通过的《中共中央关于推进农村改革发展若干重大问题的决定》明确指出，家庭经营要向采用先进科技和生产手段的方向转变，要投入技术和资本，改变粗放的经营模式。而统一经营，要发展农户联合与合作，向多元化、多层次、多形式的经营体系转变。这点也是各级政府干预土地流转的基本原则和目标。有研究者认为，随着近几年国家对土地基础设施投入的增加和各项支农惠农政策的出台落实，农民务农的积极性有所提高，因此他们转入土地的需求增加，从而带动土地流转率提升（康雄华，2007）。也有的学者指出，近年来我国土地流转之所以呈蔓延扩张之势，与我国农村经济发展和地方政策的支持相关（于振荣等，2007）。

不过，有不少研究者注意到，国家的政策激励贯彻到农村基层之后，有可能被地方政府变通或者规避，同时违背农民自己的自主意愿，其结果

---

① 福建省的各项补贴标准是：（1）种粮农民农资综合补贴政策，该省按照普惠补贴和粮食主产县（市、区）适当倾斜补贴相结合的补贴原则，对全省种粮农民（含国有农场的种粮职工）进行补贴，补贴标准为粮食主产区每亩补贴57.27元，粮食非主产区每亩补贴47.27元；（2）农作物良种补贴政策。2011年进一步加大农作物良种补贴力度，补贴标准为小麦、玉米10元/亩，早稻、中稻（一季稻）、晚稻、棉花15元/亩，其中早稻补贴标准从2010年的每亩10元提高到2011年的每亩15元；（3）省级储备粮食订单直补政策。2011年省级储备订单粮食在不低于省公布最低收购价格的市场收购价的基础上，继续给予每50公斤10元的直接补贴；（4）最低收购价格政策。省籼稻谷最低收购价格均比照全国主产区制定。2011年，早籼稻（国标三等）最低收购价格102元/百斤，中晚籼稻（国标三等）最低收购价格107元/百斤；（5）再生稻推广补贴政策。2011年省级财政对种植再生稻的农户进行催芽肥补贴，每亩补贴20元；（6）水稻种植保险费补贴政策。2011年，实施范围从25个粮食主产县扩大到全省所有县（市、区），并开展杂交水稻制种保险。水稻种植每亩保险金额300元，水稻制种每亩保险金额600元，保险费率均为每季4%，每亩保费分别为12元和24元，保险保费由政府补贴80%，农户承担20%；（7）农机购置补贴政策。2011年福建省农业机械购置补贴实施范围为全省所有76个农业县（市、区）。中央资金将对耕整地机械等12大类37个小类101个品目机具进行定额补贴，补贴标准按不超过本省市场平均价格30%测算，省级累加补贴资金对以粮食生产机具为主的插秧机、联合收割机等15个品目执行5%—30%的累加补贴（参见http://www.mof.gov.cn/xinwenlianbo/fujian-caizhengxinxilianbo/201104/t20110415_537291.html）。

是事与愿违甚至适得其反。如甘庭宇指出，土地流转在现实操作中出现了很多违背中央精神和侵犯农民利益的现象，比如政府"越俎代庖"，农民没有成为流转的主体。土地流转中政府职能定位不当，暗箱操作，农民的权益被损害（甘庭宇，2006）。还有的学者则担心，政府在干预土地流转过程中也会出现一些偏离性问题，如一些地方政府在政策制定和实施时不顾农民利益，土地流转程序不规范。有的地方以调整产业结构、规模化经营、集中连片开发等为由，不尊重农民的意愿，硬性集中农民的承包地（胡荣华等，2004）。也有的学者担心，地方政府可能借土地流转之机与民争利，流转权利不充分，缺乏配套的保护农民权益的法律法规。相应的社会保障措施也未加强完善，土地流转的外部环境不是很乐观（杨丽，2009）。

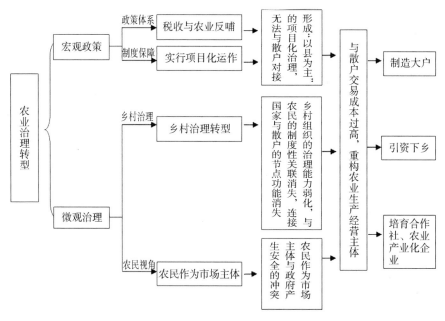

图5—1　国家农业治理政策实施路径

我国的惠农利农政策主要是以普惠式的补贴制和专项的项目制来执行实施。不过，在具体操作中，前者被认为是"撒胡椒面"，后者主要是以培育市场化规模经营主体为目标，但在执行过程中却被变通为"劫贫济富"，两者似乎都没有达到顶层政策设计的目标，导致"政策失灵"和"政策钝化"，大量的公共财政投入没有达到预期的效果（如图5—1

所示）。① 为此，有研究者指出，国家应调整现行补贴政策，把补贴对象逐步向种粮"大户"和粮食主产区倾斜，从而提高补贴效率，使农业补贴真正起到促进粮食生产的目的。再者，由于粮食补贴政策实施在微观层面增加了农民对土地的增值预期，反而使农户更加"固守"自己的小块承包地而不愿流转（唐茂华、黄少安，2011）。那么，事实是否果真如此？这个问题还有待进一步考察和研究验证。

（二）地方政府惠农利农政策实施

国家的各项顶层设计政策能否发挥效力，还有赖于一套能够真正发挥效率的执行机制。在此过程中，地方政府可能以"因地制宜"的名义对国家的宏观政策进行变通。福建将乐县在贯彻落实国家各项惠农利农政策时，出台了一些地方性操作方法（表5—1）。

表 5—1　　　　　　　　将乐县相关部门扶持农业生产项目投入

项目实施单位	项目工程名称及实施情况
县农业局	负责实施良种补贴和农机（市场）补贴项目：2008 年国家出台农机具补贴政策，不同农机具补贴标准不一，最高是插秧机，补贴额度达 70%。
县水利局	旱田改造
县土地局	土地平整项目：1999 年开始实施，由省财政按照每亩投资 2300 元进行建设，省里要求土地整理要多出 10%—12% 的面积，山区土地坡度超过 15 度则不能开发。后本县中断了 12 年，2009 年以"农业综合开发土地整理"为名重新启动该项目。当年项目区有两片，总面积 3406 亩，总投资 781.2 万元。截至 2009 年，全县共整理了 7410 亩土地，原本要完成 1 万亩，但估计无法完成。
县农办	土地开发项目

① 图5—1 是转引自博士论文《农业治理转型：国家基础性权力的视角——基于一个全国产粮大县财政奖补政策实践的分析》第 23 页，华中科技大学博士论文，2014 年。本论文是作者收到的匿名博士论文评审稿。

项目实施单位	项目工程名称及实施情况
县烟草局	烟基工程项目：2003 年开始实施，全县每年投入 1500 万元，最少的年份也达 1300 万元。项目资金来于国家烟草局的统一拨款。按照全国标准统一修建水渠，修建机耕道等。2009 年全县项目预计投入总资金 2926 万元，其中规划建设烟田路项目 191 项，投入建设资金 2305.9519 万元；新建密集式烤房 200 座，烟草行业投入建设资金 420 万元。项目分布在全县 13 个乡镇 56 个种烟村，受益烟田 2.3908 万亩，受益农户 9295 户。
县财政局	发放粮食综合直补：2006 年才开始实施，标准为 5.79 元亩/年，2007 年调整为 18.45 元，2008 年调整为 45 元，按照种植两季计算。① 实际上该县几乎无人再种双季稻。只有部分耕地实行烟稻轮作。
县粮食局	粮食订单直补：原来是每百斤稻谷 5 元，2009 年提高到 10 元。农户必须把粮食运输到政府粮食收购部门才能得到这笔补贴，卖给私人商贩则不能得到这笔补贴。
县保险公司	水稻保险项目：保费每亩 12 元/年，其中农户自己交 2.4 元。评估歉收达 50% 以上的农田才予以赔付，绝收或者土地损毁最高可补偿 300 元/亩。②

---

① 不过，课题组调查员在闽西武平县调查得到的各项补贴是将乐县的两倍。武平县 2006 年补贴价格是 12.084 元/亩，2008 年是 90.4 元/亩。是否将乐的只算一季，还是另有隐情？在湖北省京山县，该县农民种粮补贴标准高于福建省平均水平。该县农民种植一季粮食作物的补贴标准是：每亩粮食直补 14.58 元；综合直补 50.22 元；种子补贴 15 元；全县统一，合计 79.9 元。种植两季的两项直补加一倍，种子补贴再加 10 元。总计起来，种植双季稻每亩一年可得补贴 154.7 元。

② 湖北省京山县曹武镇 2008 年开始推行水稻保险，保费国家补贴 10.5 元一亩，农户自己还要交 3.5 元，共 14 元。2009 年全镇收取的保费 22 万元左右，保险公司理赔 45 万元，每亩绝收最高理赔 200 元。和将乐县强制保险不一样，曹武镇是农民自愿保险，有的农民理赔额太低或者自己的耕地质量太差而不愿投保。

我们再以福建沙县夏茂镇为例，看看这个县是如何贯彻落实国家的惠农利农政策。据当地镇政府统计，站在农户个体的角度，2012 年当地能够落实到户的惠农政策汇总如下：

（1）农资综合补贴：2012 年是 71.03 元/亩，2011 年是 69.66 元；

（2）良种补贴：早稻每亩均补贴 10 元，中稻（一季稻）、晚稻每亩均补贴 15 元；

（3）再生稻催芽费补助：每亩 20 元；

（4）农业保险：a. 水稻保险：农户个人交 2.4 元，其余由政府财政补贴，保额是 400 元；b. 蔬菜保险：按品种保，费率为 7%（如豇豆保 500 元，交 35 元）；

（5）粮食订单补贴：10 元/百斤；

（6）钢构大棚补贴：中央与省合计补 6900 元/亩。

正如我们在后文将要详细讨论的，政府对农业及土地流转的政策激励落实到农村基层，对不同的土地产权主体产生的作用会有很大差异。村集体、农户和经营者都会从自身角度对政府的政策作出自己的评估和解读，并采取相应的应对策略。客观地说，我国的土地流转政策激励更多的是考虑如何促进土地向经营能手集中，以提高土地利用率，因此激励对象是土地流入方。

对于单个农户而言，他们转入土地是期许能带来更大经济利益。他们对种地的成本计算相对简单，包括种子、农药化肥、农机具、雇工等的花费，收益即是出售农作物的现金收益。但有的农民尤其是一些老农往往忽略了其他一些成本的计算，如他们往往不将自己投入的那一部分劳力成本计算在内。他们不像城市职工，对自身劳动力价值极为重视，不会将自身劳动付出作为成本来计算。一些农民耕作所得收益从数字上看是大于成本的，但是这个数字忽视了农民自身消耗的劳力成本付出。如果把这个成本计入，他们在种地方面的投入要高得多。

相比之下，土地流转"大户"在追求规模经营过程中，对收益成本计算要复杂精细得多。因此他们对国家政策实施及变动就敏感得多。"大户"们往往从企业管理经营的视角出发，精于算计自己的投入产出比。他们的经营手段更多，销售渠道也更加多元化。和单个的农户相比，流转"大户"在成本收益计算上的差别在于，他们有较为稳定的销售渠道，或是有便捷的技术支持，或有足够的后备资金，收益更加稳定。单个农户应对市场和自然风险的能力更小，生产的不确定性更大。因此，单个农户经营更多的土地意味着更大的投入和更高的风险。

还有一点非常重要，由于过去的 10 年中，我国的农业治理体系经历了从"汲取型"农业向"反哺型"的根本转变，因此对村集体、普通农户、土地流转经营者及农业产业化企业产生了极大的影响。拥有不同土地产权权能的主体分别从各自的角度出发对国家的政策转型给予不同的解读，并对不同的土地流转模式的实施绩效评估产生了不同的研判和预期。这就意味着，那些约定期限越长的流转土地越难以应对这种变化，也意味着与土地流转利益相关的各方出现土地纠纷的可能性也大为增加。在前文第三章我们提到的沙县夏茂镇"益鑫农业专业合作社"就遇到农户因土地平整之后而毁约的现象。

二　政策干预下的土地流转变化：武平县案例

（一）政策干预前武平县土地流转状况

1. 武平县土地经营概括

武平县地处福建省西部，属于经济发展相对落后的山区县。据统计，2012 年该县实现生产总值 104.67 亿元，实现农林牧渔业总产值 40.87 亿元，其中农业、林业、牧业、渔业和农林牧渔服务业产值各为 18.46 亿元、5.76 亿元、14.38 亿元、1.46 亿元、0.8 亿元。2012 年这个县全年城镇居民人均可支配收入 18122 元，农民人均纯收入 8728 元。统计资料显示，2012 年末全县户籍总人口为 37.5 万人，而常住总人口只有 27.6 万人[①]，这意味着该县有 9.9 万人常年在外谋生，约占全县总人口的 26.4%。另有，2008 年的统计数据显示，武平县共有农业人口 33.3 万人，其中农村劳动力 16.82 万人，农户 8.32 万户。如果以全县总土地面

---

① 参见《武平县 2012 年国民经济和社会发展统计公报》。

积 33.89 万亩推算，则武平全县户均土地 4.07 亩，每个农村劳动力占有土地面积为 2.02 亩，农民人均占地约 1.02 亩。[①]

据统计，在武平全县土地中，平洋田占总面积的 28.37%，山垅田占 26.56%，梯田占 27.09%，溪边田占 10.26%，缓坡田占 3.46%，坡（旱）地占 3.6%，平（旱）地占 0.66%。县境东南和中部地区的耕地，主要分布在海拔 250—300 米的河谷盆地和丘陵缓坡地，西北部的土地多分布在海拔 350—500 米或 500 米以上的丘陵山地、山涧谷地和溪河两岸。武平县主产粮食是稻谷，是国家和省商品粮基地县，也是国家无公害蔬菜生产示范县。由此可以看出，农业产业在这个县的国民经济结构中依然占有比较重要的地位。

2. 政策干预前武平县土地流转基本情况

和本研究调查的其他县（市、区）相比，武平县整体经济发展水平相对落后，或许正是因为这点，县政府把发展农村经济作为工作重点之一。其中的一个举措就是以政策性推动方式来促进土地流转，进而带动农业产业结构调整，使农业经营尽可能朝规模经营和集约经营方向转变。事实上，武平县之所以在 2008 年出台一系列政策举措干预土地流转，目的就是为了贯彻落实十七届三中全会关于促进土地适度规模经营的政策精神，同时也是为了贯彻上级政府——福建省及其所在地市龙岩市政府的工作部署而开展此项工作。就武平县的政策干预实践来看，地方政府对土地流转的政策激励也是为促进土地进一步向种植能手及专业合作社、农业协会等新型经营主体集中，并使得农业的技术、资金投入更加有效，实现农产品产供销一条龙，推动农业经营向集约化、产业化、专业化发展。

为了对政策干预前后的土地流转情况进行对比分析，下面我们先来分析一下政策干预前武平县土地流转的基本状况。

从表 5—2 中可以看出，在地方政府政策干预前的 2005 年，武平县全县土地流转基本上是农户自发流转居多，零星而分散，整体上处于初级流转阶段。具体表现为土地流转的规模小、产业化程度低，期限短且以非正式流转占多数，流转价格也较低。

---

① 数据是 2008 年 5 月统计数字。不过，这个县的总土地面积有两个数字，土地局的面积是 33 万多亩，而税改登记则为 27 万亩，全县有不少"隐瞒"的土地。

　　在武平县农业局2005年统计的全县土地流转总面积36499亩中，其中属于农户间自发流转的占91.7%，另外属于乡村组织提供信息的流转面积占6.5%，而委托乡村组织流转的面积仅占1.8%。从流转的模式看，其中转包、出租、互换、转让、入股等分别占到土地流转总面积的19.1%、32.7%、15.3%、7.7%、1.8%，这五种土地流转模式占土地流转总面积的76.6%。此外，还有23.4%属于这五种之外的流转形式。由此可以看出，武平县土地流转比例最高的是出租，最少的是入股形式，只占1.8%，几乎可以忽略不计。而入股这种流转属于规模化、市场化、规范化程度较高的模式。这说明，在2005年，武平县土地流转的总体状况属于初级流转阶段。

　　2005年的统计数据还显示，武平县共有农业劳动力16.19万人，其中转移从事非农产业的有5.84万人，占总劳动力数的36.1%。全县全家外出务工经商的达0.49万人，占外出劳动力总数的8.4%。到了2008年，全县转移从事非农产业的农业劳动力上升至6.91万，占当年农业劳动力总数的41.1%，而全家外出的也上升到0.62万人，占外出劳动力总数的9.0%。

表5—2　　　　武平县农村土地流转情况调查统计表　　（单位：亩、户、个）

项　目	数　量		增减（±%）
	2005年	2008年	
1. 家庭承包土地总面积	338900	338900	
2. 承包农户数	81900	83200	+1.59
3. 土地流转面积	36499	41921	+14.86
其中：转包	6961	8063	+15.83
出租	11917	16725	+40.35
互换	5600	3712	-33.71
转让	2797	2156	-22.92
入股	653	547	-16.23
其他	8571	10718	+25.05
4. 流转出土地的农户数	19312	22180	+14.85

续表

项　　目	数　　量		增减（±%）
	2005 年	2008 年	
5. 流转入土地的受让方	\	\	\
流转入农户的面积	35476	38127	+7.47
流转入企业的面积	1023	3794	+270.87
6. 流转入企业土地的面积	\	\	\
用于种植粮食作物的面积			
用于其他用途的面积	1023	3794	+270.87
7. 农村劳动力总数量	161900	168200	+3.89
8. 农村劳动力转移情况	\	\	\
其中：涉及农村劳动力转移的农户数	39300	42400	+7.89
农村劳动力转移的数量	58400	69100	+18.32
全家外出务工经商农户数	4900	6200	+26.53
9. 在土地流转总面积中	\	\	\
其中：农户间自发流转面积比重%	91.7	87.3	−4.4
乡村组织提供信息的流转面积比重%	6.5	8.3	+1.8
委托乡村组织流转的面积比重%	1.8	4.4	+2.6

注：调查统计截止时间为 2008 年 5 月 31 日止。

我们可以从另一个角度看看政策干预前武平县土地流转的基本情况。根据本研究负责人 2009 年在武平县发放的 200 户农户的问卷调查分析显示①，租借别人土地的农户有 75 户，占调查总户数的 37.5%，而租出土地的农户有 66 户，占调查总户数的 33%。从租入土地的一方来看，38.7% 的受访农户转入的土地不足 2 亩；将近一半的农户转入的土地是在 2—5 亩之间，只有 11 户农户转入了 5 亩以上的土地。从租入土地涉及的户数来看，以租借 1 户的居多，共有 22 户农户租借 1 户人家的土地。租借 2 户的也不少，有 21 户的农户从 2 户农户那里租借土地，因此多数农

---

① 2008 年 12 月武平县开始对本县的土地流转实施政策干预，但 2009 年政策效力尚未显现，因此仍可作为参照。

户转入土地以后，土地经营规模不可能有实质性的变化。

就种植能力来看，单户农民的流转面积基本在2—3亩之间。加上分田到户的耕地面积（1—6亩不等），大部分农户的耕作规模还是在10亩以下，达不到规模经营水平。只有少数农户通过流转土地，实现了规模经营（参见表5—3）。

表5—3　　　　　　　　　　流转土地的亩数

转入			转出		
耕地面积	频数（户）	频率（%）	耕地面积	频数（户）	比例（%）
2亩及以下（含2亩）	29	38.7	2亩以下（含2亩）	33	50.0
2—5亩（含5亩）	35	46.7	2—4（含4亩）	25	37.9
5—8亩（含8亩）	8	10.7	4—6（含6亩）	8	12.1
8亩以上	3	4.0	6亩以上	0	0
合计	75	100.0	合计	66	100.0

在被调查的200户农户中，共有66户农户转出土地，占农户总数的33%。租借出去的土地面积，以2亩以下的居多，占了有效样本的一半。转出的土地面积在2—4亩的占了37.9%，4—6亩的占了12.1%，没有农户转出的土地在6亩以上。总体情况也是以小规模转出为主。

（二）武平县土地流转政策干预及目标

从前文的分析可以看出，在政策干预土地流转之前，武平县土地流转规模不大，基本都是零星、分散式的流转。作为地方政府，武平县一方面贯彻执行国家的惠农利农政策，另一方面，也出台一些地方性政策对农业经营和土地流转进行政策介入和干预。因此，政府对土地流转的政策干预包括国家和地方政府两个层面，两者共同作用于农村土地流转实践场域。

从2008年开始，武平县开始对本县的土地流转进行政策干预。在随后的几年中，这个县的土地流转工作受到地方政府大力度地政策引导扶持。武平县政府出台了一系列政策举措来促进土地流转工作。具体包括以下几个方面：

2008年武平县把土地流转工作正式纳入政府推动农村发展的议程。

同年 11 月，武平县县委、县政府出台了《关于加快农村土地流转促进农业规模经营的实施意见》，强调土地流转的重要性，下达工作指标，提出具体的工作措施办法。随后各乡镇也根据本地情况制定了实施意见，明确了在土地流转工作中要建立健全相关机制，优化土地资源配置，防止土地抛荒，提升土地规模经营水平。同时，加强土地承包经营权流转管理和服务，按照依法自愿有偿原则，允许农民进行土地流转，发展多种形式的适度规模经营。

1. 建立土地流转政策干预执行体制

武平县制定的《实施意见》明确提出，要切实加强对本地土地流转工作的组织领导。2008 年 12 月，该县设立土地流转机构，建立了县、乡、村三级土地流转服务网络，负责调查、搜集、统计农村土地承包、流转等情况，提供政策咨询，指导合同签订，发布土地流转供求信息。在组织机构上，武平县政府成立农村土地流转与规模经营领导小组，由县长任组长，县委、县政府分管领导任副组长，成员由土地流转工作涉及的财政、农业、国土等多个有关部门领导组成。随后，各乡镇相应成立领导小组，具体负责本地土地流转工作实施。这种自上而下的政策执行体制对促进土地流转形成了一种强制力。

为了使政府的政策干预意愿能够得到贯彻执行，武平县首先推进管理的规范化，并形成一种激励机制。初期，为了鼓励各乡镇进一步搭建好土地流转服务系统，该县规定，经县里验收确认后，对先完成土地流转服务中心的乡镇分别给予补助 1 万元。在督促相关机构履行职能的过程中强化督查，以县委、县政府督查室、效能办、农业局三个部门为主，根据工作进展情况确定各阶段督查重点，建立每月一督察一汇报制度。在年终则强化考核，确立了奖惩机制。各乡镇的农村土地流转与规模经营工作经过考核评比，前三名分别给予奖励 3 万元、2 万元和 1000 元的奖励；倒数三名的给予通报批评，并要求后三名的乡镇向县委、县政府说明原因。

按照武平县《实施意见》要求，县、乡（镇）级政府成立服务于土地流转的专业信息管理平台。其中县一级成立了土地流转指导中心，挂靠在农业局下属的农业经管站，负责建立土地流转信息库，指导、管理和仲裁协调全县土地流转工作。各乡（镇）则根据当地土地和农业经营实际情况分步建立乡（镇）级土地流转服务中心。而在村一级，则由各乡

（镇）帮助建立土地流转服务站，并专门确定土地流转工作信息员以完善乡村两级服务网络。乡（镇）、村两级服务网络对农村土地流转进行相关数据的调查、搜集、统计、公布，同时也负责宣传相关政策，指导合同签订，在土地流转双方和政府之间起到中介和组织作用。

　　从当地土地流转服务体系的职能来说，一方面他们服务于政府，是政府了解和掌握土地流转情况的窗口。武平县政府的土地流转办公室制定了详细的土地流转及规模经营情况进度表，各级土地流转服务机构负责分阶段从村到县逐层统计，全面、动态地跟踪全县土地流转工作的进展状况。进度表的内容包括各级单位的耕地总面积、流转面积、农户和流转农户的数字和比例，并按照土地流转形式、流转期限、流转后的土地用途、土地流入方身份、土地流转规模和土地流转服务组织成立情况等六个方面的数字比例进行详尽的统计记录。这样有助于政府更加全面明确掌握土地流转的供需关系，为农业招商引资和政府服务市场提供了更可靠的依据。

　　另一方面，武平县所建立的土地流转服务机构也是一个信息平台，每块土地的流转情况被及时地记录在案。农户可以从中了解当地土地流转状况，获得需求信息。各级土地流转服务中心收集土地流转信息，并公布相关数据。如县一级公告栏有公示详细标出某个月份部分行政村土地转出信息，其中包括土地片段名称，转出面积和该块土地上的种植作物。乡（镇）一级也有公示，如土地流转大户土地转入情况表，包括了各村转入的土地片段名称、土地周年种植模式、土地经营人及其联系方式、经营期限和田租。通过公示，政府将土地流转的状况进行梳理，也将土地流转工作置于大众的监督下，减少了信息的不对称。

　　总而言之，为了引导当地的土地流转高效规范地开展下去，武平县建立了一整套行政体制机制来保障政府的政策干预能够顺利实施。借助于行政的强大的组织力量，武平县政府直接干预和参与当地的土地流转流程，并且取得了一定的成效。

　　2. 规范合同签订程序

　　土地流转合同的签订是土地流转程序规范的一项重要环节。土地流转是建立在平等协商、自愿、有偿的基础上的，流转合同对某片流转土地的产权、种植产生的收益和流转双方可能产生的纠纷都具有约束力。为了规范土地流转的合同签订程序，武平县农经站向各乡（镇）下发了土地流转合同的格式示例（见图5—2），其中土地流转的去向，交易产生的费用，流转双方的权利义务、纠纷解决主体及方式等都有明确说明，并充分体现了土地流转"不得改变土地所有权性质和土地的农业用途"的原则。特别是关系到农民的权益方面，一方面为了保证租出方的收益，合同范本列出了具体的租金金额和支付时间，还保证了租入方的产品处分权和收益权。

以该县十方镇某份流转合同为例，该合同的流转土地为该镇百公门上段，合同规定从2009年起租期5年，其中2009年的租赁资金为每亩400元；2010年起按照"（400÷2008年粮食保护价）×上一年粮食保护价"为公式计算，即将2009年的土地租赁资金折算成稻谷的斤数作为固定计量，然后每年按前一年国家粮食收购保护价折回现金支付。时间上则规定乙方自收地日前支付第一年土地租赁费，往后每年12月31日预付下一年土地租赁费给甲方。同时该合同还约定，违约金按当年租金的两倍计算。

武平县政策干预中非常重视土地流转合同的签订，这样对土地流转起到重要的引导和规范作用，包括从程序上确保土地流转在自愿、公平、协商的基础上正式地进行，从而为农户提供了更可靠的保障。统一格式的合同包含了涉及土地流转的双方利益的各个要素。在此过程中流转双方的利益诉求更加明确地呈现出来。同时，合同的签订更利于流转"大户"长期的经营投资，保证规模经营有足够的时间将基础建设做牢，进而保持经营的可持续性。至于乡（镇）、村一级组织介入土地流转合同的备案，使得行政力量与法律约束相结合，可以使合同对土地流转双方的行为更具有约束力。

本研究访谈调查中还发现，农民的租金往往是以稻谷的斤数来计算的，这是实物租金支付方式。武平县政府鼓励土地流转双方以谷物折算租金，这样可以充分考虑市场价格变动因素，使得流转费用更加合理。因为在农民看来，物价是会变的，粮价也是浮动的，唯有把握粮食，才是最可靠的。有些农民的土地流转期限即使只有一年，他们也更愿意用粮食来计量租金。这也是农民对土地和粮食的历史情结。

3. 对土地规模流转给予资金扶持

为了促进土地的规模经营流转，武平县对不同的土地流转规模给予不同程度的资金扶持。这是整个政策干预中最为关键的部分。资金补助主要分为以下三个部分：

农户承包地经营权流转合同（示范格式）

合同编号：

甲方（转出方）：　　　　住址：

乙方（转出方）：　　　　住址：

为了保障双方当事人的合法权益，根据国家有关法律、法规和政策规定，经双方协商同意，订立本合同。

一、流转方式

甲方将所承包经营的土地以＿＿＿＿＿＿＿＿＿形式流转给乙方（流转形式包括转包、转让、出租、互换等。若实行转让形式流转的，还应由乙方与发包方确立新的土地承包关系，甲方与发包方的土地承包关系即行终止；实行其他形式流转的，甲方与发包方原土地承包关系不变）。

二、流转的土地及其用途

序号	地名	面积（亩）	四至	地上附着物	用途	备注

三、流转期限

流转期限＿＿＿＿年，自＿＿＿＿年＿＿＿＿月＿＿＿＿日起至＿＿＿＿年＿＿＿＿月＿＿＿＿日止。

四、流转费标准及支付时间

每年每亩＿＿＿＿元，或每年每亩＿＿＿＿公斤谷子，按当年＿＿＿＿月＿＿＿＿日市场平均价折成现金，乙方于每年＿＿＿＿月＿＿＿＿日前支付给甲方。

五、甲方的权利和义务

1. 有权监督乙方按时履行本合同规定的各项义务。

2. 不得干预乙方依法进行的生产经营活动。

六、乙方的权利和义务

1. 在不改变土地规定用途的前提下，有经营自主权、产品处分权和收益权。未经甲方同意，不得再次流转。

2. 按时向甲方支付流转费。

3. 保护耕地，不得进行掠夺性经营，不再弃耕抛荒。

七、违约责任

流转期内，如一方违约，违约方向对方支付违约金＿＿元，造成损失的，依法予以赔偿。

八、纠纷解决办法

流转期内，如双方发生纠纷，先由乡镇农村土地承包主管部门进行调解。调解不成的，向县（市、县）农村土地承包主管部门申请仲裁或向人民法院起诉。

九、双方约定的其他条款

1. 流转期内，如流转的土地被国家或集体依法征用、占用，土地补偿费的发放按有关法律、法规和政策规定执行。

2. 流转期满后，乙方投资形成的地上附着物按如下办法处理＿＿＿＿＿＿＿＿。

3. 乙方连续两年弃耕抛荒的，甲方有权收回流转的土地。

4. ＿＿＿＿＿＿＿＿＿＿＿＿＿＿＿。

5. ＿＿＿＿＿＿＿＿＿＿＿＿＿＿＿。

6. ＿＿＿＿＿＿＿＿＿＿＿＿＿＿＿。

十、本合同自签订之日起生效。

十一、本合同如有变更或未尽事宜，由双方共同协商，作出补充约定。补充约定与本合同具有同等效力。

十二、本合同一式四份，甲方双方各执一份，发包方、乡镇农村土地承包主管部门各备案一份。

甲方代表人：

乙方代表人：

签订日期： 年 月 日

图5—2 武平县农户承包地经营权流转合同（正反两面）

（1）确定大规模土地流转的补助政策

2008 年，武平县制定了政策，明文规定了七点扶持土地连片规模流转的实施意见：①凡连片 300 亩以上、被确定为市级示范片的，除按规定享受市级补助每百亩 5000 元以上，并同时列入县级示范片享受相应补助；②对 7 个重点乡（镇）连片规模 100 亩以上、周年流转种植（含早季、晚季和冬种）的县级示范片，经验收合格后给予每亩补助 200 元；③对 7 个重点乡（镇）连片规模 50—100 亩、周年流转种植的，经验收合格后给予每亩补助 100 元；④对各乡（镇）头季种植烤烟、周年流转种植 100 亩以上农作物的给予相对应的减半补助；⑤对于每完成一宗连片面积 50 亩（含 50 亩）以上规模经营、土地流转期限一年（含一年）以上的，给予相关村级服务站一次性每亩 5 元的奖励；⑥对专业合作社或协会牵头组织基地生产营销，土地流转面积规模在 100 亩以上、有订单、周年种植并经验收合格的，给予一次性补助信息费 5000 元；⑦对土地流转规模经营面积大的重点项目实行"一事一议"。此外武平县还要求各乡（镇）在落实县级扶持政策的基础上，加快出台自己的配套扶持政策，加大资金投入，切实推动土地流转和规模经营。

从上面的政策规定可以看出，武平县各项政策有三个方面的激励作用：一是连片大规模流转并有示范效益的土地经营受到的政策补助最多，市、县、乡（镇）三级政府都积极为此给予扶持；二是除了粮食作物，还对该县重点经济作物烤烟进行鼓励支持；三是对村级服务站和专业合作社等能够推动土地流转、带动农业经营的组织采取激励措施。

另外，从 2006 年开始，国家开始对种粮"大户"给予农资综合补贴，同等标准给予再次补贴。2008 年，国家把耕种面积达 100 亩以上的农户界定为种粮"大户"，2009 年降低为 50 亩以上的即为"大户"。2009 年，武平县对种粮达到 50 亩以上"大户"，每亩给予 400 元的补贴，前提是"大户"必须种植粮食。若是单季流转，则补贴金额减半。这一年，武平全县共有种粮"大户"12 户，涉及全县 8 个乡（镇）耕种的 2393 亩土地。这些"大户"均享受了"大户"种粮补贴。

（2）提供信贷政策支持

2010 年，武平县在其所属的龙岩市率先出台了《农村土地经营权抵押贷款管理办法（试行）》，为规模经营主体提供了土地经营权抵押贷款试点，并取得了一定的进展。应该说，武平县的土地经营权抵押贷款政策试点在很大程度上给规模经营的流转"大户"带来了资金周转的便利，为农业规模化经营提供了资金支持。对流转"大户"来说，其所拥有的土地是他们的主要财产。另一方面，政府也从政策上承认了他们在流转土地上所拥有的经营权。不过，在具体试点和操作过程中，要推进这项改革并不容易。这点本章下面将作进一步的分析说明。

（3）试点推进土地经营权集中整村推进流转模式

武平县所属的龙岩市及本县都有政策规定，凡是在村内有 80% 以上的土地实行统一流转，并且有经营主体承担，而流转的总面积又达到 500 亩以上的，由市财政给予该村 40 万元试点经费补助。按照规定，这笔经费主要用于试点村实施农田整理、改善生产设施以及产业规划和基地建设。与此同时，县财政也给予相应补贴。2010 年，武平县把该县十方镇黎明村作为连片流转经营试点村，开始推进此项工作。对此我们稍后再进行讨论。

（二）武平县政策干预土地流转的实施成效

实践证明，武平县政府的政策的激励对当地的土地流转产生了一定的吸引力，起到了"引燃"作用。对政府来说，只要政策扣紧农民的关键利益所在，政策的激励作用还是能够产生效果。从某种角度来说，政策激励具有导向性。激励性政策的制定实施总的目标是为了促进土地流转有效地进行，加快土地流转进度，扩大土地流转规模，最大限度地优化资源配置，最终不仅使农民得到实惠，也要能够促进农业产业结构调整，提升农业的整体产出水平和产出质量。

应该说，武平县地方政府的政策推动取得了明显的效果。和本研究调查的其他县（市、区）相比，武平县的农业产业化水平发展相对较高，这与当地政府的政策激励直接相关。该县土地流转状况也因此发生了新的变化。本研究调查员两次前往武平调查，获取了 2006 年、2009 年和 2012 年三组土地流转的相关数据，从数字的变化可以清晰地看出这种变化。在武平县土地流转服务网络的推动下，该县的土地流转呈现出以下特点：

1. 土地流转规模扩大

根据武平县农业部门的统计，2006 年时该县土地流转面积 36679 亩，占土地面积的 13.25%，流转土地的农户数为 1.57 万户，占农户总数的

19.4%。2008年底这个县设立土地流转服务机构后，土地流转面积迅速增加。可以说，短期内，地方政策干预发挥了明显的效用。到2009年5月底，在设立土地流转机构后大约半年的时间内，该县土地流转面积增加至60793亩，占土地总面积的18.24%，涉及农户2.81万户，占农户总数的33.86%。其中土地流转面积在300亩以上规模的共13处，100—300亩的有94处，50—100亩的有87处，10—50亩的有896处，增势显著。而发展至2012年8月，全县土地流转面积进一步增至11.61万亩，占土地总面积的41.94%，涉及农户3.67万户，占农户总数的44.22%。

如果把2012年8月统计的土地流转面积和2006年的统计数据进行比较，可以看出2012年8月全县土地流转面积和涉及农户数分别比2006年增长了3.2倍和2.3倍。政府政策推动土地流转可谓效果显著（参见表5—4）。

表5—4　　　　　　武平县土地流转面积及流转农户数情况表

	流转面积（万亩）	占土地面积比例（%）	流转农户数（万户）	占农户总数比例（%）
2006年	3.67	13.25	1.57	19.4
2009年5月	6.08	18.24	2.81	33.86
2012年8月	11.61	41.94	3.67	44.22

不仅如此，得益于地方政府对土地流转规模化经营的鼓励，武平县土地连片经营的态势也取得了进展。2008年该县在城厢乡东岗村、永平乡杭背村、十方镇黎畲村各建立了一个300亩以上土地流转规模经营直控基地，开展土地流转试点，取得了较好的经济效益和社会效益，给全县土地流转工作树立了典型，也积累了经验。

截至2012年8月，全县土地流转规模在50亩以上的有278片，面积达3.75万亩，占土地流转面积的32.3%。其中50—100亩的有134片，共0.97万亩；100—300亩的有118片，共1.67万亩；300亩以上的26片，共1.11万亩。流转的土地主要用于种植粮食、烤烟、蔬菜、花卉、仙草等农作物，但以种植非粮食作物占主导地位。

需要特别说明的一点是，武平县政府推进的大面积的土地流转，其接收对象主要是当地政府引进的工商企业、专业合作组织等新型经营主体，土地大多连片，流转期限也较长，多数在 5 年以上，基本上都签订了流转合同，规范化程度比一般农户主导的土地流转要高得多。

2. 土地流转形式多样化

本研究调查员在 2013 年 8 月的调查显示，当时已发生流转的面积中，农民自发流转的有 4.19 万亩，占 36.1%，乡村组织提供信息流转的有 5.92 万亩，占 51%，这个比例比 2005 年的数据增长了 7.8 倍。由此可见，尽管农户自发的个私流转仍然超过一半，但已经比过去大幅度下降。而政府主导的流转一般是对于农村企业、农业专业合作组织等具有一定规模的农业生产组织，中介组织提供流转的还较少。

从土地权属变化的形式看，武平县主要有转包、出租、互换、转让等几种土地流转形式。2009 年 5 月的调查数据显示，当时流转的 6.08 万亩总土地面积中，最主要的流转方式还是出租，占总面积的 75%，这个比例比 2005 年增长了一倍多。除了以上四种形式，还存在着入股、农户间以委托代耕等其他方式进行承包地流转，但总体所占比例依然不高（参见表 5—5）。

表 5—5 　　　　　　　　　　2009 年武平县土地流转形式

	转包	转让	出租	互换	其他	合计
面积（万亩）	0.0961	0.0438	4.5604	0.0515	1.3275	6.0793
比例（%）	1.6	0.7	75.0	0.9	21.8	100.0

3. 土地流转主体多元化

前文已经提到，在政府实施干预前，武平县土地流转方式属于民间的私下流转居多，这点和其他地方的农户个私流转大同小异。不过，2008 年之后，武平县政府为防止土地抛荒，提高土地使用效率，于是出台了一系列优惠政策，鼓励外出务工经商农民流转承包地，鼓励农业企业、工商企业、农民专业合作组织等经营主体到农村连片流转农户承包地，建立农产品生产基地，发展规模农业。在此之后，这个县农村土地流转主体变得更加多元化，由原来的农户、种植"大户"，扩大到农业企业、工商企业、农民专业合作组织等经营主体。最主要的是，从这个时期开始，村庄外部的工商资本可以直接参与土地规模流转经营。

和其他被调查的县（市、区）不同，武平县土地流转优惠政策的实施推动了许多土地流转"大户"的形成，同时也催生了一些新型农业专业合作社。他们以"合作社＋农户"、"企业＋合作社＋农户"、"基地＋农户"等多种新型农业规模经营组织方式参与土地流转经营。如武平县"双喜稻米专业合作社"在该县十方镇高梧村建立了一个千亩烤烟—水稻种植示范片；著名的饮料生产企业"王老吉公司"（后改名"加多宝"）则在本县下坝镇、中山镇建立了万亩仙草生产基地等。

武平县 2008 年以前成立的农业专业合作社仅有 31 家，到 2012 年 8 月，农业专业合作社的数量已经增至 166 家。在这些合作社中，成员数最少的有 5 人，最多的有近 2000 人。所有加入合作社的成员共有 9600 人，注册资金达 2.043 亿元。合作社的经营主业以种植烟草、果蔬、经济作物和从事养殖业居多，而从事粮食作物种植的合作社仅有 2 家，成员数和注册资金也相对较少，分别为 22 人、50.3 万元。

特别值得一提的是，武平县流转土地面积较多的农业"大户"在提升农民生产积极性，带领农民致富方面起到了明显的风向标作用。武平县岩前镇的甜玉米（毛豆）专业合作社 2009 年上半年进行玉米种植，每亩产生的纯利润在 1800—2200 元之间，相当于普通农户种粮收益的 4—5 倍。玉米种植的高利润无疑对农民产生了刺激，导致周边许多农户在专业合作社的影响下也开始种植玉米，以获得比种植水稻、烤烟等更高的利润。这种情况为农业专业合作社扩大规模提供了契机，也为进一步扩大土地流转规模提供了可能性。

农业专业合作社数量的增加，特别是外来专业合作社数量的增加，导致了可流转的土地资源越发"稀缺"，使得土地流转价格也随着专业合作社的增加而增加。仅以武平县十方镇为例，2009 年我们在本地进行第一次调查之前，该镇仅有 7 个农业专业合作社。其中用于种植收益最好的经济作物的流转土地，每年租金为 400 元/亩，到了 2012 年，这个镇的专业合作社增加到 19 个，土地流转租金也"水涨船高"，平均年租金涨到了 700 元/亩，增幅达 75%。①

---

①　武平县土地流转一般以粮食收购价按亩产结算，将租金的涨速与粮食收购价格对比来看，2012 年的粮食收购价格仅比 2009 年提升了 30 元/百斤，而土地流转租金在这期间的增长比例远远大于粮食收购价的增长比例。

　　像专业合作社这样的流转组织带动农户的最大优势在于他们通常能够优化配置资源，其组织类型大多属于"基地＋农户"模式。所谓"基地＋农户"的模式，主要是通过村组社区或合作社直接与农户签约建立基地。具体经营模式是由合作社为农户提供种子、技术等服务，农户则根据合作社的生产要求进行订单农业生产，收成以后合作社向农民实行合同或订单收购，农民能从中获得稳定的产前、产中服务和产品销售收入（张晓山等，2007）。这样农户就相当于在从事"农业打工"，而自家土地的经营使用权仍然归属自己所有。同时，合作社也雇工生产，其中包括长期雇工、短时工人和技术人员。武平县十方镇"金富果蔬专业合作社"就属于这类典型的专业合作社：

　　"金富果蔬专业合作社"成立于2008年，社长是L. W. P. 。合作社成立初期有成员8人，固定雇工有9人。2007年，这家合作社在十方镇黎畲村转入土地400亩，建立了产业基地，其中200亩种植槟榔芋、150亩种植仙草、20亩种植花卉，其他则种甜椒、甜玉米等别的作物。不过，不同作物的种植面积不是固定的。至2012年，这家合作社共有成员185人，其规模在武平县的合作社中属于较大的，经营也算是比较成功。截至2012年8月，该合作社共承包经营耕地700多亩，其中有600多亩在本县，年产值在500万—600万元。合作社实行统一种植、统一管理、统一虫害防治、统一价格、统一销售的"五统一"经营管理，合作社的农产品一般销往深圳、广东和沿海各地。他们除了能够得到政府的补贴优惠，还能获得解决一些实际问题的帮助，包括干旱地的抽水费用都由政府支付。

　　截至2009年，"金富果蔬合作社"经营取得了初步的成效。在土地流转前，黎明村农户种粮，在不计劳动力报酬的情况下，一年的纯收入顶多也就五六百元。到了2009年，在合作社的管理模式下，一年的收益可高达2300元，每亩土地的产出效益是土地流转前的4倍。另一方面，由于这家合作社流转进来的土地很多是插花地，不连片，不适合机械化，再者蔬菜种植属于精耕细作，需要比较多的人力投入，因此合作社季节性地在当地雇用30—40个工人，劳力成本投入比例较高。在2009年，合作社支付给技术工的工资是1800元/月，同时免费提供住宿，并为他们付水电费等。一般的小工工资是 1200 元/月，还有一些人打零工，平均每天 50 元（2009 年，武平县当地男工打一天短工所获酬劳为 50—80 元）。这些雇工中，有部分是固定雇的，基本工资是 900 元，如果干活的话一天多 30 元。现在当地农民为合作社打工一个月的收入差不多能抵得上过去半年种田的收入。这些打工的当地村民，很多是将土地流转给"大户"，反过来又在"大户"那里打工。农民就近打工，既收取土地租金，又当起农场工人，领取"双份"的钱，还不承担风险，收入却比以前提高了三四成。[①]

在武平县，还有一些种植能手也组织了大面积的土地流转。和"金富果蔬专业合作社"相似，他们流转土地的目的一般是种植非粮食作物，包括种植花卉、仙草等经济作物，并有稳定的销售渠道。了解市场行情，这是规模经营主体能够生存的基本前提。实际上，"金富果蔬专业合作社"的负责人 L. W. P. 在成立合作社之前，其自身就是从事蔬菜销售的，对蔬菜销售的途径、方式非常了解，也掌握了准确的市场信息。这些土地经营"大户"不仅在很大程度上解决了农户在家庭经营"靠天吃饭"时势单力薄的问题，也解决生产经营中种子、肥料供应、种植技术培训、产品销售等其他环节的问题。

不过，尽管土地流转"大户"在农业生产经营方面有许多优势，但他们带来的影响并不完全都是正面的。如上文提到的岩前镇小农户跟风种植玉米以获取更高的种植利润问题就有潜在风险。玉米并不是年年都能高产及获取高收益，一旦碰到不可抗因素如自然灾害等问题，玉米种植遇上收益小年，普通小农户更容易受到波及。他们没有种植"大户"转嫁风险的能力，也没有"大户"的损失承受力。此外，规模流转经营主体在经营过程中本身也面临着一些不确定因素。就单单土地流转协商这一问题，即使是经营有序，步入正轨的专业合作社也并不是有固定土地流转来源的。如武平"桔叶综合服务烟农专业合作社"至 2012 年已成立 5 个年头，2011 年还被评为全省先进合作社。就是这样一家合作社，也没有固

---

① 2009 年 8 月 12 日访谈金富果蔬专业合作社社长 L. W. P. 和村支书 X. H. S.（55 岁）。

定的流转土地来源。田野调查中，调查员询问了他们的土地流转情况：

……

调查员：你们一般流转的土地的期限是多久？

受访者：我们是每年（流转）一次。

调查员：那投入这么大，如果明年农户不（把自己的地）给你种怎么办？

受访者：这边不给我种，那边也有。为什么呢，我整个高梧村有4930人，耕地面积大概有2800多亩。我这里（合作社）种烤烟（面积）是1000来亩。（合作社需要流转的土地就是在全村）混来混去，这边种了那边种……①

……

从以上对话可以看出，土地规模经营主体是否能继续租种原有的流转土地至少受两个因素制约。一是原承包者是否愿意继续将自己的土地转出，二是类似烟叶这样的经济作物不能连续种植，必须与水稻等其他作物进行轮作。虽然该合作社负责人表示由于全村的土地都可以考虑流转以用于自己的烟叶种植投入，但即便如此，他们依然没有稳定的土地流转来源。

4. 农业产业结构调整升级

正如后文还将分析的，由于武平县地处闽西山区，经济相对落后，因此该县外出务工的农村劳动力较多，结果是一些山垅田被抛荒。当初地方政府鼓励扶持土地的规模化集约经营，最主要的目的是尽量减少土地抛荒现象。例如，"王老吉公司"在该县建立的万亩仙草种植基地，主要就是利用山垅田。与此同时，该县的各乡（镇）通过推进土地流转，引进了一批农业产业化项目，也因此涌现了一批新型农民，并推广了农业"五新"② 技术，形成了优势特色农业带。不仅如此，当地的农业机械的应用也比以往更为广泛，这点反过来进一步促进了农业规模经营。与此同时，

---

① 2009年8月12日访谈高梧村桔叶综合服务烟农专业合作社黄某（55岁）。

② 农业"五新"：在农业生产过程中推广应用新品种、新技术、新农药、新肥料、新机具。

该县把土地流转作为加快农业结构调整、培育优势特色产业的突破口。在此基础上，通过发展农民专业合作社，逐步形成了龙头企业、专业合作社和农民之间的有机链接的产业化经营模式，提高了农业和农民的组织化程度。

如武平县政府引进香港"华龙"公司在武东、万安、东留等乡（镇），建立起无公害蔬菜供港基地 2000 多亩，形成"种植—分级包装—冷冻—销售"的一条龙经营模式。该公司生产的蔬菜直接供应香港市场。而该县的十方镇通过发展"订单式农业"，成立甜玉米（毛豆）专业合作社，每年按照"玉米—毛豆—玉米"的次序耕种，以充分利用土地。由农业企业提供种子、肥料，并负责销往外面的市场。当地农户上半年种植玉米，每亩可获纯利润 1800—2200 元。① 由于规模经营不仅可以增加土地产出，而且可以提高农民收入和促进了农村剩余劳动力转移就业，因此这也是各级政府出台政策扶持大规模土地流转的根本原因。

因武平县地处山区，一些偏远的山村土地抛荒现象开始显现，当地政府试图通过引进一些特色项目，以延缓甚至避免土地抛荒。如该县大力发展仙草种植业，全县仙草种植面积从 2008 年的 1 万亩上升到 2009 年的 4 万亩，成为加多宝（王老吉凉茶）公司的一个重要生产基地。这家公司每年跟当地"大户"下订单，实行最低保护价 2.75 元/斤订单收购。② 因仙草对环境要求较低，在边远山地的山垄田都可以栽种。当地农户种植仙草，每亩每年收益约 1500—2500 元，是水稻种植的 3—5 倍。

5. 土地集中整村流转试点取得进展

2010 年，武平县以该县十方镇黎明村作为连片规模流转经营试点村，并取得了进展。该村时任村主任对本村土地连片流转实施概况进行了介绍：

> 黎明村地处 205 线国道西部，位置坐落在离国省道沿线，基本生产、生活条件差，耕地周边交通不便，机耕路缺乏，引水灌溉设施老旧。刚开始试点时，全村共有 22 个村民小组，424 户，1782 人，其中劳动力 820 人。全村共有土地面积 909 亩，人均土地 0.51 亩，山林面积 8000 亩。从 2010 年 1 月起，该村把全村绝大部分土地流转给

---

① 2009 年 8 月 12 日访谈十方镇李副镇长。

② 2008 年仙草实际收购价是 4 元多 1 斤，2009 年是 3.7 元/斤。

福建省"金福龙农业科技有限公司"，流转期限为 19 年，用于种植红豆杉和金银花。为推进整村流转模式，政府向该村投入了 50 多万元完善农田水渠、机耕道建设。通过一系列的基础设施建设，这个村的生产生活条件明显提高。目前，该村 90.8% 农户（共 385 户），87% 的土地（791 亩）已经统一流转给"金福龙农业科技有限公司"。这种大面积的土地流转由村委以集体的名义出面，与各个农户协商，然后再承包给"金福龙公司"。按照双方的约定，租入土地的一方必须在每年 3 月 4 日之前向租出土地的一方支付当年的租金。租金是一年一付，标准是按照上一年晚稻保护价，折算为当年的现金，以 500 斤/亩的标准付给农户。由于是集体性、有组织性的流转行为，黎明村所有的农户都签订了流转合同，流转程序也很规范。①

　　黎明村之所以能够推进整村土地流转，其原因是多方面的，而政府的扶持无疑起了非常大的作用。正是各级政府对该村的土地流转给予了大量的资金扶持，特别是改善该村土地生产条件，才使得原本不具有土地流转潜力的土地变得有价值。黎明村土地整体流转之所以能够顺利启动实施，还与当地土地流转服务平台较为健全有很大关系。该村所在乡镇的土地流转服务中心和村级土地流转服务站能够客观、公正地评估土地市场价格，提高农户土地流转意愿，在很大程度上降低了农户和专业合作社的流转成本。与此同时，村干部作为集体土地的所有权代理人，他们在全村土地流转过程也发挥了重要的中介和组织作用。这些村干部不仅进行了广泛的宣传动员，而且挨家挨户进行反租和合同签订工作，才使整村的大部分土地流转最终得以实现。

　　黎明村土地流转模式之所以能够得到大部分农户和乡镇干部的认可，是因为它能给他们带来多方面的实惠。对于生活、生产条件差，村财收入低的村庄来说，推行整村流转可以获得足够的资金推动农村水利灌溉、基础设施等建设，缓解村干部"没钱办事"的困境，这对于村民来说还是有非常大的诱惑力的；而对基层乡镇干部而言，整村土地流转能进一步推动农业产业发展，同时提高土地流转工作绩效，进而缓解上级政府的考核

---

① 2012 年 9 月 12 日访谈十方镇黎明村村主任。

压力。

6. 土地经营权抵押试点取得突破

作为土地经营权抵押贷款试点县，武平县还在如何促进土地经营权资产化方面进行了尝试，并取得了一定的成效。2010 年，该县东留乡富贵籽花卉种植户 H. Z. T.，以承包经营封侯村共 13.1 亩土地为抵押物，采取抵押加保证人保证的方式，向本县信用联社申请贷款 15 万元，成为龙岩市发放的首笔土地经营权抵押贷款。截至 2011 年 12 月，武平县全县共发放土地经营权抵押贷款 9 笔计 108 万元，其中 2010 年 5 笔 49 万元，2011年 4 笔 59 万元。①

不过，武平县目前发放的土地经营权抵押贷款案例并不是真正意义上的土地经营权抵押，业主申请贷款的土地中都种植了诸如花卉等农作物，同时还要求担保人担保。就以 H. Z. T. 为例，他申请抵押的 13.1 亩花卉基地，是按照土地租金每亩约 500 元，仅这项评估为 0.65 万元，以及地上种植物富贵籽以每亩 2 万元合计达 26 万元向信用社申请抵押贷款。抵押物通过东留农技站初审登记报县农业局登记，武平县信用联社按照最高不超过贷款抵押物价值 60% 以内设定抵押贷款额度，最终给予贷款 15 万元。换言之，如果没有地上附着物，H. Z. T. 承包的土地经营权单项评估价每亩只有 500 元，总量也只有区区 0.65 万元，可以说毫无抵押价值。

实际上，截至目前，武平县还没有业主以没有附着物的土地的经营权为抵押而获得贷款。如果按照 H. Z. T. 的土地经营权贷款评估经验，每亩地的经营权抵押值评估是以一个年度的土地出租租金收益为计算标准，每亩地"只值"500 元。以当前我国每个农户家庭承包经营 7.5 亩来计算，则评估值只有 3750 元，再以其 60% 为实际贷款额度，只有 2250 元。对于农户来说，如果以自己的承包地的经营权抵押，只能贷这点钱，可谓毫无意义。目前，各地推进的农户小额信用贷款普遍达到了 3 万元，已经基本可以满足其农业生产需求。不过，对于经营规模大的农户和农业产业化企业来说，其意义就完全不一样了。2003 年推进的集体林权制度改革实践的经验表明，类似林权抵押贷款这样的金融支持政策，会使得本来已经具

---

① 福建省武平县经管站："福建省武平县农村土地承包经营权抵押贷款成效及建议"，http: //www. caein. com/index. asp? xAction = xReadNews&NewsID =74258。

备资本强势的业主变得更加强势。在市场化发育及监督机制不完善的情况下，由此形成的市场强势资本有可能通过资本市场运作直接或者间接对普通农民形成资本剥夺，进而"损害"普通农民的利益，导致后者失山失地，最终引发群体性土地纠纷现象（朱冬亮，2007、2010）。这点是必须引以为戒的。

事实上，即使从全国的情况看，开展土地经营权抵押贷款在具体实施层面都碰到了一些难题。首先，截至目前，就如何开展土地经营权抵押贷款方面，仍缺乏法律依据。包括武平县在内，有的地方笼统地规定土地承包经营权可以抵押，但是在土地所有权、承包权、经营权三权分离且土地承包权"长久不变"的情况下，享有土地经营权的业主真正能够抵押的仅是土地的经营权。即便如此，正如很多学者所指出的，农村土地经营权抵押贷款的实施缺乏法律的支撑（武翔宇，2010；陈晓夫、李孟军，2010；林乐芬、赵倩，2009）。目前，我国的《物权法》、《担保法》和《农村土地承包法》都规定家庭承包的农村土地是不可抵押的，只有通过招标、拍卖、公开协商等方式取得的土地经营权才可以抵押。而武平县对可抵押的土地经营权明确界定为"通过承包、转包、出租、转让、入股或其他符合有关法律和国家政策规定的方式取得的农村土地经营权"，从此定义可以看出，这项政策是专门针对土地流入方尤其是规模经营主体量身定做的政策设计。该县与许多尝试土地经营权抵押贷款的地区一样，虽然没有法律的支持，但是地方政府试图以基层政策的灵活性和易操作性激发土地抵押的金融作用。

其次，土地经营权抵押物的价值难以评估和认定。有研究者认为，受土地经营的时间、土地经营收益、生产经营项目等因素影响和缺乏专业的价值评估组织，农村土地经营权价值评估随意性强，较难得到借贷双方认可，而贷款额度又必须以此为判断依据（武翔宇，2010）。根据武平县制定的《农村土地经营权抵押贷款管理办法（试行）》规定，土地经营权价值评估的一般原则是：土地经营权抵押价值＝年租地平均收益×经营期限＋土地上种养物价值。将土地本身价值和地面作物价值都折算进经营权价值，也是对土地及其增值的认可。而在认定机构上，由于政策制定之初评估机构并没有马上跟进，因而该县政策又作出规定，"在农村土地承包经营权价值评估中介机构成立前，由贷款人对土地承包经营权抵押价值进行认定"。而以上认定的一般原则也是针对中介机构成立前而言。"农村土地承包经营权价值评估中介机构成立后，由该机构对农村土地经营权价值进行评估。"但截至 2013 年，武平县尚未成立评估中介机构，这点也是土地经营权抵押政策实施中存在的隐患。

此外，土地经营权抵押贷款缺乏平台支撑。从武平县的操作过程来看，一是缺乏土地承包经营权流转服务平台的支撑。如果借款人违约，在较封闭的土地流转市场下，流转信息不通，银行很难处置作为抵押品的土地承包经营权，难以实施土地的再流转。二是缺乏抵押物价值认定评估中介的支撑。如果土地经营权的价值因借款人的违约而出现变动，没有权威甚至只是中肯的价值认定，也容易产生纠纷。

三　土地流转政策干预面临的困难和挑战

（一）对个体农户农业生产激励不足

地方政府实施土地流转的政策激励目标是以通过大规模土地流转来促进农业发展，以农业规模经营来带动家庭经营的发展，最终实现农业产业化。但这不是一蹴而就的事情，同样规模流转经营主体和小户农户也有所区别。就武平县而言，该县在促进土地流转的政策中，很少有针对单个农户的政策激励，几乎所有的政府资金补贴都是补贴给规模经营主体和农业产业化企业，而普通农户难以直接受益。这样或许就会出现一种状况，国家和地方政府的土地规模化经营补贴，变成一种资本，流向包括"大户"、合作社及农业企业在内的规模经营主体手中。这种"济富"政策弄不好可能成为"劫贫"的"帮凶"。特别是在农村市场化发展快速推进的当下，国家对土地规模经营主体的扶持可能会强化它们的资本强势地位，并因此形成对普通农户的某种剥夺机制。这是其一。

其二，国家惠农利农政策实施的关键还是必须从普通农户的需求出发来考量激励问题。而个体农户的土地情结与其家庭生存需求是捆绑在一起的。大多数传统的农户流转土地都是因为原有土地上的收入无法支撑家庭生存。单个农户的心态简而言之就是土地流入者认为多种地多收入，流出者认为土地不值钱。但目前存在与之相悖的情况，就是多种地也不见得能"多种多得"。政府的激励性政策应该让农户通过土地流转，能从农业经营中获得更高的收入，让多种地的人获得更高的收益，让没种地的人也因土地租出而获得合理的租金收益。对于前者而言，最直接的激励方式就是实施补贴政策，降低农业生产成本，提高农业收入。对于后者而言，就是让土地流转出去后能获得一笔租金收入而显得"物有所值"，而要做到这一点，还是回归到土地流入者能获得更高收益这一点上。因此，对单个农户的激励政策，更多的应该是围绕土地流出者从事农业经营的收益与成本考量来进行。

　　就目前情况而言，农户单靠种粮获得的收入其实并不高。这点已经被我们的调查充分验证。2009 年，本研究前期调查时访谈了武平县当地的一个农户。此农户家中共有 1.3 亩地，但他在 2008 年办了一家油漆厂作为主要生计来源。这个农户种粮只是为了不让土地抛荒，因而该农户的田间劳作大多交给别人做。根据该受访农户的描述，从成本来看，当年耕作 1 亩地，所包含的支出费用有：种子 36 元/亩，拖拉机打田费用 100 元，肥料农药费用大约 125 元。如果雇工帮忙收割稻子，需 6 人劳作半天，而插秧需 3 人劳作半天，每人每天工钱为 50 元。日常农活农户自己也会在田间劳作。总计成本为 496.8 元。从收益来看，该农户夏季产粮 1400 斤，以每 100 斤 92 元的价格卖出 1000 斤粮食。如果扣除 496.8 元成本，则该农户这一季种粮收益为 355.7 元。不过，这还是在受访农户自己付出部分劳动的情况获得的收益。该受访农户表示："如果我们所有的农活都雇别人来做，种一亩地大概还要亏 50 元呢！"

　　很多受访农户认为，姑且不论农户在田间劳作的劳动力成本价格和农业补贴政策，这样的农业生产即使有盈利，微薄的利润也不足以激励他们去租种更多的土地。事实上，由于普通农户大都是以种粮为主业，而在最近的几年中，由于农村劳动力价格大幅度上涨，加上农资价格也持续上涨，即使不论物价上涨因素，两者相加的涨幅度不仅远超同期粮价上涨幅度，同时无形中也抵消了地方政府给予的流转补贴，从事农业的比较收益仍在持续下降，自然对农民种粮的负面激励也在增强。[①] 对此，我们将在

---

　　① 从 2009 年至今，粮食收购价上涨了 30%—40%。如福建省 2009 年晚稻终端收购价每百斤 95 元左右，2012 年曾经上涨到每百斤 140 元左右（不算各种种粮补贴），2013 年年底下降到平均 130 元左右。2014 年粮价上涨到 140—150 元/百斤（浙江等地最高超过 160 元），但 2015 年又下跌到 120—130 元/百斤。

第六章再做进一步的分析和讨论。

　　实际上，前文已经提到，自 2004 年至今，国家先后出台了一系列优惠政策，发放了粮食直补、良种补贴、农机具购置补贴和农资综合直补等直接让农户受益的财政资金补贴。武平县从 2006 年开始就在农村信用社为农民开设了固定的补贴存款账户，惠农资金均通过"一折通"的办法兑现发放。2012 年，在这四项补贴中，粮食直补方面县财政对售粮农民给予每百斤 10 元的直接补贴；良种补贴标准中晚稻均为 15 元/亩；水稻种植保险 12 元/亩，其中农民自己负担 2.4 元/亩，保险金额为 400 元/亩；对购置农机具采购目录范围内的农户给予的补贴，非通用农机产品不超过近三年市场销售价的 30%，单机不超过 5 万元，补贴资金由财政直接补助给经销商或生产厂家。在这个县，至 2012 年第一季度，农资综合直补已经达到约 70 元/亩，全县约 94% 的农户享有农资综合直补。

　　在调查中我们就这些补贴政策实施情况对农户进行了访谈。而大部分受访农户表示，他们只知道自己的"一折通"中是有农业补贴的，但是具体的补贴项目他们多半是一知半解。如果他们能够拿到所有的补贴，这也只是相当于每年"一卡通"中多出了大约不到 1000 元的资金，其他意义似乎不大。这种情况无形中使得国家的惠农利农政策激励被大大弱化了，自然也难以起到激励农民种粮、减轻农民负担的目标和效果。

　　1. 农户种粮积极性激励不足

　　国家在促进农民收入稳定增长的举措中，要求加强和改善农产品市场调控。包括实行粮食最低收购价格政策，以降低农民生产成本。这其中牵涉到粮食收购价和粮食直补的问题。农民对粮食收购环节普遍不是很满意。下面是 2009 年调查时，本研究调查员与武平县一位农民受访者的一段对话：

　　　　……

　　　　调查员：你有听说国家提出要提高粮食收购价格这个政策吗？

　　　　受访者：这都是国家骗农民的。今年（2009 年）的粮价是 90 块钱（以 100 斤为计量单位），而且还降价了，前一段时间（其他地方）卖到 99 块钱的。①

这位受访农户之所以有"被骗"的感觉，乃是因为他对国家的粮食收购价政策实施过程缺乏完全了解造成的。2009 年当年的早籼米的收购价格确实是 90 元/百斤。但是对话中的"99 块钱"的价格是私人收购粮食的价格，私人收购价往往会更高一些。这其中反映出由于收购价格的高低问题，很多农户都不愿意将粮食卖给政府粮食收购站，而是卖给粮商或者粮贩子。武平县有一位受访农户钟某告诉调查者，他让粮贩子把自家的粮食给收购走，除了因为私人收购价格较高（价格为 95 元/百斤）之外，还有一个原因是粮食收购站嫌他们家的粮食含水量超标，不合格。钟某本人对此感到很无奈。该农户反映，政府粮站收粮的要求往往比较高，必须是晒干后的稻谷，此外还需要自己运送过去，不像粮贩子自己上门收购，也不太会"挑三拣四"。2009 年，有一位退休的粮站收购员告诉调查者，最近几年，普通农民去粮站是卖不出粮食的，除非粮站收购点里有熟人。私人商贩的收购价比起粮站其实高不了多少，但他们从农民手中收购了粮食之后再卖给粮站，粮食直补就补给商贩，商贩就是从中赚取补贴。这样一来，给农民的粮食直补就没有补在农民身上了。

针对粮价问题，2009 年本研究前期在进行问卷调查时，专门设计了一道调查题，就是向受访农户询问他们希望自己家生产的粮食能够卖到多少价格？换言之，就是他们对粮食收购价的期许价格是多少。有的受访者回应说，将粮价（指粮食收购价）提高到 150 元/百斤或 200 元/百斤都不算过分。不过，大多数的农户认为，应该把粮价从当年的 95 元/百斤提到 120 元/百斤会比较合理。这也显示出，农民期许的粮食收购价比当年的实际市场价高出约 20%。②

2. 农资价格上涨因素的影响

控制种粮成本的方式之一是如何控制农资价格过快增长。调查显示，仅 2008 年农资价格就比 2007 年上涨了 40%。这同样是让一般农户感到头

---

① 2009 年 8 月 13 日访谈十方镇黎畲村村民钟某。

② 虽然 2012 年之后，粮食市场价已经上涨甚至超过了受访农户 2009 年期盼的水平，但被生产成本及通货膨胀因素大大抵消了。

疼的问题，但是我们在调查中发现，最关键的问题并不是化肥价格的升高，而是化肥效用问题。有受访农户表示，他每年在每亩地上大约花费7—8袋化肥的量。调查中有一户车姓农户感觉有这样一种现象存在：

     ……

     调查员：种粮成本的提升和化肥农药这些农资的价格提升关系大吗？

     车某：当然，现在的化肥农药都太贵了。

     调查员：哦，也就是说，如果国家有增加这一方面的补贴，或者化肥农药的价格能够降低，成本就能降下来了是吗？

     车某：我觉得不能这么说。现在化肥农药最主要的问题是浓度不高，（比如农药浓度太低）杀不死害虫。本来放一包就够了现在要放很多包，就是在这上面花费了很多钱。[①]

这个受访农户反映同等数量化肥效力下降可能是一种误解。问题可能不在于化肥效力不足，而是农田的害虫的抗药性在上升。不过，这一现象也说明，现在的农户为了减少人力投入，存在滥施化肥滥用农药的现象。事实上，在20世纪80年代之前，施用化肥的现象并不多见。实行土地承包制后，农户对化肥的施用量开始增加，但还算有节制。进入90年代后，由于大量农村劳动力外出务工，为了弥补由此引起的劳动力投入不足，滥施化肥农药的现象开始凸显出来。现在农户种田，治虫用农药、清理杂草用除草剂、草甘膦、施肥完全依赖化肥，其结果不仅严重破坏了土壤的结构，也导致病虫害产生了抗药性。事实上，滥施化肥农药的后果远比一般农户想象的要严重得多。由此造成的餐桌污染及土壤质量的快速下降都是必须特别警惕的。

    3. 农机补贴的尴尬

    为了调动农民种粮的积极性，推进农业经营的机械化水平，我国实施了农机具下乡补贴工程。相对于其他补贴而言，这项补贴能够给农业带来更多的动力。根据调查员在武平县十方镇的调查，由于农机补贴的增加，

---

   ① 2009年8月12日访谈十方镇黎明村村民车某。

2008 年该镇拖拉机等机器增加了 50 台，2009 年增加了 100 台电动喷雾器。这使得更多农户使用农用机器，机械插秧也得到进一步推广。

类似的现象在我们调查的其他省的农村也同样存在。仅在 2009 年，由于受国家购机补贴政策的刺激，福建全省农民新购置农机 13.02 万台，惠及 10 万农户。其中手扶拖拉机 1.46 万台，大中型拖拉机 243 台，半喂入收割机 276 台，全喂入收割机 1180 台，插秧机 644 台，耕整机 1.93 万台，茶叶机械 3.76 万台，其他机械超 5.63 万台。与此同时，该省的补贴机具种类也大幅增加，从 2008 年的 9 大类 18 小类 30 个品目扩大到 2009 年的 11 大类 30 小类 65 个品目，涉及该省主要农产品的产前、产中和产后加工，储藏全过程。受此影响，福建全省耕、种、收机械化综合水平比 2008 年增长 2 个百分点。[①]

但是我们也不该看着这些数据盲目乐观。在山区县，平整的土地并不多，机械化耕作存在一定的困难，并且小面积分散的土地也不宜使用农用机器。换句话说，没有能力耕作大面积土地，以家庭为单位进行农业生产的农户并没有从中获取多少利益。换言之，有能力有条件购置农机具的农民不光在购买环节得到优惠，还可以将农机具租借给他人得到一些收益，而这些人大多是经济实力更好的土地规模经营主体。至于那些无力购买农机具的农民在这项补贴上并没有得到多少好处，他们当中有些经济条件更差的农户甚至买不起也用不起农业机械。

此外，还有的受访者反映柴油费和养路费的问题。"农用机械没有在公路上行驶，柴油费用中又包含了养路费，不知国家有没有办法扣除这个费用？"正如有研究者注意到的，自养路费转换成燃油税后，费用就捆绑到油价上。因为农用机械不缴纳养路费，以税代费后，农民不但不能享受到养路费减免，反而要支付这一项费用（李鹏，2008）。

事实上农民对多项补贴项目并不了解，各项补贴也没能很好地落实在项目上。武平县受访农户钟某对各种补贴的具体细目表示不知情：

……

调查员：国家对农民种粮其实给予了很多补贴，你有得到吗？

---

① 参见《福建日报》，2009 年 11 月 29 日第一版报道。

钟某：有。像以前还要交税，每亩上交三四十块钱。现在一亩地国家有补贴 80 块钱。都有打进折子里，可以到信用社去取钱。

调查员：那你知道国家给的这些补贴是补什么的吗？比如说是补种子还是补化肥的？

钟某：这个，我不知道了。

……①

有研究者曾经对农业补贴政策较难发挥作用的情况作出了可能的解释。他认为，一是由于我国的信息透明度低，政策制定者难以获取真正的政策实施效果，导致不管何种形式的补贴都难以奏效；二是考虑到农业人口数量庞大，国家巨额的财政补贴分配到单个农户的补贴数额也是非常少的；三是政策目标含糊，各个政策的目标虽然有一定的相似之处，但也可能存在冲突，政策效应就会较为混杂（钟春平，2011：46）。

在实地调查中，我们发现，这些可能因素确实有所显现。首先，农资及相关产品的价格上涨，使得农民种粮成本上升幅度超过粮价自身涨幅，无形中抵消国家对种粮农民的补贴收益，因此农民增收问题依然难以落到实处，自然也起不到提升农户种粮生产积极性的作用。

其次，各项农业补贴并不能改变粮食和经济作物之间的悬殊价格。据了解，2008 年，武平县农民种植 1 亩仙草平均可获得纯收益 1500—2500元左右，种植 1 亩烟草可获纯收益 1500 左右，而种植 1 亩水稻，加上各类补贴，平均只能获利 400 元左右，很少超过 500 元，两者悬殊极大。该县许多偏远村庄的农户若到粮食收购点售粮，粮食直补资金还不足以补偿其运输费用。因此，农民不会因为粮补而改变种植计划，结果是该种什么还种什么。种粮直补并没有起到预期的政策激励和引导作用。

最后，农业补贴资金分散使用，效益低下。国家补贴资金按耕地面积或播种面积直补给千家万户，每户每年享受几十元至几百元的补助金，多数农户都用于补贴家用，成为农民的一种"福利"性收入，无法真正用于粮食再生产的投入，而改善农田基础水利交通基础设施却没有集中的资金投入，单个农户显然不能承担这类经费投入。况且，在农民眼里，各项

---

① 2009 年 8 月 13 日访谈十方镇黎畲村村民钟某。

带有针对性的补贴汇到农民的"一卡通"账本上基本成为"一锅粥"。如发放良种补贴的目的是促进农民采用优良品种，但以现金发给农民直接就变成了种植补贴，与政策设计的良种补贴失去了关联。

（二）政策激励不足对土地利用和土地流转的反向影响

政府政策激励的目的更多的是为了让土地能够更多地向种田能手集中，因此更倾向于激励土地流入者。这种目标性强且较为单一的政策制定不仅在单个农户上出现了激励困境，也在土地投资上出现了导向偏差，使土地流转绩效下降，甚至还引发了土地流转乱象。武平县个别乡镇存在着一个较为特殊的状况，就是土地"变身"宅基地，且抛荒现象严重。它深刻反映了作为土地权转出的主体——外出务工农民对土地流转甚至是土地保护的严重冲击，体现了土地耕作激励的不到位，也为政府监管土地敲响了警钟。

已有研究表明，家庭就业结构是影响农户土地流转意愿和行为的决定性因素（廖洪乐等，2003）。家庭收入状况，特别是非农就业的机会和收入水平对土地流转行为的影响十分显著（陈成文、赵锦山，2008；管兵，2004；张照新，2002）。对于多数外出打工经商的农民而言，留在家乡的土地作为"退路"是需要好好留着的，因此，农村劳动力的外流有利于土地流转的进行，但并不一定对土地的长期流转起促进作用。我们在调查中发现，当农民能够从其他途径获得丰厚的收入，土地的保障作用在逐渐消减，但不等于他们就愿意把土地长期流转出去。加上土地监管制度不严，类似土地抛荒或者侵占之类的负面影响就日渐显露出来。

在武平县，当地农民有钱没钱都会想方设法盖一栋新房，更不用说赚了钱"荣归故里"的农民工。为了选取一个好的盖房地点，村民会"买"一块交通方便的耕地做地基。由此导致宅基地大幅升值，而偏远的山垄田依旧容易被抛荒。这点在我们调查的将乐县也出现了类似情况（朱冬亮，2003：226）。外出的农民工改变了土地的价值，给土地流转市场带来了混乱。理想中农民非农就业机会上升能够促进土地流转在某些情况下也不一定能成为现实。武平县永平乡梁山村就是属于其中的一个典型：

梁山村是武平县永平乡的一个偏僻山村。2009 年课题组调查员在该村调查时，全村有 587 户，2405 人，实有耕地面积 3400 多亩，享受政府各种种粮补贴的则有 2400 多亩，全村有林地面积 2 万亩（其中生态林 1.1 万亩）。2009 年该村村干部报上去的人均纯收入是 3500 元。该村有很强的集群意识，外出打工一起抱团行动，从最早到本省将乐县、长乐县割松脂，再到漳州浯屿捕鱼，直到今天到福州、厦门海沧从事家禽屠宰业。2009 年，全村外出打工人口大约有 200 户，800 多名劳动力，占全村劳动力总数的 2/3 多。近七八年来，该村的人口多外出往福州等地以宰杀鸡鸭为生。一对打工夫妻一年平均可获取纯收入 5 万—6 万元，而外出打工户平均一户每年可赚取 4 万元，好一点的店收入可达到 10 多万元。赚钱回乡的村民为了盖新房，会乱占耕地，或与交通方便的土地承包者换地建屋。2008—2009 年间，外出宰杀鸡鸭赢得高收入的村民回村共盖了 20 多栋房子，被当地村民们形象地称为"鸡鸭屋子"。另有七八十户的农户则到县城买了房子。

在占地建屋的村民看来，土地已不再是他们的"命根子"，梁山村的土地价值也并没有因此得到提升。按税改后确认的耕地面积来算，梁山村共有土地 2400 多亩，实际有在耕作的土地约 1200 亩。[①] 全村抛荒土地面积达 700 多亩，即使是有些基本农田保护区的土地也不能幸免。由于大部分劳动力外出，这个村有较多的私人之间的小规模流转，主要表现为外出务工的人将土地租或者送给亲戚和邻里耕种。此外这个村还有 6 户流转"大户"，流转规模都在 100—200 亩之间。这些流转"大户"有种烟叶的，也有种植反季节蔬菜的（种植面积 200 多亩），种植仙草（种植面积 100—200 亩）等。[②]

---

① 据该村村支书 Y. X. L. 反映，2001 年，武平县作为全省税改第一个试点县开始试点，把公粮改成现金缴税。为了降低税费负担，该村就瞒报土地面积。当时村里声称土地有抛荒，只按照实际耕种面积的 2/3 往上报。当时全村耕地有 3400 亩，报上去的数字只有 2400 多亩。现如今该村的补贴也是按照这个数字发放。2001 年第一年搞税改的时候每亩缴税 25.1 元，2002 年是 19.8 元/亩，到了 2003 年就减免了农业税。由于当初村里报上去的是 2400 多亩，因此该村享受各种种粮补贴的也是这个面积。村干部因此觉得"反而亏掉了"。

② 2009 年 8 月 14 日访谈永平乡梁村村支书 Y. X. L.（38 岁，高中毕业）。

正如林毅夫所指出的，"妨碍生产性投资的一些因素（如承包土地的保障有限，金融市场分割和耕作规模过小），很可能减低生产投资的积极性，从而导致住宅资本在农户资产构成中居于支配地位"。（林毅夫，1994：106）在梁山村，妨碍该村生产性投资的因素一是他们可以通过外出打工而获得更为可观的收入，二是当地土地流转市场尚未形成，农户仍是以小农耕作为主。当外出打工获取的收入远远高于土地经营所带来的收入时，土地带来的收益就显得微不足道了。正如管兵所指出的，"在地农民依靠转入别人的土地，并把农产品主要投入市场兑换为现金，来实现收入的增加。虽然这种收入在绝对值上对于在地农民来说是有重大意义的，但相比较而言，他们依靠增加少许土地来实现的收入增加并不是显著的，这些收入在不在地农民眼里是看不上的。"（管兵，2004）① 这也证明，现如今农民的土地情结正在从"社会理性"向市场"经济理性"转变。由于农民从事农业生产特别是种粮积极性逐步降低，土地也因此贬值，最终导致建房占地和耕地抛荒现象频繁发生，而土地流转也因此面临新的阻力。

（三）土地流转的规范化激励依然不足

尽管武平县把规范土地流转程序作为政策干预的重点，主要是以促进农户签订土地流转合同为立足点，但实际执行效果依然不明显。不仅农户个私间的土地流转仍以民间口头约定的形式居多，就是规模经营中双方签订了正式土地流转合同约定，这种约定对于农民而言也缺乏足够的约束力。这其中涉及农民的契约意识、乡土社会的特征和土地流转时间、地段等因素。政策对单个农户的干预力较弱，这点始终是土地流转政策实施中难以突破的瓶颈。

对于耗费大量投入而建立起产业基地的农业产业化企业而言，他们在经营中可能面临的最大风险也在于此。面对成百上千的单个农户，他们的协商和谈判能力受到很大的牵制，由此产生的成本也是难以控制的。尽管

---

① "在地农民"与"不在地农民"是引文作者自造的称谓。"在地农民"用来表示仍然在耕作的农民；"不在地农民"是指因外出而将土地使用权流转出去，并在相当长的一段时期内不打算再从事农业生产的农民。

他们背后往往有地方政府及村集体组织或明或暗的支持和帮助，但仍不足以应对农户大面积毁约的局面。

站在农民的角度来看，农民采取毁约行动是可能也是情有可原的。从社会环境来看，在农村和城市人口大规模流动的情况下，城市和农村在人口和行为习惯等方面相互渗透，城乡二元对立的划分不再那么明朗，城市的契约观念开始影响农村。不少农户对外来的合作社和外来农业企业主缺乏足够的社会信任，自然对与他们签订的所谓的商业契约也持有忧虑。从个人情感来看，农民视土地为"命根子"，一年一租相当于一年确定一次租借关系，这点不会让土地租出者有"卖地"或者"送地"的不安全感；也意味着土地流出方如果想收回土地，等待租借到期的时间可以尽可能的短一些。从乡土社会的角度看，这种随时可以变动的租借关系是邻里乡亲之间减少隔阂，避免争议的合理模式。但如果是土地流转的长期约定，则打破了他们心目中的习惯思维定式，由此给他们造成的不安全感是很难消除的。实地调查中发现，很多农民把承包地长期流转给外地业主理解为是"卖地"行为。这种潜意识让他们产生一种深深的不安全感。

四　政策干预下的土地流转绩效反思

（一）政策干预背景下的土地流转绩效评价

本章以闽西武平县为个案，对政策干预背景下的土地流转进行了较为全面的分析，显示出政策干预对土地流转会产生明显的影响。事实上，正如我们一再强调指出的，无论是国家还是地方政府，它们之所以干预土地流转进程，促进土地流转，其初衷都是为了通过促进土地的规模流转进而提高土地利用率，优化土地资源配置，最终达成促进农民增收和农业发展的目标。就武平县的实践经验来看，地方政府的政策干预基本上是针对土地流转规模经营主体而言，因此后者最直接也最充分地享受到政府提供的政策优惠，但大多数的普通农户则感受不到政府的阳光财政到底是否也能"照耀"惠及到他们。

事实上，无论是对土地连片经营给予财政补贴，还是尝试推行土地经营权抵押贷款以及推进整村式的土地流转，武平县政策干预的目的都只有一个，就是尽量为土地的规模经营营造便利的内部和外部环境。政策干预的初衷是通过扶持农业专业合作社或者农业产业化企业等形式，以化解小农经营所面临的市场风险，同时提高农业经营的集约化和规模化水平，进而带动农民增收致富。换言之，政府扶持土地规模化经营主体，目的是希望它们能够发挥"以点带面"的引导作用。就这点而言，武平县对土地流转市场的干预取得了一定的成效。

不过，武平县的实践经验也表明，政策干预所追求的规模化经营导向对个体农户的政策激励不足，并因此遭遇到后者或明或暗的抵制和规避。按照常理，包括农业专业合作社和农业产业化企业在内的规模化经营主体都是以获取土地的长期契约为前提，但在这点上，它们都没有完全达成目标。当地农户通过签订短期化的土地出租协定来化解可能存在的风险，而地方政府的政策设计似乎对此无能为力。双方契约认定上的不一致对农业规模化经营主体的经营信心造成了一定的打击，也弱化了他们对土地进行长期投资的意愿。这也说明，农户自身对未来的预期的不确定性，增加了他们对长期出让土地经营权的顾虑。这种局面很显然是地方政府在实施政策干预时不愿看到的。

众所周知，以家庭承包经营为基础、统分结合的双层经营体制是当前我国农村的基本经营制度。事实上，在土地流转过程中，如何处理"统分结合"仍是有关各方难以把握的关键难点。就当前社会发展形势而言，大部分农民仍然认为土地是他们生活中不可或缺的最终社会保障载体。他们在心理上不愿意让自家的承包地离自己家太远。他们希望在时空上随时"看住"土地，尽管经营土地不能给他们带来多少有诱惑力的收益。这就是为什么他们不愿意签订长期出租契约的深层原因。在他们的心目中，签订过长的土地流转期限，会有一种"卖地"乃至"卖身"的感觉。

针对当前农民的这种普遍心理，社会各方似乎都对此无能为力。这也就是为什么各地在推进农业产业化过程中，大都是采取"基地＋农户"、"公司＋农户"或者采取单纯的"订单农业"的形式来推进规模化经营。对于家庭经营的农户来说，土地有两个效用，一是基本生活保障效用，二是经济效用。基本生活保障是土地固有的效用，这是首要的，其次才是经济效用问题，两个保障是递进关系（车裕斌，2004：223）。在调查中，我们发现，靠增加土地而进行的单纯家庭经营并不能完全支撑起农户的生活，因为土地增加连带着经营成本的增加，毕竟在既有的生产技术条件下，单个农户能够耕作的土地数量是有限的。因此如何提高土地的单位产出，保证个体农户家庭经营的收益是政策实施的最根本所在，其核心恐怕不在于提高土地的经营规模，还是提高农产品的附加值，包括通过价格杠杆对农产品价格形成机制进行调整。当前，国家一系列惠农利农政策确实体现了国家提升农业发展水平的决心，但有很多受访的农户却认为，国家的政策或许不错，可是下不到农村基层。即使下到农村基层，也多半脱离农民生活实际。换句话说，就是有部分国家政策在具体实施难以真正达成利农惠农的目的。这也是为什么有的研究者主张，应在致力于惠农多重目标的前提下，健全农业补贴的框架体系（李成贵，2007：116—117）。

特别值得注意的一点是，当前参与土地规模化经营的经济组织大都不是以粮食种植为目标，而是普遍以种植非粮食作物为目标。这种市场调节行为似乎蕴含着某些令人不安的因素。正如孔祥智指出的："一些地区也把通过土地流转促进农业结构调整作为一条措施或经验来看待。按照这样的土地流转趋势，未来的粮食安全将十分忧虑。"（孔祥智，2010）在武平县，规模经营的土地主要是被用于种植仙草、烟草、花卉等经济作物或者种植蔬菜等。其他地方也与武平县相似。种植非粮作物常常被看作是当地农业特色，并能带来较高的经济效益。调查发现，一些土地流转"大户"即使种植了水稻，也通常是因为要通过轮作来保证土壤肥力。在他们看来，种粮始终是个"副业"，种植其他非粮作物才是主业。尽管国家每年通过发放巨额的种粮补助来鼓励农民种植粮食，但由于资金分散使用，最终这种补助成为对农民生活的一种补贴甚至是一种依附在土地承包权上的一种社会福利，而根本不能达成扶助粮食种植业的目标。这点也是现行政策干预中需要认真反思的另一个问题。

我们在调查中还发现，当前农业生产"非粮化"给粮食安全带来的不光是粮食产量的问题，还有粮食质量问题。从农户的角度出发，他们种粮首先是为了维持自身温饱。再加上没有较好的激励措施，农民种田积极性不高，粗耕简作，粮食品质无法保证。这些又与农民追求经济效益的心理背道而驰，其结果是会导致种粮面积减少，对粮食安全形成双重打击。不可否认的是，大部分流转的土地仍然用于农业用途，但流转土地"非粮化"是十分明显的。无论从国家还是从农户的角度来看，"非粮化"都触及他们的根本利益。在非粮食主要产区出现这样的状况或许并不重要，但却是地方政府在制定政策时需引以为戒的问题。

（二）政府在土地流转中如何扮演自己的角色

与土地流转绩效评估相关的是如何评价政府在土地流转中所扮演的角色及所发挥的作用。政府是政策的决策主体，也是执行主体。在当前的土地流转的政策干预和实施过程中，政府扮演着十分重要的角色。就武平县的实践经验看，政府的作用主要有两个，一是促进作用，如对十方镇"金富果蔬专业合作社"的推动；二是主导作用，如十方镇黎明村的土地流转整村推进。在大力推动土地流转工作的前期阶段，政府制定目标，并形成强势的行政力量是十分必要的。武平县在成立土地流转领导小组，规范土地流转管理组织架构之后，土地流转工作才取得了明显的成效，农业经营的规模化、组织化程度因此提高，农业生产效益开始凸显出来。

自20世纪80年代实行土地家庭承包制至今，国家力量总体上对农村的控制趋于弱化。农户在生产、生活上都有了极大的自主权，成为农业经营的真正主体，农户也始终是土地流转的主体。当土地流转步入较为稳定的阶段时，政府必须及时"退位"。不能形成下任务定指标的惯性，而应该重点做好服务和指导工作，包括合理规划土地用途，建立监管制度；健全规范土地管理组织，发挥为土地流转提供信息服务的作用。同时，政府应当合理调整农业产业结构，遵循土地流转市场的规律进行引导。尤其现阶段农户个体间的私下的土地流转相对于规模经营流转更为松散、自由，也更容易产生纠纷，流转程序也不稳定，应尽快将个体农户间的流转列入管理体系。在这个阶段，服务是政府的角色定位。

在发挥服务和引导作用时，政府自身的监督体制也是非常重要的。现行的国家权力运作是高度集中，实行的是自上而下的执行体制。这种体制虽然决策成本很低，但实际执行成本却很高。当政府工作人员执行政府职能时，通常没有足够的监督机制确保他们在法制框架下按照程序工作，由此造成政府工作人员个人权力的膨胀和寻租行为，从而使政府代理绩效下降或失效（董国礼等，2009）。政府主导作用下，政府成为土地流转行为的参与者，且本身具有绝对的权威。而土地规模经营流转主体需要依托政府的助力进入当地市场。此时，如果要促使政策执行、政府意愿和民众意愿在同一水平上，就需要政府建立透明的工作机制，敞开监督窗口，使监督力量和政府权威相制衡。做好这些工作，能有效避免政府对农民土地承包、经营权的侵蚀，从而确保土地流转市场健康有序运作。

在"退位"和防"越位"的同时，政府还应防"缺位"。"缺位"的表现之一是政策延续性不足。武平县对乡（镇）土地流转服务中心的补助仅在第一年有落实，对服务中心的激励机制没有得到延续。本研究负责人第二次到这个县进行跟踪调查时发现，某镇土地流转服务中心的流转信息公示依然停留在了头一年。其次，政策实施的灵活度降低。调查中还了解到，一些示范农业专业合作社并没有得到政府原先允诺的政策优惠兑现，原因是全市总共的补助金额不够分，所以只能少给。这些"缺位"问题都很容易造成政府的诚信流失。此外，土地抛荒现象是土地经营不景气乃至农业产业发展不景气的体现。为此，政府应该集中财力，抓紧对机耕道、灌溉水渠等农田水利设施进行完善和修缮，为土地耕作创造良好的外部经营环境，以遏制土地抛荒现象蔓延。

（三）土地流转政策干预中村集体作用再探讨

在土地流转中，政府还应该约束村集体（"村两委"）及村干部的行为，引导和监督他们在其中扮演好正面角色，促使他们发挥更为积极的作用。无论政府采取什么方式对土地流转进行行政干预，都离不开农村土地所有权持有者村集体及其代理人——村干部。在农村土地流转特别是规模化的流转程序中，村集体和村干部始终扮演非常关键的角色。特别是村庄外部的农业专业合作社、农业企业要到本村流转土地，以获取该村的土地使用权，村集体、村干部都是他们绕不过的一道坎。

虽然土地家庭承包制实施后，村集体组织—村干部名义上失去了土地的承包权和经营权，但是"作为农村基层的一个群众性组织，村委会还是控制着农村社区中的相当一部分资源。……无论是兴办公益事业还是调节民事纠纷，都与村民的利益息息相关"。村党支部"其中一部分委员同时也是村委会成员"，掌握着村级事务的决定权（胡荣，2009：34—35）。村干部作为村级经济组织的一员甚至是代表，与农民利益关联性强，其作用依然不可忽视。从个人角度看，村干部总体上是村里的精英阶层，他们大都是村里的"能人"和精英人物，比普通农民拥有更多的财富和更高的地位，在村里也有更大的影响力和威望。从组织角度看，他们有更便捷的渠道与乡（镇）甚至更高级的政府部门组织沟通，从中获得的人脉和资金等支持也更多。这些经济资本和社会资本优势，是普通农民所不具备的。在土地流转情境中，村干部能够充分发挥他们在"智力"、"专业"、"机会"和"资本"上的优势。由村干部组织本村的土地流转，充分发挥他们的"桥梁"和中介组织作用，是各地推进大规模土地流转的一个通行做法。

在实地调查中，我们还发现，有的村庄为了调动村干部参与土地流转的积极性，地方政府或者外来的经营主体会明里暗里给村干部一笔额外的利益。也有些村的村干部会以村集体兴办公益事业的名义，直接从土地流转中抽取一笔分成收益。正如福建将乐县万安镇万安村及沙县夏茂镇各村的做法一样。

值得注意的是，村干部不仅代表或者指导农户与村庄外部的土地流转主体订立土地流转协议，更有一些村干部利用自己的职位优势，并结合自己的职业优势，参与到土地流转中，以获取更高的带有"寻租"色彩的经济收入。虽然他们从事农业规模经营是以实现个人利益为主要目标，但村干部的职责感也会让他们主观上有带动村民致富的意愿。武平县大联村原村支书 L.S.J. 就是属于这类的典型案例：

> L.S.J.，武平县东留乡黄坊村盛金花场的"场主"，种植花卉富贵籽已有十几年，在周边地区小有名气。他曾经是东留乡大联村的村书记。在担任村干部期间，他探寻过多种农业致富方式，以促进当地的发展。这种担任村干部的经历为如今的花卉种植打下了很好的基础。在黄坊村，L.S.J. 的花卉种植场用地共 25 亩，是他个人直接跟当地 20 多户农民商定并签订合同的，一租就是 20 年。租金根据土地位置以现金支付。每年每亩租金六七百元不等，一般是一年付一次，租金每年上浮 10%。在修建花卉种植场时，其搭建的钢结构的大棚每亩需花费 10 万元，其中获地方政府每亩补助数千元至 1 万元。这点算是地方政府对他的最大扶持。至于花卉种植技术是 L.S.J. 本人历经十几年摸索出来的。他在当地也雇一些短工，工资一般是 1000 元/月，每年雇工花费是 5 万元左右。现在他的花场一年产量 3 万盆左右，自产自销，每年大概会有几十万的纯收入。花场在山东有定点

销售，外地老板还会来订货，不愁花卉卖不出去。在他的带动下，周边村民也有种富贵籽的，总面积达 100 多亩。因此他们常来向他取经求教。L. S. J. 对来求教的村民都乐意无偿进行技术指导。

　　类似这样的案例在武平县还有一些。如十方镇叶坑村村主任也是未通过交易中心，以他个人名义自行找农户协商租种了 400 多亩菌草，租期 10 年。永平乡梁山村的妇女主任租地种了 30 亩生姜、仙草等。她每年都要与农户进行口头协议或签订书面合同。其中只有 2 户由于劳动力缺乏而愿意一次性将土地流转 3 年。

　　由此可以看出，村干部自己流转土地搞规模种植，其所起的带头示范作用是非常大的。特别是在与村庄外部的合作社或者农业产业化企业协商土地流转事项时，村干部自身的参与会使农户觉得更有安全感。村干部进行土地流转的特殊之处在于，虽然他们的社会威信是建立在村集体组织这个平台上的，但他们也可能绕开村组织，而以个人能力推动土地流转，并从中获取一份收益。当然，一般而言，在土地流转过程中，相对于农业专业合作社、农业产业化企业等经营主体，村干部自己组建的规模经营实体要弱得多。即便如此，在村级层面的较大规模的土地流转过程中，村干部所起的作用仍然不可或缺。

　　最后，有一点必须特别提醒。地方政府用行政手段、包括村干部假借官方名义推进土地流转，其动机不排除地方政府及代理人地方官员、村集体及代理人村干部寻求自身利益最大化。他们甚至以行政手段强制推行土地流转，目的是为了个人或者以政府组织、村组织名义"寻租"。也有的地方政府出于对规模经营的片面理解，忽视了农民的自主性和主体性，更忽视了规模经营必须具备特定的内在和外在的社会条件，盲目强制地推进土地流转。在这种情况下，地方政府对土地流转的干预行为很可能只是"拔苗助长"，欲速则不达。

　　土地规模经营应是农民基于自身的投入产出计算而自发做出的选择。实际上，土地经营并没有确切的最优规模界限和最优生产模式。在不同的约束条件下，行为当事人将选择交易费用最低的经济组织形式。从技术上讲，土地适度规模经营与农户投入的要素、生产技术密切相关。是否采用某种现代农业科技进行规模经营取决于农民采取这种手段的成本和收益的比较，也取决于他们所拥有的货币和实物资本以及农业知识的掌握程度。通过土地流转实现规模经营是需要很多条件的。只有那些第二、三产业发达，大多数农民实现非农就业并有稳定的工作岗位和收入来源的地方，才有可能出现较大范围的且可持续的土地规模流转，进而在此基础上实现真正可持续的适度规模经营。

第六章　土地流转与粮食种植业退化[①]

在前文中，我们已经多次提到，当前我国土地规模经营流转中出现了越来越明显的"非粮化"发展趋势。这种情况在其他一些调查研究中也显现出来（刘艳，2007；农业部课题组，2009）。在现行制度安排下，农户的种粮积极性如何？他们是否依然还愿意增加投入，以保持甚至促进其承包地的粮食产出增加？当前的土地流转对我国的粮食种植业和粮食生产究竟产生了哪些影响？这是本章接下来将要进行专题研讨的议题。

黄宗智在研究解放前华北的小农经济时曾经不无见地地指出，要了解中国的小农，必须注意到小农作为利润追求者、维持生计的生产者以及受剥削的耕作者三种角色的统一性（黄宗智，1986：5）。事实上，在当前的社会转型期，传统的农民正在向现代的小农转变。他们开始越来越注重从"经济理性"的思维方式来对自己的生计进行重新调整和安排。换言之，他们现在更加注重土地能够给他们带来的经济收益，而对土地的社会效益考量则处于次要位置。因此，他们总是试图从土地经营中获取更多的现金货币收入，而不是以保障粮食安全为首要考虑因素。特别是40岁以下的农民群体，这种转变特别明显。

作为世界上人口最多的发展中国家，保证粮食的基本自给供应是保障我国粮食战略安全的基础前提，为此我国的粮食种植业必须始终保持持续健康发展态势。虽然从2003年至今，我国的粮食产量已经保持连续多年增长态势。2013年我国的粮食产量更是突破了6亿吨，主粮（指稻谷、

---

① 作为本课题前期的阶段性研究成果，本章的部分内容已经以《农户种粮意愿弱化与粮食种植业退化状况分析——基于闽赣鄂浙32村486户的调查》为名发表于《集美大学学报》，2013年第4期。

小麦和玉米）自给率也基本保持在95%以上①，但是并不意味着我国的粮食种植业就始终形势大好。事实上，由于我国农户自主经营生产的粮食作物占全国粮食总产量的90%以上，因此我国的粮食生产战略安全保障主要是建立在千家万户农户有良好的种粮积极性之基础上。② 一旦农户的种粮积极性受到挫伤，则国家的粮食安全保障就失去了基本的依托。

必须引起注意的是，在近几年的田野（跟踪）调查中我们发现，在我国南方地区，已经出现了日趋明显的农户种粮意愿退化趋势，其他的农业经营主体也多半不愿意种植粮食作物。特别是在长江以南的稻作农区，这种退化现象显得更为普遍。③ 不仅如此，土地规模性流转程度越高的地区，农业生产"非粮化"比例也越高。接下来，我们将主要以本研究（前期）田野调查中获取的深度访谈及追踪调查资料为基础，探讨土地流转中呈现的粮食种植业退化现象。我们相信，透过这一现象，不仅可以管窥传统农业正向现代农业的转型发展趋势，也可以看出其中可能蕴含着某种不容忽视的潜在危机。我们认为，了解和把握我国农村微观层面的粮食种植业发展态势，不仅是对已有宏观层面研究的重要补充，同时对进一步评估我国粮食种植业的整体发展趋势具有很大的现实和理论意义。

一　粮食种植业退化：概念的解释

研究粮食种植业退化议题，必须以周期性地对农户及其他农业生产主体的经济行为进行细致的观察为基础④。或许正是因为这点，目前国内外

---

① 参见："中国粮食产量连年增长"，http：//www. gov. cn/jrzg/2010 - 10/11/content_1719643. htm。

② 韦革：《粮食产量统计：用农户和田间数据说话》，http：//www. zgxxb. com. cn/xwzx/201110180004. shtml。

③ 当然，我们无意断言农户种粮意愿弱化以及由此引发的粮食种植业退化危机是全国的普遍现象。

④ 目前，我国官方的粮食产量抽样调查制度是1962年建立起来，纳入统计的粮食按品种分类可分为谷物、豆类和薯类，而粮食产量是指当年某一地区谷物、豆类和薯类生产量的总称，通常也称为粮食总产量。2010年新一轮样本轮换后，全国的国家农产量调查县有848个、调查点（行政村或村民小组）8890个、农户48万户、6万个单位面积产量调查地块，有近万名调查员和辅助调查员从事粮食播种面积、单位面积产量的现场调查工作（参见：韦革：《粮食产量统计：用农户和田间数据说话》，http：//www. zgxxb. com. cn/xwzx/201110180004. shtml）。

学术界很少有人研究我国的农户种粮意愿议题，自然也很少有人关注到当前我国部分地区存在的粮食种植业退化这一问题。粮食种植业的健康持续发展是建立在农户及其他农业经营主体的种粮意愿基础上的，而决定他们种粮意愿高低的因素取决于在既定生产条件下，种粮是否有利可图。因此，粮食种植业退化是指由于农户及其他业主的种粮积极性降低而导致粮食产出萎缩和下降的现象。

确切地说，从农村的实践来看，农户及其他经营主体的粮食种植意愿弱化是指在既定的制度安排下，农户基于个人及家庭自身的理性选择，在尽量保障家庭基本"口粮"需求的前提下，通过减少对粮食种植业的投入尤其是减少人力资本的投入，以换取其他替代性高机会收益。农户及其他经营主体粮食种植意愿弱化所导致的一个最直接的后果就是整个社会的粮食产量下降，这并不一定会导致整个农业产出以及家庭收入的下降，而是农户及其他经营主体在面对外部市场和社会环境变化所作出的一种"理性选择"。

就目前情况看，由于从事粮食种植业比较收益过低，严重挫伤了包括农户在内的各类农业经营主体的种粮积极性。如果有其他替代性收益，我国绝大多数的农户是以粮食的家庭自给自足为底线，而把多余的土地和人力资源投资用于追求其他能够为家庭带来更高的货币现金收益的行业，除非他们没有更好的投资路径可供选择。[1] 为了追求更高收益，大部分农户要不是在保留土地承包权的基础上脱离农业生产而外出打工经商，其家庭承包地则暂时性租赁给其他业者耕种，要不就是在既有土地上种植其他附加值更高的农作物或者经济作物，包括种植蔬菜、烟草、水果、苗木花卉等。他们这样做的目的，无非是为了获得更多的现金货币收益。近年来，由于越来越多的农户选择追求现金货币收入的最大化，相比之下，粮食种植业退化趋势就愈加明显。

令人稍微感到欣慰的一点是，与粮食种植退化趋势相伴随的是粮食种植业的农业现代转型。特别是进入新世纪，由于城乡社会互动加强以及国家"三农"政策的调整，我国粮食种植业现代转型的发展趋势明显加快。

---

① 本研究在实地调查中发现，农户家庭粮食的自给自足大部分是以留守老家的家庭人口粮食消费需求为基准，而不包括外出部分家庭人口的粮食消费需求。

其主要表现形式包括土地经营规模化、集约化水平提升，粮食生产过程机械化程度提高等。从很大程度上看，粮食种植业现代转型是我国现代化农业的发轫伊始。这种现代转型是在尽量减少人力资本投入的情况下，尽可能地维持甚至是增加土地粮食产出。不过，从目前的实践中来看，和单个农户的精耕细作经营模式相比，部分地区采用机械化的土地经营模式的单位粮食产出整体上可能更低，并且可能与偏远山区不适合机械化耕作的土地抛荒现象并存。农业机械化生产的主要优势在于可以大幅度替代并减少劳动力投入，这样解放出来的农业劳动力可以转移到其他非农产业，以获取更高的比较收益。

　　按照通常的逻辑推理，在农村人力资本投入减少的情况下，采用包括机械化在内的其他替代投入是现代农业转型的一个基本路径，两者几乎是同步进行的。不过，我国的粮食种植业退化与粮食种植业的现代转型两者并不是完全意义上的此消彼长的关系。有不少研究者认为，在当前大量农村劳动力向城市流动的背景下，应当不失时机地推进农村土地的规模化集约化经营，借以促进我国农业的现代转型（陈锡文，2002；贺振华，2006；等）。这种论点的逻辑推理依据是，既然有农户不愿意耕种土地而选择外出打工经商，那么他们的承包地就应该被重新组织起来搞现代性经营。

　　不过，这种看似合情合理的设想其实在很多农村地区都还不具备现实基础，主要原因在于我国现行的制度供给使得大多数的农民工无法积累足够的融入城市生活的资本，他们必须依赖自家承包的土地作为最后的一道"安全保障"，这点我们在前文已经一再强调。土地是外出农民"储蓄"在家乡的一笔用于保障生存的实物"资本"。至少到目前他们中的大多数人不愿动用这笔"资本"，他们不会随意放弃自家的承包地。有的农户甚至连流转给别人承包经营也不愿意。[①] 在这种情况下，我国的粮食种植业退化和农业现代转型之间就出现了一个"断裂带"。这个"断裂带"的存在预示着我国农业发展中有不可忽视的潜在危机。

　　另外值得注意的一点是，在我国的现代农业转型过程中，我们并没有

---

　　① 事实上，课题组前期在浙江安吉县调查时就发现，尽管当地经济相对发达且耕地质量较好，但耕地暂时性抛荒的现象仍时有发生。

看到舒尔茨所预言的"现代小农"经营模式的出现。按照舒尔茨的观点，改造传统农业的一条可行途径，就是在保留原有的小农经营模式的前提下，把诸如化肥的施用、物种的改良等现代农业成长因素导入传统农业中，就可以完成对传统农业的改造，使之向现代农业过渡，而不是消灭小农经营模式并把它们改造成为西方的大规模的农场式经营模式（舒尔茨，1987）。事实上，虽然近年来我国的惠农利农政策实施力度不断加大，但"三农"的整体发展处境并没有得到根本改善，农民的"厌农"情绪仍在不断蔓延。特别是新一代的农民，他们中的大多数人不仅对从事农业毫无兴趣，甚至失去了对土地的情感（邱幼云、程玥，2011）。他们中有一部分人甚至认为，农业似乎已经成为一项"低贱"的职业。因此，所谓的"现代小农"的培养也就无从谈起了。[①]

二 粮食种植业退化的主要表现

粮食种植业退化主要通过农户粮食产出指标来衡量，而导致粮食产出下降的因素包括劳动力和化肥投入减少、土地地力下降、农业复种指数下降、农户种植其他替代性农作物等，这些都可以从一个侧面反映粮食种植业退化现象。事实上，粮食种植业退化并不是今日农村社会才有的现象。据国务院农村发展研究中心 1986 年对 27568 个农户的调查，发现当时我国平均每个农户平均经营耕地面积 9.2 亩，分成 9 块，平均每块 1.02 亩。土地零星分散的细碎化承包模式，不仅导致土地耕种方式的退化，有的地方甚至重新恢复了手工耕作（王琢、许浜，1996：179）。只不过，由于那时候农村剩余劳动力多，因此手工耕作实际上是对畜力或者机械耕作的替代，粮食产出并不会因此而减少。陆学艺在 1986 年发表的"农业面临比较严峻的形势"一文就提到，当时我国农村已经面临着 11 个制约农业发展的因素：包括耕地迅速减少（平均每年减少 1000 多万亩）；水利工程失修；土地肥力退化；生态环境恶化；政策滞后；从事农业的比较利益下降；农民负担逐年加重；农村基层组织瘫痪，干群矛盾有所发展；国家

---

① 但在田野调查中，我们依然可以发现个别的现代小农经营尝试，如江西铜鼓县受访的第一流转大户 L. Z. Q. 就属于这种类型。

对农业的投入减少等（陆学艺，1991：258—263）。浙江省农村发展研究中心的研究人员在1988—1989年对本省的10个固定观察点的村子的调查研究结果显示，和1984年相比，当时的浙江省农村的农业经济已经出现了"发展后劲不足"的现象，主要表现为粮食生产连年下降，耕地减少，复种指数下降，其深层原因是种粮比较利益的下降。这项研究还发现，当时的农户对于土地的情感是"恋土"与"厌土"并存（徐万山等，1991：5—17）。由此可以看出，粮食种植业退化在20世纪80年代中后期就已经初露端倪。就目前的情况来看，粮食种植业退化主要表现在以下几个方面：

（一）农户家庭产粮下降

粮食种植业退化的最直接表现就是单位农户粮食生产量的下降。在我们重点调查的43个村庄481个访谈样本户中，有75%的农户的家庭粮食产量[①]最高是在家庭承包制实施初期，其中又以1984—1985年产量最高，之后出现了普遍下降的趋势。按照受访农户估算，和本户粮食产出最高年份相比，有75%的农户的粮食产量出现了下降的趋势，户均粮食产量普遍下降了2000斤左右。[②] 在2009—2011年3年期间内，受访农户家庭年均粮食产量在3000—8000斤之间的约占65%。调查还显示，越是经济落后的地方，其粮食产量下降的趋势越不明显。如相对贫困的江西兴国县和相对富裕的铅山县相比，前者受访农户家庭粮食产量下降趋势相对更不明显。说明相对贫困的农户对粮食生产的依赖性更高。[③]

以江西铜鼓县为例，该县是典型的南方山区农业县。2009年，我们的调查员共随机入户访谈了该县4个镇的86户户主，户主平均年龄是45.3岁，每户人口是5.5人，户均外出人口是2.2人。在这些受访农户

---

①　因调查点在南方地区，其粮食产量主要是指稻谷，不包括其他粮食作物的产量。

②　需要特别说明的是，国家统计数据表明我国粮食产量连年增长，我们无意探讨这种宏观统计数据的可靠性，我们只是把田野调查中所看到的现象如实地呈现出来。

③　目前我国的农产品的商品化率始终维持在50%左右（参见唐茂华、黄少安：《农业比较收益低吗？——基于不同成本收益核算框架的比较分析及政策含义》，《中南财经政法大学学报》2011年第4期，第58页）。但我们不能简单地对这个数据加以分析，由于目前多达2亿的农民工外出，因此如何评价农产品商品化率是一个需要进一步研究的议题。

中，自家有耕种土地的有 74 户，其余 12 户的土地已经全部出租给其他农户耕种，没有粮食产出。而在受访的有耕作土地的农户中，2008—2009年年平均产量在 5000 斤以上的有 33 户，其中超过万斤的有 11 户，超过 2万斤的有 5 户。最多的 1 户就是 L. Z. Q.，他因试验"抛秧"耕作技术而雇工种植土地 300 多亩。排名第二的种粮大户则耕作土地 110 亩（其中租借了 105 亩），年产稻谷约 8 万斤。此外，在受访的有耕作土地的农户中，有 1 户自家地里年产粮只有 1400 斤，不够吃，每年需外购 300 斤，有 8户表示自家地里的年产粮主要用于自家消费，没有余粮可售。其余的农户虽然都有余粮可售，但数量不多。

调查中发现，和 20 世纪 80 年代中期的产量高峰期相比，这个县 86个受访农户中有 52% 的受访农户的销售余粮减少了，有 32% 的受访农户的余粮销售基本维持不变，只有 15% 的农户销售的余粮增加，这部分主要是一些种粮大户。[①] 从绝对数量来看，铜鼓县的粮食产量比 20 世纪 80年代高峰期下降了 20% 以上。值得注意的是，铜鼓县近年来大力发展有机稻种植，受访的种粮大户大部分是租借土地用于种植有机稻。虽然有机稻亩产量低于普通水稻，但是价格比普通稻谷高一大截。为了获取现金收益，当地种植的有机稻全部是销售到外部市场，农户自家基本舍不得食用。

类似的情况在福建将乐县和闽西的武平县也同样存在。事实上，和江西的铜鼓县相比，将乐县粮食产量下滑趋势更加明显，这两个县都有数以万亩计的上等土地被用于种植烟叶，武平县另有数万亩计的土地被用于种植花卉、仙草等经济作物。以将乐县安仁乡为例，该乡总土地面积 1.79万亩，粮食产量最高是 1985 年，家庭联产承包制的实施大大促进了当地农户的种粮积极性，当时粮食收购部门在全乡设立了 3 个粮食收购点和仓库囤积点，每个收购点的粮仓都堆满了收购的粮食。在此之后，由于种粮比较收益的持续下降，再加上当地陆续有一半多的青壮年劳动力外出务工经商以及烟叶种植的推广，当地的粮食产量不断下降。目前，安仁乡的 3

---

① 本研究调查中还发现一个现象，在 2005 年之前，绝大部分农户自家会储备至少 6—12 个月的家庭口粮，供青黄不接所需，但近年来，农户储备的家庭口粮呈下降趋势，有约 20% 的农户甚至根本没有储备粮，他们所需的粮食多是小量地到市场购买。这部分农户的青年人及子女大都在外务工经商，仅剩老人留守家里。

个粮仓因为无粮可收已经全部废弃，全乡销售的商品粮只有高峰期的30%。事实上，在 20 世纪 80 年代中期，安仁乡几乎每个农户都有余粮可售，而现在当地大约只有 40%的农户还有余粮可供出售，有 10%的农户的口粮甚至不能自给，必须从市场买入。况且，20 世纪 80 年代全乡常年外出的人很少，而现在全乡 1.22 万人，常年外出打工经商的人口包括其子女已超过 5000 人，这部分外出人口的口粮大部分不是由安仁乡的土地产出供给。以此推算，安仁乡粮食生产的萎缩更为严重。当地村干部甚至测算过，如果外出的 5000 多人全部回归家乡，则全乡现有生产的粮食只能保证全乡人口的口粮需求，剩下可供出售的余粮不多。这种现象在整个将乐县乃至周边县（市）农村都很有代表性。

将乐县和武平县所反映出的粮食种植业退化现象也可以从福建全省粮食自给趋势逐年下降这个侧面反映出来。据 2007 年福建省粮食局发布的研究报告显示，福建全省的粮食自给率已经不足 50%。全省的粮食播种面积由 20 世纪 90 年代之前的平均 3000 万亩下降到 2005 年的 2161 万亩，平均每年减少 116 万亩，年均下降 4.24%。与此同时，该省在 2000—2005 年间，粮食总产平均每年减少 5.6 亿斤，年均下降 3.26%。[①] 类似的情况在浙江、广东、江苏等过去的"鱼米之乡"的省份也同样存在。如广东省粮食自给率只有 30%左右，浙江省的粮食自给率已经下降到不足 50%，是全国第二大粮食调入省份。[②] 之所以会出现这种发展趋势，除了与当地城市化快速发展，大量外来劳动力涌入到这些省份务工经商以及当地政府有意调整农业种植结构等因素有关之外，更与当地农户的粮食种植意愿持续低迷导致粮食产出下降有很大关系。

就我们调查的样本村反映的情况来看，从 20 世纪 90 年代中期至今，农户家庭粮食产出整体上呈现下降趋势。但也有少数村庄例外，如在湖北崇阳县和京山县的一些村子在 90 年代至 2006 年税费取消之前的这段时间内，粮食产量因为大量农田暂时性抛荒而导致粮食产量下降。农业税费取消之后，抛荒的土地减少，粮食产量因此上升。这些村庄的粮食生产整体

---

① 福建省粮食局调控处课题组（执笔卢兆钟、陈扬玉）：《福建粮食供求趋势分析报告》，《福建粮食经济》2007 年第 1 期。

② 江胜忠：《浙江粮食自给率不足一半》，《都市快报》，2011 年 7 月 14 日报道，转引自中国粮油网：http://www.grainnews.com.cn/xw/news/gn/2011/07/14_95809.html。

上呈现一个"U"形变化特征。事实上，本课题组 2014 年到黑龙江省克山县调查时发现，当地的粮食产量整体上呈现增长态势。这种情况与耕地面积增加和全球气候变暖导致当地农作物生长周期更长也有关系。

（二）农作物复种指数降低

粮食种植业退化现象还表现为农作物复种指数的下降。黄宗智在研究解放前的华北农村时注意到有这样一个现象，由于家庭内土地数量的不足，一方面农业生产的"内卷化"形势日益严峻，另一方面则表现在对单一经济作物的过度依赖（黄宗智，1986：161—162）。实际上，在 20世纪 80 年代实行土地联产承包责任制初期（即 1985 年之前），农户对土地的"内卷化"经营达到高峰期。家庭承包制的实施，短时期内极大地调动了农户从事农业生产的积极性，为此他们千方百计地试图通过增加投入来增加土地经营产出，土地的"内卷化"经营达到前所未有之高度。不过，随着 80 年代后期民工潮的逐步兴起，农业生产"内卷化"态势很快即发生扭转。由于外出务工经商的农村劳动力不断增加，土地经营也逐步从精细耕作逐步向粗放经营或机械化半机械化经营转变，与此同时，农户种植的农作物也趋于多样化。

还是以闽西北将乐县安仁乡为例，土地承包制刚实施的前几年，获得土地承包经营权的农户的生产经营积极性被空前地调动起来。为了在有限的承包地中得到尽可能多的产出，安仁乡大部分农户几乎把所有能够种两季稻的土地都种植两季，部分靠近村庄的好地甚至还种植油菜，实行三季轮作。该乡各村的粮食生产在 1984—1985 年达到新的高度。但在此之后，由于农民开始寻求各种非农化的就业机会，农户的种粮积极性开始呈现下降趋势。80 年代后期，由于种植油菜的效益不高而首先被当地农户放弃。[①] 同时，在一些偏远的山垅田农户也不再种植双季稻。进入 90 年代，双季稻种植面积越来越少。最终从 1994 年开始，全乡无农户再种双季稻，取而代之的是在地势平坦的土地实行烟稻轮作，这部分土地最多时候约占

---

① 直到 2013 年，该乡余坑村有一个农户 Z. Q. B. 种植了 30 亩油菜，但当年的一场大冰雹使油菜损失殆尽。Z. Q. B. 在 2013 年 5 月牵头成立合作社，2014 年他租入 300 亩土地用于种植油菜，同时种植黄瓜、花生、辣椒等作物。2015 年，该合作社种植了数百亩油菜而成为附近游客欣赏的旅游景点。

全村土地总面积的 2/5 左右，目前稳定在 1/6—1/5。但在 2016 年，全乡种植烟草的土地面积再次出现下降。该乡目前约有近一半农户在上海开食杂店（基本上是"夫妻店"），外出的劳动力超过一半，且大部分是青壮年劳动力。伴随着劳动力的流失，是该乡偏远山垄田的逐渐抛荒。同样，地处闽西武平县位置偏远的永平乡梁山村，2009 年该村全村外出人口约1200 人（大多数是劳动力），约占全村总人口 2405 人的一半。由于劳动力短缺，该村的山垄田已经大部分抛荒，全村永久性抛荒的土地已经占全村土地总面积的 20% 以上。这点我们在前文已经提到过。

农作物复种指数下降，是否意味着当前的农户正在逐步摆脱农业生产的"内卷化"困境？下这个定论似乎为时过早，因为目前农民还没有寻求到一种能够让他们真正脱离乡土社会的发展路径。

（三）土地流转与农业经营"非粮化"

在实践中，我们更多地看到的是农民集"理性小农"与"生存小农"于一身的复合体。他们一方面尽可能保证自家的口粮消费需求。在此基础上，他们试图通过流转更多的土地，种植非粮作物，以尽可能获取更大的经济收益。在我们访谈的个案中，只有少量的"种粮大户"例外，如湖北京山县的 L. R. Z. "大户"、江西铜鼓县的 L. Z. Q. "大户"、湖南靖州县的 D. X. P. 和 Y. L. 等几个"大户"主要是以种粮为主，而福建沙县的Y. G. Q. 组建的合作社则主要是培育杂交水稻品种为主，也算是从事种粮产业。而对于其他大部分农业专业合作社和农业产业化企业而言，他们规模性地流转土地，基本是以发展"非粮"农业产业为主。这点也是我们在前面几章中一再强调的。

在我们访谈的 481 户农户中，有超过一半村庄的农户有组织性地种植某种经济作物，他们似乎在追求现金收益和追求生存保障之间寻找一种微妙的平衡。其中，种植非粮食作物一般是为了寻求现金收益最大化，而种植粮食作物则是追求生存保障最大化。而这些种植经济作物的农户，绝大部分都有从别的农户流转土地，目的是扩大经营规模。

前文已经多次提到的将乐县安仁乡大规模种植烟叶就是属于这种类型。该乡烟叶种植已经有 20 年的历史，当地政府与烟草部门联手建立了一套完善的烟叶生产—销售—技术服务系统。安仁乡农民通过土地流转方式，种植 1 烤至 2 烤的烟叶，纯粹是为了获取现金收益，即追求利润最大化，因此非常精于算计。如果他们觉得不合算，就不愿意种。当地没有外出打工经商的农户的主要现金收入依赖于此，近几年平均每个种植烟草的农户可获得净收益在 3 万元左右。当地没有外出打工经商的农户最高峰时期约有 30% 以上以种植烟叶为收入来源。2009—2010 年，当地政府试图引导扶持个别农户规模化种植黄瓜、莴笋等蔬菜，但结果是农民和种植烟草比觉得"很不划算"而使得政府原本雄心勃勃的推广计划严重受挫。

2013 年，安仁乡余坑村有一个农户 Z. Q. B. 联合其他 4 个股东（其中 3 个是他的兄弟）成立一家合作社，他们从数十户农户流转了数百亩的土地种植油菜花、蔬菜等经济作物。但当地的乡领导希望他们只要在余坑本村种植 400—500 亩面积的油菜、花生、蔬菜等作物即可，不要在全乡扩展。Z. Q. B. 本人认为，乡政府领导是担心如果自己这个合作社真的搞好了，一旦继续扩大规模，势必会对当地的烟草行业造成冲击。一旦烟草种植面积缩减，将会影响到本乡的财政收入，因为目前烟草种植业一年可为本乡财政创造 100 万元左右的税收，这也是本乡最大的财政收入来源。不过，即便如此，从 2013 年开始，安仁乡的烟叶种植面积开始出现逐步萎缩。到了 2016 年，全乡种植烟草的土地面积再次出现大幅度下降，显示这项延续十几年的产业走到了新的尽头。如该项在余坑村朱坊自然村，最高峰的时候全村有近 30 户农户种植烟叶，而到了 2016 年全村仅剩 2 户烟叶种植户。

而在闽西的武平县，当地政府甚至通过政策干预的形式，大力鼓励扶持农户种植烟草、仙草、蔬菜等非粮食作物，2009 年最高峰时期的种植面积达 4 万多亩，这是当地留守家乡农民的主要货币收入来源。这点我们也在前一章已经进行过详细讨论。

由此可见，在目前农村中已经出现一种粮食种植业"副业化"的情况。相对于经济作物种植而言，粮食种植在整个家庭生计中已经处于"副业"位置，而前者则成了"主业"。

在调查中我们还发现，如果一个村庄没有经济作物作为农户的主要货币收入来源，那么当地的农民要么大量外出打工经商，要么就可能生存于一种相对贫困状态。不过，这类村庄并不多见。湖北崇阳县前任村就属于这种类型。当地大量的农民外出从事明矾生产行业，而留守在家乡的农户尽管把外出的农户的土地租赁来耕种，并且一年仍然种植双季稻，但所得收入仍然只能维持在较低的水平，家庭平均经济收入大概只有福建将乐县和武平县被调查村的 50% 左右。类似的情况在江西铜鼓县和兴国县也存在。在铜鼓县，尽管"大户"L. Z. Q. 执着地探索规模化的"抛秧式"的新型水稻种植技术，但他的试验到 2009 年并没有获得成功。这一年，他承租的 300 亩水田进行"抛秧"水稻规模化种植试验，但最终因种种原因归于失败，亏损达 6 万元。

事实上，调查表明，目前农户之所以种植稻谷，目的主要为了保证自家的口粮需求。在他们的观念中尤其是老一辈农民的观念中，粮食生产"是不计成本的"。"作为农民，自己家吃的粮食总是要种，不可能到市场去买粮食！"这是绝大部分受访农户的第一直觉。事实上，和种植别的经济作物或者从事非农产业相比，农民种植粮食作物的收益相对而言要低得多，但是他们还是要耕作部分农田。既然是追求生存保障，如果他们觉得耕种的土地的粮食产量已经足以维持全家的口粮需求，他们就不愿意多种植粮食作物。

就我们调查的情况来看，总体而言，地方政府干预程度越高、农业产业化组织化程度越高、土地规模经营越集中、工商资本介入程度越高，则"非粮化"程度也越高。无论是闽西武平县，还是闽西北将乐县、沙县、厦门市翔安区，各地都在大力发展或者尝试发展诸如种植烤烟、仙草、苗木花卉、蔬菜等非粮产业。之所以会出现这种日益凸显的"非粮化"现象，与粮食种植业比较收益过低有直接关系。本章稍后还将对此进一步展开分析。

（四）土地抛荒现象上升

农作物复种指数下降为零的极端表现形式就是抛荒土地。在我们调查的 43 个村中，有 38 个村不同程度地存在土地抛荒现象。抛荒的土地总面积约占调查村土地总数的 3%—5%，其中最多的村抛荒的土地面积达全村总面积的 65%。特别是偏远的山区地带的山垅田，抛荒比例更高。

调查显示，各村抛荒的土地可以大致分为两类：一类是属于永久性抛荒地，一般都是山区的山垅田，其抛荒的年限较早，甚至已经长满芦苇甚至是树木，自然地"退耕还林"了。从农户的角度来看，他们再无垦复这类土地的意愿。这类抛荒地占抛荒地比例并不高。例如，福建省在 90 年代初期实施政策扶贫性质的"造福工程"，鼓励居住在偏僻山区的村庄的农户整体性搬迁到生存条件更好的地带落户。很多村庄的农户整体搬迁之后，其原先耕作的山坡田有不少也随之抛荒。以将乐县安仁乡为例，1990 年，全乡的自然村共有 57 个，至 1999 年，整个乡整体搬迁的自然村达 13 个，约占全乡自然村总数的 22%。在此之后，又有 3 个村庄整体性搬迁，预计未来还会有若干个人口规模比较大的村庄将整体搬迁。由于村庄的整体移民搬迁，安仁乡抛荒的山垄田面积至少占总土地面积的 5% 以上，而且基本是连片抛荒。只不过，在当地政府上报的统计报表中，这类抛荒地一般不会呈现出来。

　　闽西武平县永平乡梁山村是另一个典型例子。该村全村共 287 户，2400 多人。2009 年时该村有一半的人出外打工，从事家禽屠宰业。全村土地面积 3400 多亩，现在仍在耕作的土地只有 1200 亩，而抛荒的土地占全村土地总数的 65%。抛荒现象在以该村为代表的山区村落中比较突出。这类村庄靠山边的偏远山坡田，离居住地较远的土地都被抛荒了。2009 年调查时，梁山村受访村干部估计，全村抛荒的土地至少有 700—800 亩。导致这个村土地抛荒的主要原因有两个：一是山坡田交通不便，耕作中要耗费巨大的人力成本；二是当地大部分劳动力外出从事个体性的家禽屠宰业，该行业对年龄要求相对不那么严格，下至小学刚毕业的年轻人，上至五六十岁的老人都能干。由于劳动力严重不足，该村所在的乡的其他村庄也有不少土地被抛荒。当地村干部反映，由于本村的土地抛荒非常突出。有时为了应付上级检查，只能请人过去临时耕种。为了解决抛荒现象，政府试图通过推进土地平整和烟基工程建设来改进土地耕作条件，但是村干部认为，不如把钱投进机耕路的修建上。原因在于，按照实际情况，这些村不需要土地平整，因为是盆地地形。此外，梯田种烟也不适宜搞烟基工程。

　　值得注意的是，梁山村上报的依然在享受良种补贴和种粮补贴的土地有 2000 多亩，比全村实际耕种的多了近一倍，两者数字相差较大。对此，该村村干部的解释是，因 2001 年税改开始试点，公粮改成现金缴税，当年按照每亩缴税 25.1 元，次年降为 19.8 元/亩缴纳。为了降低税负，当时存在着土地瞒报现象。尽管当时村里也声称土地有抛荒，只按照实际土地面积的 2/3 上报，事实上当时全村土地有 3400 亩，报上去的数字有 2000 多亩，这样可以逃避缴税。但当地干部想不到的是，到了 2003 年，作为税费改革的试点县，武平县政府就取消了税费，而且之后还按照粮食播种面积给予各种种粮补贴，因此能够享受粮食补贴及种粮直补的也是当时报上去的 2000 多亩。尽管当地村干部曾经要求"上面"核实原先隐瞒的土地面积，以获取政府的种粮补贴，但遭到有关部门的拒绝。回想起这点，村干部显得懊悔不已，但也无可奈何。

类似的情况在湖北省京山县也有发现。1997—2002 年期间，该县由于农业税费负担重，农业税、"三提五统"加在一起，平均 1 亩地要交纳各种税费 100 多元，据说高的每亩要交税费平均达到 250 元，甚至最高达 350 元，全县收取的农业税费差不多 1 亿元，种地无利可图，全县因此而抛荒的土地面积达 8 万—10 万亩，约占全县土地总面积的 1/8 多。[①] 其中该县的曹武镇大都属于平原地带，全镇 2001 年最多就抛荒了 1 万多亩地，占全镇实有土地面积总数的 1/6。该镇因地处平原，平均每个农户是 10 多亩田。2009 年，如果种植双季稻，每亩可得收益 800 元，因此当地农民靠种地可以保障基本生活。2003 年取消农业税费之后，不仅全县原先收取的 1 亿多元的税费取消，国家每年还给予农民各种补贴 1 亿多元，因此抛荒的现象就大为减少，甚至有些荒地还被重新开垦出来。

税费改革前，京山县曹武镇全镇瞒报的土地面积在 8000 亩以上。税费改革之后，镇里组织对这些土地进行复垦，并开荒新增了部分土地。后来统计，全镇因此而增加的土地达 15000 亩。和福建武平县一样，因为后来有了种粮补贴，所以当地村民要求为新增地增加补贴。开始，县里要求对新增土地面积享受国家种粮补贴，必须要经过村民代表签订确认。后来，京山县政府干脆一律按照此前确权土地面积计算，这样就把瞒报和新开垦的土地面积排斥在国家粮食补贴范围之外。如 2009 年我们在当地调查时，时任曹武镇经管所所长的弟弟就在经营 120 亩地，都没有国家种粮补贴，这部分地是国土部门新整治出来的土地。对于全镇新增加的 15000 亩土地，该镇实行"谁种就把承包合同签订给谁"的做法，承包者只是把这些土地规范地管理起来就行，一般不收取租金。据时任曹武镇财政农

---

① 2009 年 7 月 8 日访谈京山县经管局李局长、范股长、周主任等。

经所负责人反映，京山县罗店镇瞒报的面积更多，可能达 3 万亩，是全县瞒报土地面积最多的一个镇。①

类似的瞒报耕地现象在江西的一些被调查的村庄也有发生。如铅山县靠近县城的公果村的一位受访农户就谈到本村早期存在瞒报土地的现象，目的也是为了逃避农业税费：

     ……

    调查员：在税费改革前，你们村交农业税是怎么交的？

    村民：按人口交，每个人 100 多块。

    调查员：你们现在种粮直补有多少？

    村民：100 多块吧。

    调查员：那好像比我们福建高。

    村民：以前要交粮，有些田村干部划掉说没有了，现在不用交粮还有钱补，村干部又想去要回来，但又要不回来了。

    调查员：哦，这样。湖北也有这种情况。

    村民：以前某某家比较困难，村里就想办法把他家的田瞒一点，减轻一点负担……现在好了，种粮补贴都没有了。

     ……②

调查中还发现，有一类抛荒地属于暂时性抛荒地。通常这类土地的耕作条件较好，农户对这类抛荒地仍有经营意愿，只是暂时"休耕"。在工商业经济发达的浙北安吉县抛荒的土地大多属于此类。该县邻近长三角经济发达地区，2011 年 8 月我们在此县的农村调查时发现，尽管当地土地土质肥沃，但已经基本上没有农户再种植双季稻，有的土地甚至被抛荒闲置。由于 A 县经济相对较为富裕，在当地农户看来，自家种植粮食，耕种 1 亩土地的平均收益只有 500—600 元左右，和从事其他非农行业相比，这点收入简直微不足道。

---

    ① 据说瞒报耕地面积的现象在 20 世纪 80 年代就有了。2009 年 7 月 9 日访谈京山县曹武镇财政农经所李所长、周所长。

    ② 2010 年 12 月 11 日访谈江西铅山县公果村村民朱某（52 岁）。

　　和山区村庄抛荒的山垄田不同，经济发达地区抛荒地如果地处平原，往往是零星抛荒。一块地抛荒，但其周边的土地仍然在耕作。而当地农户之所以抛荒农田，是从经济理性角度出发考量的。在他们看来，经营土地已经成为一项比较收益非常低的非必然选项。2011 年，浙北安吉县农民人均纯收入达 1.2 万元以上，是全国平均水平的近 2 倍，而来自粮食种植业的收入不足其中的 10% 。对于当地大多数农户而言，种田已经成为一项基本"无利可图"的行业。

　　值得注意的是，越是经济相对发达的地区，农户及其他经营主体的粮食种植意愿弱化及粮食种植业退化的趋势越明显。如前文提到，浙江一些农村早在 80 年代中后期就出现了农户种粮意愿弱化的现象。相比之下，其他经济相对落后省份的农户粮食种植意愿弱化的趋势出现的相对更晚。

　　例如，2011 年 9 月，我们在赣南兴国县农村调查时发现，当地农户的粮食种植意愿并没有出现明显的弱化倾向。其中很重要的表现就是他们至今仍然坚持用传统的人力耕作方式种植双季稻，尽管当地的土地质量比浙北安吉县差很多。他们种植双季稻获得的收益比种单季稻也仅高出 20% —50% ，而投入却成倍增加，其土地经营模式仍然基本维持格尔茨（Geertz，1965）和黄宗智（1986，1992）所谓的典型"内卷化（involution）"或"过密化"经营特征[1]。但对于他们而言，非农经济发展的相对落后使得他们仍然不得不从粮食种植业中获取这种看似不高的经济收益。[2]

---

　　① 人类学家格尔茨（Clifford Geertz）将"内卷化"界定为劳动密集化、系统内部精细化和复杂化。在研究印尼爪哇的农业生产时，格尔茨发现小农生产的投入—产出比率呈现出边际递减的状态，因此他提出了著名的"农业内卷化"（agricultural involution）的理论（Geertz，Clifford，1965，Agricultural Involution—The Process of Ecological Change，Los Angeles：University of California Press.）；黄宗智把"内卷化"引申为在有限的土地上投入大量劳动力来获得产量增长，即单位劳动边际效益递减的方式，也就是无发展的增长，又称过密。黄宗智的一些论著如《长江三角洲的小农家庭与农村发展》（中华书局 1992 年版）、《华北的小农经济与社会变迁》（中华书局 1986 年版）、《中国农村的过密化与现代化：规范认识危机及出路》（上海社会科学出版社 1992 年版）等都呈现了他的这一学术观点。

　　② 兴国县农村是本研究调查的村庄中经济较为落后的，因当地的土地耕作条件不利，土地贫瘠，农户耕种 1 亩土地，按照种植双季稻计算，农户平均每年获得的净收益也只有 600—800 元左右。

三　粮食种植业退化原因分析

粮食种植业退化是由多方面的原因引起的。除了前文分析中已经涉及的因素之外，导致粮食种植业退化的因素主要还有以下几个方面。

（一）农业劳动力价格上涨

刘易斯二元经济结构模型推理表明，农业劳动力价格上涨是"劳动力无限供给经济"向劳动力有限供给经济转型的"拐点"。[①] 进入 2004 年前后，包括珠三角、长三角出现的"民工荒"现象使得社会各界对中国劳动力供给短缺表现出担忧，甚至进一步引发"人口红利"是否即将消失的讨论（刘钧，2011）。有意思的是，表面上看，目前我国无论是城市还是农村，都出现了低端劳动力供给趋于紧张的情况。这点不仅可以从 2005 年之后城市农民工工资上涨中看出来，也同样可以从农村劳动力价格快速上涨现象中看出来。[②] 但这点是否可以作为判断"刘易斯拐点"来

---

① "刘易斯拐点"指著名发展经济学家阿瑟·刘易斯（W. Arthur Lewis）在《劳动无限供给条件下的经济发展》一文中提出的观点，意指农业劳动力过剩向短缺的转折点，是指在工业化过程中，随着农村富余劳动力向非农产业的逐步转移，农村富余劳动力逐渐减少，最终枯竭。1972 年，刘易斯又发表了题为《对无限劳动力的反思》的论文。在这篇论文中，刘易斯提出了两个"拐点"的论述。当二元经济发展由第一阶段转变到第二阶段，劳动力由无限供给变为短缺，此时由于传统农业部门的压力，现代工业部门的工资开始上升，"刘易斯第一拐点"开始到来；接下来随着农业的劳动生产率不断提高，农业剩余进一步增加，农村剩余劳动力得到进一步释放，现代工业部门的迅速发展足以超过人口的增长，该部门的工资最终将会上升。当传统农业部门与现代工业部门的边际产品相等时，也就是说传统农业部门与现代工业部门的工资水平大体相当时，意味着一个城乡一体化的劳动力市场已经形成，经济发展将结束二元经济的劳动力剩余状态，整个经济结构开始转化为新古典学派所说的一元经济状态，此时，"刘易斯第二拐点"开始到来。

② 近年来，与城市民工和农村劳动力工资水平上涨相对应的是大学毕业生薪资水平的不断下降。这种悖论现象与大学生扩招、大学生就业难等问题相伴而生。城市"蚁族"的生存状态与城市农民工的差别正在变得模糊。因此，有不少研究者认为，我国当前的劳动力短缺并不是总量短缺，而是结构性短缺（参见周天勇：《中国的刘易斯拐点并未来临》，《江苏农村经济》2010 年第 11 期；侯东民、王德文、白南生、钱文荣、周祝平：《从"民工潮"到"返乡潮"：中国的刘易斯拐点到来了吗?》，《人口研究》2009 年第 3 期）。

临的依据，学术界对此也存有争议。[①]

　　有农户调查数据统计分析表明，1986—2007 年期间，我国农业长期雇工的日平均工资呈现先慢后快的增长趋势。90 年代之前日平均工资大约为 15 元左右，1990 年大约保持在 22 元左右。2005 年之后开始迅速上升，2007 年上涨到 31 元。农业工资的两次大幅度上涨与 90 年代初期的"民工潮"和 2003 年以来的"民工荒"整体上刚好契合。[②]

　　事实上，近年来，农业工资呈现加速上涨的趋势。我们的田野跟踪调查结果显示，和 2008 年相比，2010 年短期雇佣劳动力的价格平均普遍上涨了 50% 以上，从 2008 年的 40—60 元/天上涨到 2010 年的 60—100 元/天（女工 30—35 元居多）。2013 年调查员对福建、江西、浙江、四川、广东、安徽的一些村庄跟踪调查则显示，这一年农村劳动力价格又比2010 年上涨 20% 左右。2013 年，农村雇请 1 个男的"短工"干 1 天农活，酬劳平均达到 120 元左右，女工平均为 80 元以上。在将乐县安仁乡，当地农忙时雇短工割稻子，男工 1 天要 150 元，女工要 120 元。平常农闲时雇人造林等，1 天至少也要 100 元。即便如此，农忙时节，还是雇不到劳动力。2015 年至今，全国各地的短期雇用的劳动力价格仍然维持上涨态势。目前各地雇请短工干普通的农活，平均每天的酬劳至少在 100 元以上（包括女工，即使是 70 岁左右的老农，1 天的酬劳也不低于 80 元）。而且能够雇到的大多数是 50 岁以上的劳工，低于这个年龄的基本上外出或者在本地从事非农产业了。

　　由于农业劳动力价格的大幅度上涨，如果采用传统的雇工方式耕作土地，则种粮基本无利可图甚至要亏损。在闽将乐县安仁乡，以 2013 年的生产成本测算，如果完全采用雇工方式耕作，即使当地的粮食亩产达 1200 斤，但户主几乎没有什么利润可言。据农户算计，在现有的技

---

　　① 如日本学者南亮进认为，应当根据边际生产力而不是劳工的工资水平来作为判断"刘易斯拐点"是否出现的真正依据，因为劳工工资上涨可能是经济景气造成的，就好比第一次世界大战时期日本城市产业工人工资高涨，但却不能说明当时的日本社会进入了"刘易斯拐点"。他还进一步指出，中国的收入分配状况正在恶化，基尼系数从 1988 年的 0.382 上升到 2002 年的 0.445，这种贫富差距扩大的情况反映了中国劳动力剩余的状况持续存在（南亮进著，关权译：《经济发展的转折点：日本经验》，社会科学文献出版社，2008 年）。

　　② 转引自刘钧：《我国农业剩余劳动力供给的"刘易斯拐点"争议综述》，2011 年第 7 期，第 96 页。

术条件下，农户种植水稻，平均 1 亩田大约至少需要投入 10 个工左右（耕作条件差的要 15 个工），如果全部雇工耕作，以 2013 年平均每工120 元计，则 10 个工需要花费 1200 元。如果算上粮种化肥农药平均每亩近 250 元的成本，则每亩需要 1450 元成本。而 2013 年，调查村庄平均每亩水田稻谷的年平均产量大概是 1000 斤左右，以 2013 年平均每百斤 130 元计算，1 亩田所得收益不过 1300 元，由此算来，农户雇工种 1 亩地将亏损近 150 元。[①] 再如浙江的一些经济相对发达的农村地区，由于当地劳动力雇用价格更高，则雇用劳动力手工耕种土地的亏损度更高。

　　需要特别指出的是，从 2009 年至 2013 年的 4 年中，经济落后农村地区农业劳动力价格上涨幅度甚至超过了经济相对发达地区。以江西兴国县为例，2011 年，我们的调查员到当地调查时，当地雇用 1 个男劳力耕作 1天的工钱为 40 元，到了 2013 年，就普遍上涨到 100 元以上，上涨幅度达150%。而在浙北的安吉县，2009 年时，当地 1 天雇用男劳动力耕作土地工钱为 80 元，2013 年上涨到 150 元左右，上涨幅度不足 1 倍。这一现象说明，劳动力短缺在农村已经成为一种普遍现象。这也是为什么有的学者甚至因此认为，"刘易斯拐点" 正在离我国社会越来越近。[②][③]

　　当然，以上是完全市场化情况下对粮食种植业劳动成本投入的算计。在目前情况下，农民的大部分劳工投入是自我雇用。在他们观念中，这是"不计入农业生产成本"的。但一些如犁田的较为繁重的农活，一般农户还是会雇用耕牛或者用机械来完成，这些成本每亩至少要 400 元以上。虽然有的地方开始用小型农业机械来替代劳动力投入，但人多地少土地分散

---

　　① 2012 年粮价上涨到每 100 斤近 140 元（不含种粮补贴），但 2013 年 10 月我们再次访问闽西北将乐县安仁乡时候，发现粮价最低下跌到 110—120 元。

　　② 蔡昉：《"刘易斯转折点" 近在眼前》，《中国社会保障》2007 年第 5 期；蔡昉、王美艳：《农村剩余劳动力及其相关事实的重新考察——一个反设事实法的应用》，《中国农村经济》2007年第 10 期。

　　③ 对于农村劳动力上涨，本研究负责人也感同身受。2006 年负责人的家人投标竞得面积约90 亩林地的承包经营权。2007 年春季雇工造林时，每个男工每天的工钱为 37 元，之后逐年上涨，到 2009 年雇工抚育这片山林时，每个男工每天的工钱已经上涨到 80 元。2012 年更是上涨到100 元。即便如此，年轻人还是不愿意干，能够雇用的短工年龄普遍在 50—65 岁，要不就以每天100 元工钱来雇用女工。

细碎化经营的局面，也使得其成本居高不下，盈利十分有限。[①] 因此，不计算自有劳动力投入，农户种植粮食作物，每亩地平均成本至少也在 500 元以上。扣除这部分成本，农户耕作每亩地实际所得只有 500—700 元，加上国家粮种补贴及粮食综合直补等，最多不过 800 元。这些所得是以大部分农户自己投工投劳为前提的。

对于一般农户而言，他们心中对耕种土地还有另外一套成本核算法。他们认为，就以 2013 年为例，如果把自己种田所得收入平均计算，则自己的每个投工收入大概为 100 元。而受调查村庄的成年男劳动力雇佣价格平均为 120 元，比农户自我雇佣的劳动力价格略高。这就是为什么农村年轻人普遍不愿意从事农业生产的根本原因。由此可以看出，农村粮食种植业实际上是建立在农户的自我雇佣和"自我剥削"基础上。或者，换一个角度来说，粮食种植业是建立在诸如老人、妇女等低价值劳动力投入的基础上的，由此呈现出的粮食种植业"老龄化"和"女性化"也是一个令人担忧的问题。更不要说，近几年，这种农业"女性化"已经逐渐消失，而农业"老龄化"也已经有点难以为继了。

在现有的生产技术条件下，农村劳动力供给趋于紧张已经是不争的事实。实际上，作为一种自发的经营转型，现在的农户已经开始有意识地用别的投入来替代劳动力投入，其中最可能的方式是使用农业机械进行替代，但更多的地方则试图通过促进土地流转的方式来提升农业经营组织化程度，并以此来提高农业生产效率。

前面的农户种田成本计算是基于土地属于农户自家承包的基础上的。如果是租种别人的土地来种植粮食作物，则成本还可能包括地租。就调查村庄反映的情况看，土地的流转与承租有两种方式：一种是出租人不要土地租金，"白给人家种"；另一种则是出租者向租入者收取一定数额的土地租金。通常，不需要支付租金的土地大都是距离村庄居民点较远且交通不便、质量较差的土地（生产条件更差的就抛荒了），而且这些土地只能

---

① 例如，2009 年湖北崇阳县沙坪镇的村庄，约有 95% 的农户购置了"175"柴油机——一种可作多用途的拖拉机。而本县的肖岭乡霞新村，全村每一个村小组至少有 1 台中型收割机，有租给别人收割稻谷，1 亩地工钱是 80 元左右。1 亩地耗油是 15 元左右，还可以挣 65 元。这种收割机每台享受政府下乡补贴 1.7 万元，农户购买价是 3.8 万元（2009 年 7 月 13 日访谈肖岭乡霞新村村民巴先生（47 岁））。

是以种植粮食作物作为参照系的，也就不具备种植附加值更高的其他非粮食作物的生产条件。

至于需要支付租金的土地主要有两种：一种质量较高、水利基础设施好、距离村落或居民点较近的生产条件便利的土地；一种是可以用于种植附加值较高的非粮食作物的土地。土地租金的高低，则取决于当地的经济发展条件好坏和土地自身的经济产出高低。在湖北崇阳县，当地农户租种别的农户的土地，大都需要支付地租，平均每亩每年租金约 100—200 斤干谷，尽管他们也是把租来的土地用于水稻种植。而在福建的将乐县和武平县，除了极少数农户之外，当地农户如果不是为了种植烟草或者种植其他收益更高的经济作物、蔬菜等，一般不会去租地。由于实行烟稻轮作，当地农户出租土地，租金的计算方式也有两类，一类是租种土地者在上半年烟草收割完之后，把土地整理犁好交给出租者，后者无须再犁田就可以直接插秧，下半年的稻谷收成全部归自家所有。另一类则是租入土地者自己种植烟草和水稻，向出租者支付土地核定产量的地租，一般是按照额定产量的"二八"或者"三七"开。其计算方式是，假设一块地承包期核定产量是 1000 斤，那么承租这块土地者需向出租土地者支付 200 斤（"二八开"）或者 300 斤（"三七开"）干谷作为地租。[①]

（二）粮食种植业比较收益下降[②]

衡量粮食种植业比较收益高低有两个维度，一种是横向比较，即把粮食种植业与其他经济活动在成本收益方面进行相互比较，是相同资源投入下获得收益的一种相对差异状况（刘建平，2001：1—12），另一种则是纵向比较，即把不同时期的粮食种植业投入产出比进行比较。粮食种植业比较收益可以用成本利润率加以测量。对于相关议题的研究，不同的研究者基于不同的成本核算法，得出不同的结论。如黄连贵、刘登高利用

---

① 一般当年的干谷实物这算为当年的市场价，以货币形式支付。

② 农产品成本收益核算体系由农产品产值、农产品成本和农产品收益三类指标构成，其基本逻辑关系为"农产品产值－农产品成本＝农产品收益"。我国农产品成本调查核算指标体系历经数次调整，可大致分为 1953—1983 年、1984—1997 年、1998—2004 年、2005 年至今等四个发展阶段（参见唐茂华、黄少安：《农业比较收益低吗？——基于不同成本收益核算框架的比较分析及政策含义》，《中南财经政法大学学报》，2011 年第 4 期，第 54 页）。

1980—1993 年的数据分析指出，1990 年以来农产品的综合经济收益明显下降（黄连贵、刘登高，1995）。姜长云同样利用历年调查数据分析指出，我国已经进入农产品成本快速上升阶段（姜长云，2009)）。而原国家计委价格司农本处利用 2001 年的调查数据分析指出，当年我国大部分农作物的生产成本稳中有降（国家计委价格司农本处，2002）。还有的学者对 2008 年前的农业比较收益进行了研究，认为我国的农业比较收益并不低（唐茂华、黄少安，2011）。实际上，总体上看，受不同时期农业政策影响，我国的农业比较收益有高有低，但总体呈现下降趋势。2005 年之后，由于国家取消了农业税费并对粮食种植业实行政策补贴，因此，农业比较收益在这个时期内提升也在情理之中。

事实上，要客观地核算粮食种植业的比较收益，应该从农户自身的角度来对其进行动态地核算。就我们重点调查的 43 个村的情况来看，从 2009 年至今，农业比较收益总体上呈现下降趋势，主要原因是农业劳动力和农资价格上涨过快直接蚕食了种粮的收益。在武平县，仅 2008 年的农资价格就比 2007 年上涨了约 40%。所有这些因素都导致种粮比较收益下降。

种粮比较收益的下降，还与粮价偏低有关。事实上，到目前为止，我国的粮食定价机制仍具有政府垄断性质。中央政府一方面以"保护价"名义对粮食交易实行价格控制；另一方面以种粮补贴、农机具补贴等方式来间接扶持粮食种植业。即便如此，粮食的定价水平与农民对农业的付出明显不对等。这种变相的剥夺感也极大地弱化了农户的粮食种植意愿，并导致粮食种植业退化。正如前文所指出的，越是经济发达的地区，从事农业的比较收益越低。反之亦然。

粮食种植业退化现象还可以从粮食价格变化过程反映出来。有学者研究表明，据国家相关的部委调查估算，在 1978—1997 年的 19 年间，我国粮食的年均含税生产成本的年递增率为 8.44%，而农民出售粮食的平均价格的年递增率则是 9.96%。在这段时间内，还没有出现平均出售价低于生产成本的情况。1978 年，我国农民每 50 公斤粮食的国家平均收购牌价为 11.28 元，而 1997 年，每 50 公斤粮食的平均出售价格为 65.58 元，由此得出每年增加 9.96%。与此同时，1978 年，中国粮食的生产成本主要包括物质费用、用工作价和税金三大部分，1978 年，农民的每 50 公斤粮食的生产成本是 9.55 元，到了 1997 年，每 50 公斤的含税成本为 51.93 元，由此得出这 19 年间每年增加 8.44%。而在 1965—1978 年实行计划经济体制时，粮食生产成本的年均递增率为 1.19%。1965 年每 50 公斤粮食的生产成本为 9.55 元，而国家收购牌价仅 9.66 元，农民每出售 50 公斤粮食的纯收益只有 0.11 元。当时的农民用工作价是 0.8 元/天，1997 年的用工作价则是 10 元。每亩土地的用工量则是由 1978 年的 28.6 个，减少到 1997 年的 13.5 个，减少了 52.8%。除了税金之外，其中物质费用和用工作价两者各约占 50% 左右（于保平，2000）。

对于粮食价格波动和种粮比较收益变化，普通农户对此的"算计"、感受和官方统计的数据大不相同：

> 朱镕基当总理时，我 100 斤谷子卖 38 块钱，以前我卖 100 斤谷子都不够小孩读小学。大家都知道朱镕基当总理时，那时候谷子是最低的。李鹏当总理是 85—87 块钱 100 斤。可那时候税费又很高，96、97 年时我一家征粮（公粮，即通常所说的"皇粮国税"）270、280 斤稻谷，其他的各种款项加起来 800 多斤稻谷。那个时候，国家正规的公粮大约才不到 300 斤稻谷，可是其他附加项有 800 多斤稻谷。征粮、购粮是国家这一块的，三提五统嘛①。我这一家 8 口人才 600 斤稻谷，但是那个什么教育附加费、三金的，一共要 800 多斤稻谷。真正的公粮才 300 斤左右。②

而就我们 2009—2015 年连续七年的跟踪调查来看，南方稻米产区的每百斤粮食市场售价从 2009 年的大约 100 元上涨到 2012 年的 135—140 元，同比上涨约 35%—40%，但 2013 年新稻上市前稻谷跌落至 120 元。

---

① "三提五统"是指村级三项提留和五项乡统筹。其中"村提留"包括公积金、公益金和管理费，它是村级集体按规定从农民生产收入中提取的用于村一级维持或扩大再生产、兴办公益事业和日常管理开支费用的总称。而"乡统筹"费包括农村教育事业费附加、计划生育、优抚、民兵训练、修建乡村道路等民办公助事业的款项。由于监管失控，不少农村地方的"三提五统"成为农民的承重负担。2006 年农业税费取消后，"三提五统"也就成为了历史。

② 2013 年 6 月 10 日访谈福建沙县夏茂镇西街张姓农民（59 岁）。

2014 年之后上涨到 140—150 元，但 2015 年又下跌到 120—130 元。① 虽然粮食总体呈现上涨态势，但农户种粮的比较收益仍然呈下降的趋势。一方面，从 2009 年至今，农村雇佣劳动力价格上涨幅度达 1 倍以上；另一方面，粮食化肥种子等生产成本也至少增加了 20%—30%。这样计算，农民的种粮收益尤其是雇工种粮收益自然是持续下降。

近年来，由于农村劳动力尤其是青年劳动力呈短缺态势，导致农业劳动力更趋紧张。为此，农业机械化经营及机械替代人力的趋势呈加速推进之态势。当前，农户雇请机械收割稻谷，仅此一项，每百斤成本约占粮食销售价的 8%—10%，因此种粮比较收益更为缩减。我们的调查显示，在 2009 年，大部分村庄的受访农户耕作 1 亩地，一年获得的纯收益约在 400—500 元之间，但是到了 2013 年，同样的耕作面积，每亩平均收益表面上虽然略有上涨，但如果把通货膨胀因素考虑进去，种粮比较收益仍然略有下降。

在福建武平县和将乐县，有农户测算，如果尽可能用市场化方式来经营土地，包括用非人力（农业机械、耕牛等）投入来替代人力投入，则耕作每亩土地一年获得的净收益平均约为 300—500 元，仅相当于他们在当地打 3—5 天"短工"的收入。问题的关键更在于，如果他们出租土地，每亩地平均也能够获得 100—200 斤干谷租金，相当于 300—400 元，这个租金标准已经和雇工雇机械经营相差无几。这也是为什么当地农户不愿意以完全市场化方式经营土地的根本原因。正如我们在第三、第四章已经讨论的，当地农户及其他经营主体之所以租入土地，更重要的原因是他们租地用于种植烟叶、花卉、仙草等收益更高的经济作物，并为此愿意支付更高的租金。

如果把农户耕作土地的收入和从事其他行业相比，也可以从另一个侧面反映种粮比较收益的下降。2013 年，我们对福建、浙江、江西等省份的村庄的调查显示，目前当地雇用青壮年劳动力伐木 1 天的收入普遍在 200—250 元。而诸如从事建筑业的体力活工人或技术工人每天的工资收

---

①　这个价格不包括各种国家的各种补贴。目前，国家对农户的直接补贴包括粮食直补和农资综合直补和良种补贴等几部分。各省的补助标准略有差异，平均每亩每年补贴约为 50—100 元。如果是种粮大户（一般单户种粮达到 50 亩以上），则每亩可另外得到另外一笔"大户"补贴。

入平均达 200—300 元。这些行业吸引了不少留守在农村的有一技之长的青壮年劳动力，同时也加速了农业"老龄化"进程。

前文提到，尽管 1984 年国家有"土地承包 15 年不变"的政策规定，但是很多农村依然保持按照农户家庭人口增减变化定期或不定期调整土地的习惯性做法，目的就是保证土地的公平配置，这种土地调整模式也是土地"集体成员权"村庄实践的一个重要表现形式。不过，从 20 世纪中后期第二轮土地"延包 30 年不变"政策实施至今，各地按照人口增加变化调整土地的概率比以往要少多了。2003 年土地承包法实施乃至十七届三中全会提出"土地承包关系要保持稳定并长久不变"，使得土地承包权进一步被固化。福建将乐县安仁乡在 1981—1997 年的这段时期内，当地几乎所有的村庄都存在每隔若干年调整一次土地的现象（朱冬亮，2001、2002），但是在此之后，除了个别村庄之外，其余绝大部分的村庄不再采取这种方式调整土地，说明农户对土地和粮食种植业的依赖程度大为下降了。

另外，我们在武平县的村庄调查还发现一个现象：2009 年，当地粮价是 90 元/百斤，最高可卖到 95 元/百斤。但这个价格是以粮贩子直接到农户家中收购价来计算的。调查显示，在福建省，如果农户自己把粮食运到收购站出售，则每百斤干谷可另外得到 10 元的政府补贴，但大部分农户不愿意把粮食卖给政府粮站，而是宁愿等粮贩子上门收购，因为这样更省事些。不过，也有受访农户反映，这其中另有一番"道理"。他们之所以更愿意把粮价出售给粮贩子，而后者则把粮食转卖给国家粮食收购部门，每百斤可获得 10 元补贴。如果普通农民去粮站卖粮，是卖不出粮食的。粮站工作人员会对农民所售的粮食"挑肥拣瘦"，包括指责农户的粮食没有晒干、秕谷没有排除干净等。相比之下，粮贩子就不会这样挑剔。但粮贩子却可以和粮站工作人员"搞关系"，双方因此而达成一种潜在规则，形成"共谋"关系。[①] 当然，这只是受访农户的一种可能的猜测，他们并没有充分证据支持他们的判断。不过，如果他们所反映的这种现象确实存在，则国家对农民的此项政策激励又被化解于无形了。

2010 年 11 月，我们的调查员在福建沙县夏茂镇调查时，曾经抽取 5

---

① 2009 年 8 月 13 日访谈武平县太平村钟先生（60 岁，粮站退休收购员）。

户农户为样本，调查了当地种植单季稻的比较收益。这 5 户农户共种植了 122 亩水稻，平均每户耕作规模为 24.4 亩，达到初级规模经营水平，其中流转的土地占 2/3。2010 年，这 5 个农户的水稻种植亩均总成本为 752.50 元，比 2009 年增长了 57.10 元，增长率为 8.21%。亩均物化成本为 392.5 元，占总成本的 52.16%。其中亩均肥料费用为 113.6 元，占物化成本的 28.94%，较 2009 年减少 29.4 元，减少率为 20.56%；亩均农药费用为 58.10 元，占物化成本的 14.80%，较 2009 年增加 5.7 元，增长率为 10.88%；亩均种子费用为 20.8 元，占物化成本的 5.30%，较 2009 年增加 5.8 元，增长率为 38.67%；亩均农膜和机耕费用为 90 元，占物化成本的 22.93%，较 2009 年增加 15 元，增长率为 20%；亩均机收费用为 110 元，占物化成本的 28.03%，较 2009 年费用不变。亩均用工成本为 360 元，占总成本的 47.84%，较 2009 年增加 60 元，增长率为 20%（参见表 6—1）。

表 6—1　　　2010 年福建沙县夏茂镇水稻亩成本构成抽样调查情况表

对比年份	物化成本					用工成本 (元)	合计 (元)
	肥料 (元)	农药 (元)	种子 (元)	农膜、机耕费（元）	机收费 (元)		
2010 年	113.60	58.10	20.80	90.00	110.00	360.00	752.50
2009 年	143.00	52.40	15.00	75.00	110.00	300.00	695.40
增减量	-29.4	5.7	5.80	15.00	0	60.00	57.10
增减率(%)	-20.56	10.88	38.67	20.00	0	20.00	8.21

而从表 6—2 中可以看出，2010 年相较于 2009 年，福建沙县夏茂镇农户的水稻种植亩均产量为 628 公斤，同比增长 111 公斤，增长率为 21.47%；亩均产值为 1313.90 元，同比增长 383.30 元，增长率为 41.19%；亩均物化成本为 392.5 元，同比减少 2.90 元，减少了 0.73%；亩均纯收入为 561.4 元，同比增长 235.8 元，增长率为 138.69%。由此可以看出，当地农民种粮增收，主要获益于粮食价格的大幅度上涨。

表 6—2　　　　　　　　　　2010 年水稻亩成本效益情况表

对比年份	亩产量 （公斤）	亩产值 （元）	物化成本 （元）	用工成本 （元）	亩纯收入 （元）
2010 年	628.00	1313.90	392.50	360.00	561.40
2009 年	517.00	930.60	395.40	300.00	235.20
增减量	111.00	383.30	-2.90	60.00	326.20
增减率（%）	21.47	41.19	-0.73	20.00	138.69

需要特别说明的是，沙县夏茂镇的 5 户农户的种粮成本收益计算是以农忙时期户主部分雇佣劳动力为前提的。由于被调查的农户户均经营规模达到了 24.4 亩，已经超出一般自耕农能够承担的范围，因此他们必须借助机械及短期雇工来完成耕作。如果以亩均纯收入 561.40 元计算，则这 5 户农户平均年收入可达 13698.16 元。但这还没有剔除租地成本。而当地当时的租地成本每亩是 100—200 元。因此实际收入会低于此数。当然，如果是偏远的山垄田，一般是免租金的。事实上，如果在 2000 年之前，夏茂镇大部分耕地维持双季稻种植模式，因此种粮收入还可以增加 2/3 或者近 1 倍。但后来当地大力发展其他"非粮"产业特别是烟草种植业，因此这类耕地基本实行烟稻轮作，不再种植双季稻。即使是不种烟草的地，当地农户也基本不愿意种植双季稻。

而在华北平原地区，因适宜机械化耕作，因此当地劳动力短缺的家庭往往雇佣农业机械来耕作。相比之下，南方山区农村的很多土地是山垄田，无法用机械耕作，或者是用机械耕作的成本依然比北方平原要高，因此机械对人工的替代率相对也更低。在河南郸城县汲冢镇黄楼村，当地的复种指数没有变化，大部分农户仍然按照传统的夏粮作物（小麦）＋秋粮作物（玉米）的轮作方式经营土地。不过，和南方地区相比，黄楼村的土地流转率要低得多，主要是以短期出租和代耕为主，其种地的成本收益和南方稻作地区有明显差别。

以黄楼村为例，当地农户经营自己的承包地，最常见的耕作方式是采取雇佣机械方式进行，农户自己也从事一些力所能及的劳动力投入。2012 年寒假期间，调查员对该村的 5 户普通农户耕作土地的成本收益进行了大致的测算，发现每亩夏粮作物小麦的纯收益为 600—700 元，而每亩秋粮作物玉米的收入为 900—1000 元。两季作物合计，不计国家的各种种粮补贴，当地农户耕作土地，每亩年收入为 1500—1700 元。如果把国家发放的各种种粮补贴计算在内，则每亩每年平均还要增加约 100 元（参见表6—3）。

表6—3　　　　　河南省郸城县汲冢镇黄楼村雇工、雇农机与
自耕结合条件下的粮食种植业收支表（2011—2012 年）①

	成本（以耕作程序排列）		毛收入	纯收入
夏粮作物（小麦）（10月—次年6月）	耧地（雇工、雇农机）	50 元/亩	1100 斤/亩（市场价：1.1 元/斤；春节前后价1.15 元/斤）	600—700 元/亩
	耙地（雇工、雇农机）	15 元/亩		
	种子购买或按市场价兑换	100 元/亩（2.7 元/斤）		
	播种（雇工、雇农机）	15 元/亩		
	肥料购买（复合肥）+ 施肥（1次/年）	400 元/亩（1.5 袋/亩）		
	农药购买（除草剂）+ 喷药（1次/年）	6 元/亩		
	燃油购买（汽、柴油）+ 自用设备浇灌、磨损（1次/年）	17 元/亩		

①　以雇工、雇农机为主，自耕为辅是目前豫东南地区农业种植的主要方式。一般情况下，耧地、耙地、播种和收割等需劳动量大和适合机械耕作的种植程序，几乎已实现机械化。只有施肥、打药、浇灌等因多是零星琐碎、一次性即可完成、没有统一农时与耗费时间和人工较少（弱体力者亦可完成）等的种植程序，尚不适宜推行机械化。

	成本（以耕作程序排列）		毛收入	纯收入
夏粮作物（小麦）（10月—次年6月）	收割（雇工、雇农机）	50元/亩		600—700元/亩
	合计	600—700元/亩	1200—1300元/亩	
秋粮作物（玉米）（6—10月）	种子购买或按市场价兑换	60.5元/亩（24元/斤）	1200斤/亩（市场价1.05元/斤；春节前后价1.15元/斤）	905.8—1025.8元/亩
	播种（雇工、雇农机）	15元/亩		
	肥料购买（复合肥）+施肥（1次/年）	156.5元/亩		
	农药购买（除草剂）+喷药（1次/年）	10.9元/亩		
	燃油购买（汽、柴油）+自用设备浇灌、磨损（2次/年）	31.3元/亩		
	收割（雇工、雇农机）	80元/亩		
	合计	354.2元/亩	1260—1380元/亩	
粮食直补	—		16.8元/亩	16.8元/亩
综合补贴	—		96.74元/亩	96.74元/亩
合计	935.3元/亩		2573.54—2793.54元/亩	1619.34—1839.34元/亩

不过，如果是采取纯自耕或者纯雇工雇机械的方式耕作，则其成本收益会呈现一些差别。在调查中，我们把黄楼村的土地耕作按照完全自耕和完全雇工雇机械两种方式进行了比较，发现其成本差距并不算很大。该村的农户如果是完全自耕，种 1 亩地一年的纯收入大概在 1800—1900 元（参见表 6—4），而如果完全采用雇工雇机械的方式来耕作，种 1 亩地一年的纯收入为 1400—1600 元（参见表 6—5），比农户完全自耕少收入 300—400 元。

表 6—4 　　　　完全自耕假设条件下的种植业收支表（2011—2012 年）

	成本（以耕作程序排列）		毛收入	纯收入
夏粮作物（小麦）（10 月—次年 6 月）	楼地	—	1100 斤/亩（市场价:1.1 元/斤;春节前后价 1.15 元/斤）	757.0—812.0 元/亩
	耙地	—		
	种子购买或按市场价兑换	93.9 元/亩（2.7 元/斤）		
	播种	—		
	肥料购买（复合肥）+ 施肥（1 次/年）	335.0 元/亩（1.52 袋/亩）		
	农药购买（除草剂）+ 喷药（1 次/年）	6.5 元/亩		
	燃油购买（汽、柴油）+ 自用设备浇灌、磨损（1 次/年）	17.6 元/亩		
	收割	—		
	合计	453.0 元/亩	1210.0—1265.0 元/亩	

续表

	成本（以耕作程序排列）		毛收入	纯收入
秋粮作物（玉米）（7—10月）	种子购买或按市场价兑换	60.5 元/亩（24 元/斤）	1200 斤/亩（市场价 1.05 元/斤；春节前后价1.15 元/斤）	1000.8—1120.8 元/亩
	播种	—		
	肥料购买（复合肥）+ 施肥（1次/年）	156.5 元/亩		
	农药购买（除草剂）+ 喷药（1次/年）	10.9 元/亩		
	燃油购买（汽、柴油）+ 自用设备浇灌、磨损（2次/年）	31.3 元/亩		
	收割	—		
	合计	259.2 元/亩	1260.0—1380.0 元/亩	
粮食直补	—		16.8 元/亩	16.8 元/亩
综合补贴	—		96.74 元/亩	96.74 元/亩
合计	712.2 元/亩		2583.54—2758.54 元/亩	1871.34—2046.34 元/亩

表 6—5　　　　完全雇工、雇农机假设条件下的种植业收支表

（2011—2012 年）

	成本（以耕作程序排列）		毛收入	纯收入
夏粮作物（小麦）（10月—次年6月）	耧地（雇工、雇农机）	50 元/亩	1100 斤/亩（市场价：1.1 元/斤；春节前后价1.15 元/斤）	563.7—618.7 元/亩
	耙地（雇工、雇农机）	15 元/亩		

	成本（以耕作程序排列）		毛收入	纯收入
夏粮作物（小麦）（10月—次年6月）	种子购买或按市场价兑换	93.9元/亩（2.7元/斤）		
	播种（雇工、雇农机）	15元/亩		
	肥料购买（复合肥）+施肥（雇工、雇农机，1次/年）	335.0元/亩（1.52袋/亩）+25.3元/亩		
	农药购买（除草剂）+喷药（雇工、雇农机，1次/年）	6.5元/亩+12.7元/亩		
	燃油购买（汽、柴油）+自用设备浇灌、磨损（雇工，1次/年）	17.6元/亩+25.3元/亩		
	收割（雇工、雇农机）	50元/亩		
	合计	646.3元/亩	1210.0—1265.0元/亩	
秋粮作物（玉米）（7—10月）	种子购买或按市场价兑换	60.5元/亩（24元/斤）	1200斤/亩（市场价1.05元/斤；春节前后价1.15元/斤）	817.0—937.0元/亩
	播种（雇工、雇农机）	15元/亩		
	肥料购买（复合肥）+施肥（雇工、雇农机，1次/年）	156.5元/亩+25.3元/亩		

续表

	成本（以耕作程序排列）		毛收入	纯收入
秋粮作物（玉米）（7—10月）	农药购买（除草剂）+喷药（雇工、雇农机，1次/年）	10.9元/亩+12.7元/亩		
	燃油购买（汽、柴油）+自用设备浇灌、磨损（雇工,2次/年）	31.3元/亩+50.8元/亩		
	收割（雇工、雇农机）	80元/亩		
	合计	443元/亩	1260.0—1380.0元/亩	
粮食直补	—		16.8元/亩	16.8元/亩
综合补贴	—		96.74元/亩	96.74元/亩
合计	1089.3元/亩		2583.54—2758.54元/亩	1494.24—1669.24元/亩

四　粮食种植业退化与农业现代转型

虽然粮食种植业退化在我国农村地区已经日益显现，但不同地方的退化程度却有明显的差异。导致这种状况的原因不仅与当地非农产业发展水平有关系，也与不同地方、不同年龄的农民群体的土地经营观念转型有关。

（一）农民土地经营观念的转型

人类学家格尔茨（Clifford Geertz）在研究印尼爪哇的农业生产时，发现小农生产的投入—产出比率呈现出边际递减的状态，他把这种现象称之为"农业内卷化"（agricultural involution）现象。格尔茨认为：这是小农在面临生态环境和人口压力的情况下，不得不作出的选择（Geertz,

1965）。黄宗智借用"农业内卷化"理论来分析解放前的华北农村经济以及人民公社时期的长江三角洲农业经济，并提出农业生产"过密化"的观点（黄宗智、1986，1992）。在研究我国长江三角洲农村农民的农业经营行为时，黄宗智认为，一直到20世纪80年代乡镇企业发展起来之后，才真正打破以往一直存在的"过密化"经营模式。正是得益于当地乡镇企业的发展，部分农业劳力因之而转移到非农产业上来。而在俄国农业经济学者恰亚诺夫看来，小农生产的最优平衡点是在满足消费需要和劳动辛苦程度之间，而不是在利润和成本之间（恰亚诺夫，1996：1—19）。在当前中国，不同类型的小农生计模式依然存续于不同地区。

　　正如本章开头已经指出的，研究农户的农业经营生产行为，必须从不同的角度来理解。在不同的地区，农民种粮并不完全是一个理性算计行为。在非农经济发达地区，农民种粮用工更倾向于按照市场经济理性来"斤斤算计"，是舒尔茨所说的"理性小农"。在他们看来，如果雇工且用传统的耕作方式来经营土地，那几乎是一项"亏本"经营。这类地区的农户看起来更像舒尔茨所说的"理性小农"。他们精于算计耕作土地的投入产出比，并以此来作出经济学意义上的理性选择，因此这些地方土地流转中呈现的粮食种植业退化现象也更为常见。而在非农经济发展相对落后的地区，大部分农户种粮首先是寻求一种生存保障，其次才是追求利润最大化。尽管这些地方的农民也认为种粮并不划算，但是他们仍然没有抛弃自家的粮食种植业。这点倒是与恰亚诺夫的小农理论观点相似。

　　毋庸置疑，当前我国的农业经营已经走到一个新的十字路口。而摆在农户面前的可选路径似乎只有两条：一条是引导农民走向联合，通过促进农民土地流转，使得土地经营走上规模经营和集约经营道路，最终建立类似美国的资本主义家庭农场的经营体制；另一条路径则是效仿日本等国家，建立所谓的现代小农经营体制。舒尔茨认为：改造传统农业（小农式的农业经营模式）的一条可行途径，就是在保留原有的小农经营模式的前提下，把现代的工业成长因素导入传统农业中，就可以完成对传统农业的改造，使之向现代农业过渡，而不是消灭小农经营模式并把它们改造成为西方的大规模的农场式经营模式。不过，舒尔茨认为，要真正让小农实现现代化转型，需要具备一些条件：（1）建立一套适用于传统农业改造的制度；（2）从供给和需求两方面引进现代生产要素；（3）对农民进行人力资本投资。舒尔茨的"理性小农"理论的主要贡献在于他雄辩地指出对传统农业进行现代化刺激的重要性，包括可以带来盈利和创新的可能性（舒尔茨，1987）。不过，舒氏的观点得以成立的前提条件是建立一套适用于传统农业改造的制度，而在我国，现有的土地制度安排恰恰缺乏刺激农民进行现代性投入的内在机制。

我国现行的土地产权制度安排主要是以促进社会效益的最大化为预设条件而建立的。为了保障农村"集体成员权"权益，使每个农户都能够均等地享有集体地权权益，客观上只能以相对牺牲土地经营的经济效益为代价。为此，我国土地制度规定，农户只拥有特定时期内的承包经营权，他们并不具备完全的土地所有权，尽管现行的土地制度试图通过对土地承包权的长期化甚至是固化，同时通过搞活土地的经营权的方式来促进农户进行现代性的投入，但到目前为止，这套制度仍然不足以激励农户对土地经营进行长期性投入，自然也还谈不上构建现代小农经营制度。

事实上，对土地的长期性可持续性经营投入，单个的农户无法也不愿意承担，因此一般必须借助于村庄外部的特别是国家现代农业资本投入。近年来，随着国家惠农利农政策支持力度的逐步加大，包括水利灌溉设施修建、土地平整、土壤及农作物品种改良甚至是配套农产业加工销售及市场体系的拓展等，都主要是以国家公共财政投入为主。对于普通农户及土地规模流转经营主体（包括大户、农业企业等）而言，他们必须以长期稳定的土地经营权法定契约保障为前提，否则无法吸引他们增加对农业资本的可持续投入。

就我们重点调查的 43 个村而言，大部分村庄已经开始出现现代小农经营的端倪，包括农机具对人力投入的逐步替代、新型农业合作社组建及农业产业化订单农业发展等，但这种初露端倪的现代农业经营体制仍然是建立在脆弱且松散的细碎化的土地承包制基础之上，对现代农业资本仍然缺乏足够的吸引力。另外，2015 年我们对地处沿海经济发达地区的厦门市城郊的翔安区、同安区村庄进行了调查，发现很多农业专业合作社、农业产业化公司试图在当地农村建立产业基地，但它们面对的最关键的难题是农户不愿意长期流转自己的承包地。这样企业对农业基地的长期性投入风险预期也大为增加。为此，他们不得不维持类似"公司＋基地＋农户"这种脆弱而松散的合作模式。

其次，随着近年来工业化和城镇化的快速推进，由此形成的拉力因素越来越大。农民脱离乡土社会的意愿比以往更为强烈。特别是对于年轻一代的农民而言，他们中的大部分人自初中或者高中毕业之后即离开农村到城里务工，缺少甚至没有从事农业生活经验的他们对乡土社会缺乏认同感和归属感，对经营土地自然也缺乏兴趣。他们中的大部分人希望自己此生能够变为城里人，而不是留在家乡务农。

实际上，粮食种植业退化或者下降，还表现为农村年轻一代人对土地的情感弱化。"80 年代后"成长起来的一代农村青年已经没有类似他们父辈的"恋土情结"。尽管名义上他们依然是土地承包经营权的拥有者，但他们中的大多数人已经基本没有从事农业生产的记忆。从很大程度上看，他们中的相当一部人对养育他们的土地甚至有很强的排斥感。有调查研究表明，当前我国农民的土地价值意识，土地产权意识，土地依赖意识都比过去下降不少。特别是家庭生计中对土地依赖越少的人，其土地价值认识越低（陈成文、鲁艳，2006）。如果说在过去，在农村从事土地耕种的有老人、留守妇女和儿童的话，如今真正常态化耕种土地的"主力军"只有老人这个群体，而外出的子女大多是农忙时候季节性地回家帮忙一下。至于他们的孙辈，则连季节性参与农田耕作也很少了。凡此种种，也使得现在的农户的土地流转意愿随之上升（焦玉良，2005；钱忠好，2003）。

从前文的分析中可以看出，我国之所以会出现粮食种植业退化危机，最主要原因在于在现行的制度安排下，农户种植粮食作物比较收益过低。"谷贱伤农"的结果是农民不愿意耕种土地，尤其是不愿意从事粮食种植业。因此，有研究者忧心地指出，目前我国呈现出的"弱者种地"和"差者种地"等农业不断"被边缘化"的问题势必成为影响我国粮食战略安全的重要隐患（罗必良，2013）。

（二）农业耕作组织化集约化程度提升

为了应对农业劳动力持续减少的局面，进入 21 世纪以来，我国相继出台了支持农业机械化的一系列政策，以推动农业机械化和合作化的发展。[①] 为

---

① 2004 年农业机械化促进法正式颁布施行。2004—2008 年国家连续颁布五个"1 号文件"，涵盖了基础设施建设、财政投入、保险政策、税费减免、金融信贷、政府职责、农机安全监督管理、农机合作社、燃油供应等方面的扶持内容，为我国农业机械化发展提供了政策支持。

此，国家大力推行"农机下乡"政策。得益于此，近年来农业机械普及率快速上升。

我们重点对 43 个村的调查表明，自 2008 年至今，农村机械使用率大幅度上升。目前大多数乡（镇）都有若干台大型的收割机，其购买者既为自家收割稻谷，也连机带人租赁为其他农户收割稻谷。其中在湖北崇阳县、京山县的平原农村地区，由于外出务工的劳动力较多，加上地势平坦，易于推广机械化进程，因此截至 2009 年，其农业机械化程度要高于福建的将乐县和武平县以及江西的铜鼓县、兴国县。例如，在崇阳县前任村，2009 年时，该村全村 60% 以上的农户有小型拖拉机。这个村所在的镇使用收割机收割稻谷的比例也达到 40% 以上。而在福建省将乐县朱坊村，虽然农业机械使用度比湖北低，但全村 120 户人家，拥有拖拉机的农户从过去的 2 户上升到 2011 年的 5 户。此外，机动的喷雾器、插秧机、收割机也开始进入部分家庭。未来农业机械化的普及率还将进一步上升。不过，在农业机械化普及过程中，也暴露出一些值得重视的问题，这点留待下一章再作分析。

第七章 结论和讨论

一 本研究的结论

（一）土地流转的发展趋势呈现

从本研究中可以看出，在当前社会发展形势下，土地流转主要是农民应对生存挑战而做出的一种理性选择。事实上，正如有很多农民自己反映的，土地是农民的"基本工资"，林地是农民的"基本福利"。当前的土地流转趋势是农户家庭理性（拥有土地承包经营权）、村集体理性（拥有土地所有权）、市场经营主体理性（因土地流转而获得土地经营权）及国家（地方政府）理性（掌握主导土地产权规制及实践权力）四方共同博弈的结果，而决定四方作出符合自己利益的理性选择的核心力量则是市场因素的变化。根据本研究归纳，当前我国土地流转总体上呈现出以下几个发展趋势：

1. 土地流转从"双层经营"向"三层经营"转变

有研究者认为，通过土地流转这种形式，可以明晰原本就显得非常模糊的土地产权分割，并以此来避免产权的相互侵蚀（赵翠萍，2009；齐春宇，2009；江怡，2012）。而国外的一些研究文献基于经济学的理论假设，提出要通过土地产权的长期稳定性预期来刺激经营者对土地经营利用进行长期性投入，而现行的土地承包制显然无法提供这种产权实践环境（Carter and Yao，1999；Prosterman，Hanstad and Li，1996）。类似这样的观点对我国的土地流转的顶层政策设计有深刻的影响。从前文的分析中可以看出，我国早期的土地流转是所有权和承包经营权"双层分离"。村集体组织在保留土地集体所有权的前提下，以承包的方式把土地的承包经营权"分配"给农民个体。后者因此而获得了土地的承包经营权。而在土地流转过程中，农户再把土地的承包经营权流转给其他经营主体。但是到了近几年，特别是从十七届三中全会强调要保持农户的承包权"长久不变"的情况下，无论是学术界还是实践领域，都逐步形成一种共识，即我国的土地流转中出现所有权、承包权和经营权"三权分置"或者说是"三权分离"的状况。所有权、承包权都相对固化，而土地流转中能够搞活放活的似乎只有经营权了。这种产权变革及发展趋势使得土地流转的形式更为复杂，而且也为未来的土地产权创新提供了一些新的可能发展的趋势。

在当前情况下，有一些研究者认为，中国似乎可以仿效某些历史时期的土地实践机制，以对现有的土地产权制度进行改进。如刘旺洪等认为，农村土地制度改革的基本出路在于建立新型的"永佃权"制度（刘旺洪、刘敏，1998；郭熠、李富忠等，2009）。陆学艺认为，土地制度是国家的根本制度之一，应该在实行土地所有权收归国家的基础上，对农民实行"永佃制"（陆学艺，2003）。事实上，很多学者认为并担心，农村土地实践中已经把"长久不变"解读为是"永久不变"。土地承包权的固化和永久化不仅会侵蚀农民的"集体成员权"，最终使得承包权成为具有类似以往"永佃权"及私有产权性质的产权配置方式，并可能进一步侵蚀土地集体所有权权利，同时与"集体成员权"发生冲突。由此会引发一系列因忽视以往人民公社时期形成的制度积淀的地权纠纷及其他问题。再者，农民的承包经营权是否是一种物权，是否可以继承，以及如何继承？现行制度规定，一旦农民失去"集体成员权"，其所承包的土地将可能被村集体收回，这种做法是否与"长久不变"规定相违背？另外，我国有关法律明确规定，土地不能买卖，那么那些在城镇化过程中已经"洗脚进城"的农民将如何处置他们的土地承包权？再结合各地已经出现的土地"私下买卖"案例，农民已经在以自己的实际行动突破现行制度的设定框架。现行的土地制度安排，又如何对这类行为进行规制？对于这些问题，涉及更复杂层面的问题，本章后面还会对此稍作展开探讨。

2. 土地流转从农户主导型土地流转向政府主导型流转转变

本研究显示，自20世纪80年代中后期我国出现土地流转至今，一直到十七届三中全会之前，我国大部分地方的土地流转是以民间农户自发并主导的土地流转为主，具体形式主要是短期出租、代耕、互换等。这个时期，土地流转的期限较短、规模也较小，土地流转的价格也较低。即使有一些大户租种更多的土地，但由于他们依然是以传统的手工或者"牛畜+人力"耕作模式经营土地，因此其规模经营能力也很少超过 20 亩。不仅如此，在这个阶段，土地流转的双方约定主要是口头协议为主，依靠传统的民间信任关系维持口头约定的有效性。与此同时，大部分的土地流转关系发生在本村或者周边村庄"熟人"社区范围内。涉及土地流转的双方往往是亲友或者邻里之间。另外，由于早期土地流转率较低，在大量农村青壮年劳动力离土离乡到城镇务工经商的情况下，"农业老龄化"和"农业女性化"现象较为凸显。到了近年，就连"农业老龄化"和"农业女性化"似乎也有点难以为继了。

在此之后，随着十七届三中全会明确提出鼓励土地流转以及专业合作社法的颁布实施，国家和地方政府介入土地流转的现象开始迅速上升。特别是在经济发达地方，地方政府通过出台各种干预和激励政策，包括对规模流转给予资金补助、建立土地流转中介服务机构和市场等，甚至直接插手干预土地流转，以推动土地流转朝多样化方式发展。与此同时，由于耕作组织化、机械化、信息化程度的大幅度提高，各类农业专业合作社和农业产业化企业开始借助政府的力量，逐步在农村建立各类农业产业基地。因此，在这个时期，土地流转的形式产生了一些诸如转包、入股、股份合作、信托流转甚至是私下的土地"买卖"等。到了这个阶段，土地流转的范围期限明显更长，流转的规模也更大，双方约定的流转价格也相对更高，农业产业化发展也开始出现现代农业的雏形。不仅如此，土地流转的交易关系也超出传统的"熟人"社区范围，一些来自外面的业主通过各种渠道直接介入土地流转中。而在这个过程中，有些地方政府可能出现"越俎代庖"行为甚至借土地流转之名谋取私利之嫌。

有一点必须特别注意，就是国家政策变化对土地流转的影响。在过去十多年中，我国的农业治理体系经历了从"汲取型"治理向"反哺型"治理转变的根本转型。类似这样的国家大幅度的政策转向，给了村集体、农户、土地流转经营者不同的预期，也直接对相关各方的土地流转意愿及价值判断产生了深远的影响。事实上，类似的因流转而引发的大规模纠纷现象在近年来国家大力推进的集体林权制度改革中有大量的案例呈现。由于集体林改中市场化改革取得了突破性进展，包括国家大幅度降低林业税费、放开林木交易市场、实施林权抵押贷款等多项惠林利林政策，其结果是导致山场及林木大幅度升值。由此引发的一个直接后果是很多地方的村民对集体林改前的林地林木流转合同约定的利益分配机制感到不满，因此他们纷纷要求推翻此前的合同，结果引发了大量的群体性事件。究其根本原因，还是在于国家政策的变化改变了有关各方对林地林木的价值预期，而山林流转的各方当初在合同约定并没有考虑到这个因素（朱冬亮，2007，2010）。

另有一点，正如本研究课题组在河南郸城县黄楼村调查所揭示的，由于目前国家的各项农业财政补贴已经被农民普遍理解为是一项政策福利，而这种福利是依附在各农户承包的土地数量上的，而各个农户承包土地的多少取决于其家庭拥有"集体成员权"人口的数量，由此又引发了几乎每个村都有 1/3 的农户有定期调整土地的意愿和需求。这种意愿如果转变为现实生活中的土地调整实践行为，则可能对土地流转及整个土地产权制度安排产生多方面的影响。对此本章接下来还将进一步展开讨论。

此外，还有一点必须警示，由于近年来国家和地方政府都出台了名目繁多的各项惠农利农政策，这其中有很多农业专项扶持是以项目制的形式来运作，且以促进土地的大规模流转为目标，因此，这其中不排除某些地方政府部门与所谓的农业产业化企业或者专业合作社达成某种"共谋"关系，以搞农业产业化为名，套取国家各项惠农利农资金，行谋取私利之实。

3. 土地流转从民间的流转向通过中介或者信托机构流转转变

本研究表明，早期的土地流转往往是农村"熟人"社会关系的圈子的流转为主，双方以传统的口头短期约定的方式达成土地流转协议。这种土地流转模式包含农村的互助、互惠、人情关系等因素。土地流转的经济关系实际上是嵌入到农村人际交往的社会关系中。

然而，到了 21 世纪之后，特别是十七届三中全会之后，随着农村社会经济的发展以及农村外部的工商资本的介入，土地流转开始超出传统的乡土社会关系范畴。这个时期的土地流转中就有村集体、地方政府甚至是国家的"影子"介入，土地流转逐步同农村社会关系脱嵌。农户在土地流转中的经济理性的考量开始居于主导地位。也正因为这样，才为村庄社区外部的工商资本介入土地流转创造了重要条件。因此，这个时期，类似村集体组织和土地信托机构在土地流转中的纽带作用就显得更加重要并日益凸显出来。

实践证明，绝大部分的工商资本参与农村土地流转及土地经营，必须借助地方政府—村集体、村集体—信托机构、村集体—专业合作社等中介组织的力量，否则他们不仅无法与农民达成土地流转的关系，也无法承担与单个农户逐户进行谈判的经济及社会成本。

也正是由于有了来自村庄外部的工商资本进入农村土地流转市场，因此建立土地流转市场交易平台也就显得尤为迫切。事实上，很多学者都注意到这个问题。如 Zhang Weifang 和 Jack Makeham 等对 20 世纪 90 年代中国土地流转市场的调查认为，我国当时存在诸多限制土地流转的因素，应尽快建立和完善土地政策和法规，建立土地基金和土地流转市场中介（Zhang Weifang、Jack Makeham；1992；Kung James Kai – Sing，2002）。也有的学者指出，现行的土地流转机制中土地的价值和价格缺乏计量和考核标准、土地流转的中介组织发育滞后等（邓大才，1999）。还有学者认为，当前农村土地流转中的混乱无序、效率低、农民权益受侵害现象的重要原因之一就是中介服务机构等机制的缺乏（杨国玉，2003）。而本研究的研究结果则显示，目前地方政府在这方面行动似乎仍较为迟缓。在我们调查的 10 个县（区）中，只有湖北的京山县、福建的武平县、厦门市翔安区的地方政府建立了土地流转的中介服务组织机构，其他县（市）尽管在不同程度介入了土地流转进程，但并没有组建类似的机构。大部分的地方政府习惯针对某个农业产业化项目而采取"一对一"的服务机制，没有设立常设的土地流转市场化服务机制和体系为全体农民的土地流转提供服务。

4. 土地流转从兼顾社会经济绩效向偏重经济绩效转变

已有研究表明，如何平衡土地流转的经济绩效、社会绩效、生态绩效乃至政治绩效，始终是土地流转实践领域和学术研究领域富于争论性的焦点议题。本研究显示，总体而言，越是早期的土地流转，越是经济落后的农村地区，农民对土地流转的社会绩效考虑越是多于经济绩效。他们不愿把自家的承包地长期流转给其他经营主体。他们希望能够随时收回流转的土地，并视之为抵御社会风险的"命根子"。至于土地流转的经济收益，则是他们次要考虑的因素。反之，越是到了后来以及越是经济发达的农村地区，农民对土地的依赖程度就越低。因此他们土地流转的意愿相对更高，流转的期限也更长。土地流转的经济收益的高低是他们在土地流转中考虑最多的因素。

不过，正如前文分析中指出的，无论是和国家、还是地方政府乃至村集体在直接参与介入土地流转的时候，必须慎重处理好土地流转的经济效益、社会效益乃至生态效益的平衡关系。政府在干预和介入土地流转时，必须充分意识到工商资本本身是理性经济人，追逐经济利益是他们唯一的目标，而这种目标追求有可能和农户看重的社会理性目标发生冲突。最典型的一个特点是近几年各地都出现了令人担忧的土地流转"非粮化"现象。在种粮比较收益持续下降的情况下，无论是农户、专业合作社乃至农业产业化企业，都不愿从事粮食种植业。他们更愿意种植一些诸如蔬菜、烟叶、苗木花卉、果树等其他农作物。如本文重点讨论的武平县政策干预土地流转的案例显示，尽管地方政府试图通过政策扶持将土地流转变为农民致富的途径，让经营者看到了有利可图。但政策执行的结果是，真正介入土地流转规模化经营的主体主要是从事非粮食种植产业。更令人担心的是，如果换一个角度看，政府对土地流转的干预和扶持反而进一步降低了农户的种粮意愿，其直接后果是因为政府的干预反而使得更多的土地被投入到"非粮"种植业中。农户的种粮意愿进一步弱化。实际上，如果从另一个角度看，在农村种植业结构变动中，可以侧面反映出农村已经出现了新的社会分层，而那些依然在以传统小农生产方式从事粮食种植业的农民，恰恰是处于其中的最底层。而那些种植经济效益更高的农作物的新型农业经营主体，则处于更高的社会阶层。这点却是政府政策干预始料未及的，也是值得我们一再认真反思的问题。

以往有研究者注意到土地流转中可能出现对土地利用的急功近利的短期性行为。如俞海、黄季焜根据我国6省15县（市）的样本地块土壤数据建立的土壤肥力变化的社会经济影响模型显示，不完整产权下的土地流转对土地土壤肥力具有显著的负面效应，也就是说，如果流入方仅得到短期的土地经营权，那么其为了取到短期效益最大化而人为改变土地的自然肥力结构，对土壤造成实质性破坏的可能性会因此而增加（俞海、黄季焜、2003）。这种情况在本研究课题组调查的村庄中确实存在。和农户对自家的承包地怀有深厚的情感相比，通过土地流转获得土地经营权的业主对土地显然缺乏"感情"。他们只想在流转期内从土地中榨取尽可能多的剩余价值。因此诸如滥施化肥农药之类的短期性行为也就很难避免。

另外，还有一点，由于和早期的土地流转相比，现在农民特别是35岁以下的年轻一代的农民的"脱农"意识和"离农"倾向比以往任何时候都更为强烈。在这种情况下，土地流转的供需双方都倾向于达成一个更为长期的流转约定。而在国家现行的农业支持政策变幻莫测的情况下，双方如何签订一个可持续且利益共享的"多赢"的合同约定和利益协商机制就显得尤为关键。如果处置不当，不仅威胁双方合同的有效性，进而引发各类的土地纠纷，同时也可能对农村经济发展及社会稳定构成潜在威胁。

进入21世纪特别是从2010年至今，由于原本从事农业的老年人进一步年老体衰，而原本从事农业的妇女也因"民工荒"现象出现而随同他们的丈夫离开农村，原来的"农业老龄化"和"农业女性化"生产耕作模式似乎已经难以为继。由于年轻一代农民的"离土厌土"的情绪进一步滋长，农业成为他们心目中的一项"低贱"的职业。而老一辈农民因年老体衰，已经难以承担繁重的田间耕作任务。[①] 这种社会发展形势一方面使得农民土地流转的意愿进一步增强；另一方面也加速了农村农业机械化进程。

5. 土地流转从不能改变土地的原有形貌向可以改变土地的整体形貌转变

前文中已经指出，对于土地产权边界实际上有两种界定方式。一种是产权的法律、经济及社会意义。就这个角度而言，土地的产权是指一束权利，包括土地的所有权、承包权、经营权、处置权等多种不同层面的权能。另一种土地产权边界是指其空间地理边界。这种产权边界可以落实到某个具体的地理位置。弄清楚这两种土地产权概念对于研究土地流转有重要的多方面意义。

本研究表明，早期的土地流转主要是以短期化、分散的小规模流转为

---

① 事实上，本课题组2016年2—3月到福建、浙江、江西、广东、四川、重庆等6个省（直辖市）的10多个县（市、区）相对偏远的村庄调研时，发现当地乡镇和村干部能够组织动员来参与课题组座谈调研的多半是60岁以上的老农了。50岁以下留守农村的农民比前几年更少了，几乎难以觅到。

主，涉及土地流转的双方对土地的承包经营权的约定较为简单，双方约定让渡的土地承包经营权实际只有耕作权，此外，再无别的权利交换。但是到了后来，随着土地流传期限的延长以及流转规模的扩大，双方交换的土地权利变得更加复杂。

对于土地流出方而言，为了获取更高的经济收益，他们愿意出让包括部分的土地处置权在内的经营权。而对于土地流入方而言，为了获得更为长期稳定的土地经营权，他们也愿意支付更高的流转成本。这其中，最为明显的就是现在的土地流转中特别是合作社、农业产业化企业参与的规模性土地流转，双方约定允许土地流入方打破原有的地块界限。如此一来，获得土地经营权的业主等于获得了土地的部分处置权。有研究者指出，即使农业生产效率不变，只要解决土地细碎化问题，我国农业产出就能增加5%—10%（孔祥智、刘同山，2013）。而本研究调查表明，由于通过土地整治可以增加5%—10%的面积，山区的山垅田土地整理获得新增面积可能还会更高些，而这个面积是单个农户不会考虑"算计"在内的，土地流入方因此而获得一笔额外的收益。① 这也是这类规模经营主体愿意以更高的租金换取部分土地处置权的深层原因之一。此外，由于近年来国家及地方政府大幅度地增加了对农村土地基本设施建设的投入，类似机耕道以及农田水利设施的基础设施的建设，也会极大地改变土地的耕作条件，最终改变土地的经济价值预期，并对土地流转的收益变化产生重大的影响。因此，如果土地流转的各方约定的是长期性流转，则必须把这些因素充分考虑在内。

不过，正如本研究前文中一再强调指出的是，一旦土地流转的双方建立这样的合同约定，农户往往是以自有土地入股的方式加入新的经营组织中。由于不同农户间承包的地块界限已经完全被打破，这也意味着这些土地很难再恢复原貌。面对这种情况，土地流转双方甚至多方（包括村集体）建立一种可持续且利益共享的合同约定和利益协商机制就显得尤其重要。稍有不慎，极易引发土地纠纷。

---

① 有研究者计算得出，如果所有家庭的零散土地完全归整，即每户只有一块土地，则我国的粮食产量每年可以增加7100万吨（许庆等，2008）。也有的研究者测算认为，土地地块数量对农户的资本投入有负面影响——地块数量增加1%，将导致农户资本投入减少0.32%（秦立建、张妮妮，2011）。

（二）不同经济发展程度对土地流转的影响

有研究者指出，不同地区间经济发展水平存在的差异，会导致其土地流转规模、流转速度、流转方式、流转土地集聚程度及农户土地流转行为等方面也存在明显差异（包宗顺等，2009）。相对而言，中西部地区参与农地流转的农户比例偏低，而较发达省（市）参与土地流转的农户比例较高，土地流转的规模也较大（叶建平、姜研、丰雷，2006）。有的研究者认为，土地流转和非农就业结构之间存在高度相关关系。一个地方的农民从非农就业中得到的收入越高，非农产业越发达、人均耕地面积越多、人均收入越高的地方，就越能促进土地流转，土地流转行为也就越普遍，反之则相反（姚洋，1999；贺振华，2003）。也有的研究者指出，农户家庭的劳动力越多、农业收入比重越大，则租入的土地面积越多，反之则相反（刘克春、林坚，2005）。还有的研究者从农民阶层划分的视角出发，认为农村中部分对土地依赖程度低的阶层，其土地流转速度要快于其他阶层，规模也相对越大。换言之，农村不同阶层的差异程度对土地流转速度与规模存在重要的影响（陈成文，2007）。还有学者注意到，一个地区的经济越发达，则农村土地流转普及程度和流转过程的规范化、组织化及契约发育也就越完整（钟涨宝、汪萍，2003）。

以上这些研究都注意到基层农村经济因素对土地流转的影响。从微观社会环境来看，影响土地流转绩效评估的主要有村庄和农户两个因素。从村庄的角度看，包括村庄土地资源禀赋的高低、村庄的宗族结构、村庄的治理结构等，都对土地流转有影响。其中土地质量影响着农户的土地流转意愿。诸如土地气候、地形等自然因素也是土地流转的制约因素（付顺、崔永亮，2010）。事实上，如果从经济的角度看，决定农户土地流转意愿及流转价格高低的主要有两方面的因素：一是从事农业的比较收益高低。相对于从事非农产业而言的，如果农户所处地区经济发达，从事农业的收益越高，他们出租土地的意愿相对就低些，而土地流转价格水平相对也就更高；二是从事农业产业中种植不同农作物的比较收益差异。由于现在农户有较为自由的种植选择权，他们可以根据市场的需求种植不同的作物。对他们而言，主要是选择种植粮食作物还是种植非粮食作物。正如本研究前文分析中所指出的，如果当地种植非粮食作物的收益高于粮食作物种植，那么农户选择种植非粮食作物的可能性就会增加。相应地，土地流转价格也会提高，农户土地流转意愿也趋向于更加活跃。

村庄社区的土地资源禀赋对土地流转也有很大影响。在南方山区，一般而言，如果一个村庄的非农经济相对落后，而土地资源尤其是农户家庭平均占有的土地资源（包括耕地和山林）较多（人均耕地至少在 2 亩以上，户均还有数十亩甚至上百亩的山林），村民能够以此来谋求较好的生计的话，这个村庄的人口流动会下降，外出打工的人也会更少，自然土地流转现象也更为少见。不过，这类村庄一般并不常见。[①] 还有一类，就是村庄的土地资源禀赋较多（一般人均耕地 1.5 亩左右，户均山林十几二十亩），村民待在家里，可保基本生计但无法致富。这类村庄如果外出打工的村民较多的话，会出现一些土地流转经营"大户"。第三类村庄则是土地资源较为稀缺（人均耕地在 1 亩以下，山林面积也不多），村民必须从事副业包括外出打工才可维持生计。这类村庄土地小规模流转较为常见，但流转的期限较短，多是以口头协议形式，一年一租，且多以亲朋好友的流转为主。另外，越是经济落后的地方，农户的社区观念和宗族观念意识往往也比较强，因此他们更愿意把土地流转给同村同宗人。在集体林权流转中，有的村庄甚至明确把外村人排斥在外（朱冬亮，2013）。

和南方山区农村相比，北方的平原地区的土地流转有所不同。在属于平原地带的河南汝南县和郸城县，由于当地的经济发展水平也相对落后，非农产业也不发达，因此村民的生计方式主要是以种地和外出打工为主。和其他被调查的村庄不同，这两个县的被调查村庄的耕地大多是种植粮食作物（小麦、玉米轮作），很少有农户种植其他经济作物。由于村里的土地本来就不多，加上交通便利，且绝大部分农户都单独或者兄弟合作购买了四轮拖拉机（汝南县被调查的 5 个村居多）。即使是只有留守老人和留守妇女，当地的大部分农户也可以把自家的承包地耕作好，因此自然也就很少有土地流转"大户"。课题组在河南调查的 6 个村中，最多的种地"大户"也只有 30 多亩。而这个"大户"家的土地之所以比较多，是因为 20 世纪 80 年代初土地承包制实施时，其家庭人口多，因此分到的地也

---

① 如四川合江县自怀镇的显龙村就是属于此类，这个村庄耕地很少，但平均每户拥有的山林面积在 100 亩以上，村民完全可以"靠山吃山"。

相对较多，并不是完全通过流转来的。

　　不同经济发展程度的地方的土地流转价格也有很大的差异。事实上，土地流转的价格高低不仅取决于当地的经济发展水平，也取决于流转期限的长短以及土地出租者出让的权利边界范围大小。一般而言，经济发达地区的土地流转价格比经济落后地区的价格更高，其流转期限也相对更长、土地的集约化规模化经营程度也相对更高。如早在 2007 年，江苏全省亩均土地流转价格已达 550 元（包宗顺等，2009），这个水平比本研究调查的 5 省 10 个县（区）的 43 个村中的绝大部分村庄要高，原因在于，本研究调查的大部分村庄的省份的总体经济发展水平落后于江苏省。

　　一般来说，土地流转的价格高低与土地流转的期限长短成正比。即流转的期限越长，土地转出者要求的价格也相对越高。总体而言，农户间私人口头协议形式的短期流转的价格最低，而且双方往往约定不能变更土地的形貌。这种流转方式虽然价格低，但双方的经营风险也相对较低。如果转入土地的经营者尤其是规模经营主体想获得更长的经营权，那么通常也要付出更高的流转成本，以换取土地转出者对自家承包地经营权的长期出让。以江苏省为例，2007 年，该省农户间私下的土地流转平均年租金为 493.03 元/亩，而经过乡村组织和中介结构参与流转的土地租金则是 692.81 元，比前者高了近 200 元。再以该省土地流转价格较高的南通市为例，2007 年，当地土地连片流转价格最高每亩年租金达 1360 元，而农户间的私下小规模流转的租金平均只有 640 元，只有规模流转的近一半（包宗顺等，2009）。

　　本研究调查表明，由于有的股份合作经营组织或者农业产业化企业想获得长期稳定的土地流转期限，因此这类经营主体开出的土地流转价格往往在当地属于最高。为了获得经营利润，他们往往要求农户把部分的土地处置权让渡出来，包括对土地重新进行整理，这样可能打破每块耕地的形貌和边界。不过，正如前文指出的，从长远的角度看，这种流转方式潜藏着极大的隐患。

　　有一种观点必须特别加以讨论。很多地方政府在干预土地流转时都有一个假设性前提，即土地流转能让农民增收甚至致富。这个问题涉及的主要是关于土地流转的经济绩效问题。从本研究中可以看出，土地流转或许能够提高土地的集约化、规模化经营水平，也可以促进第一产业结构甚至以此带动第二、第三产业的结构调整，但不一定能带动农民增收致富。即使是在大力推进土地股份合作制经营，并声称让农民大幅度增收的苏南地区，土地流转对促进农民增收的效果也并不明显。据统计，2009 年苏州市农民人均纯收入 12987 元，其中来自农业的收入比重已低于 20%，而常熟市董浜镇 2009 年农民人均纯收入 13800 元，其中来自农业的收入仅为 11%（孙中华、罗汉亚、赵鲲，2010）。实际上，土地流转的真正意义在于把剩余的农业劳动力解放出来从事收益更高的产业。如果以种植粮食作物为参照系，土地流转本身不能让农民增收致富，也未必能够增加粮食或者其他农作物的单产水平。[①]

（三）不同农民群体土地流转意愿的差异

对于中国农村土地问题的理解，历来有不同的研究视角。有的学者从历史的角度反证今日中国农民的土地观念，认为土地是农民心中的"命根子"（帕金斯，1984；黄宗智，1986、2000），也有的学者从当前的田野调查说明，农民对土地似乎已经失去感情。土地只不过是农民留在手上的一根"鸡肋"（马晓河、崔红志，2002）。事实上，农民对土地的情感及流转意愿取决于多方面的历史和现实因素。不仅不同年龄阶段的农民对土地的认知不同，而且生存于不同区位环境不同经济发展程度的农民的土地认知也有很大的差异。因此，如果简单地以一个地方调查获得的经验认知推广到别的地方，这种学术推理不免失之武断。

农民的土地流转意愿受到宏观和微观的社会心理和社会价值观念因素影响。其中宏观的社会心理影响因素包括整个社会对农业以及从事农业的农民群体的整体性社会评价，这种评价体系首先取决于从事农业比较收益的高低。不同的农民群体基于自己的生活经历，并据此对土地流转作出自身的理性选择判断。总体而言，农业生产是以农户家庭为基本经营单位和决策单位，每个农户会根据自身的家庭劳动力状况及人力资本拥有量来作出相应的选择。

---

① 贺雪峰则对各地呈现"大一统"的土地流转经营模式提出质疑，认为在当前学界和官方机构几乎拿不出一个令人信服的证据来证实规模农业经营优势的情况下，土地流转甚至产生了异化的效果，即地方政府将推动农村土地向专业大户和家庭农场流转当作任务、政绩及考评指标的比学赶帮超，是地方政府通过财政支持来推动农地流转的热烈竞赛（贺雪峰，2014）。

正如前文分析中一再呈现的，农户的理性选择并不完全是经济理性选择，也不完全是社会理性考量。实际上，农民是否出租或者流转自家的土地，主要取决于他们生存的环境以及人生经历。对于年老的农民群体（主要是 55 岁以上的农民）而言，他们和中年、青年农民群体之所以会有不同的土地观念，就是因为他们的生存环境和人生经历存在差异。总体而言，年老的农民群体大都没有外出打工或经商经历，他们一辈子基本上是在土地上"讨生活"，因此对土地情感深厚。他们倾向于不把自家的土地流转出租，甚至于倾向租入别人的土地来耕作，他们是整个家庭甚至家族的土地财产的守望者。由此可以看出，他们更多是把从事农业看成是自己生活方式中不可或缺的组成部分。土地耕作已经凝聚成一种文化意识形态，嵌入到他们的整个价值观念中。相对而言，和他们的后辈相比，他们的土地流转意愿明显更低，对长期性土地流转也更多持抵触态度。

对于中年农民群体（35—55 岁之间）而言，他们倾向于从经济理性的角度进行考量，他们大都是从种田是否"合算"这个角度来作出选择。他们对土地的情感和价值认知介于老年农民和青年群体之间。一方面，他们想离开土地，到外面去寻求更好的生活方式，另一方面，他们又舍不得土地。毕竟，和他们的下一代相比，他们大都还有耕田种地的体验，熟悉田间作业，对土地也有情感。另外，这部分人中也有不少人年轻时期有外出务工经商的经历，算是"见过世面"。因此他们游离也犹豫于城乡之间。对于土地流转的态度，他们更倾向于从"经济理性"的角度进行思维和考量，希望以此来获取尽可能多的经济收益。总体上，他们对土地长期流转持更为积极支持的态度。

至于年轻的农民群体（主要是 35 岁以下），他们属于"80 后"甚至是"90 后"。和他们的父辈相比，他们中的大部分在成年甚至在未成年时期就已经离开农村到城里打工或者生活。因此，他们大多没有从事耕作土地的经历，对土地没有什么印象也没有什么情感。他们疏远了农业和农村，自然也疏远了土地。再加上父辈的长期灌输引导以及生活经历让他们逐渐形成一种感觉，从事农业收入低而没有前途。在他们心目中，不仅不"恋土"反而"厌土"，农业在他们心目中甚至已经成为一种"低贱"的职业。他们中的大部分已经基本对种田失去兴趣，对土地也谈不上有什么情感。没有务农经验的他们一心希望到城里打拼，自然更加希望把土地流转出去。

不过，即便如此，他们中不少人仍然认为，土地依然是他们人生中可能退守的最后一道防线。如果整个社会发展形势稳定，没有发生大的社会动荡，长期外出的农民也许不会想起家里的土地。一旦形势有变，他们仍然可能被迫返归乡土社会，这时候他们依然会发现并感受到，土地仍然是他们赖以生存的基本保障也是最后的依靠。2009 年，本研究负责人前期在湖北京山县曹武镇调查时就发现，由于遭遇了 2008 年的金融危机，很多长期外出的农民工返乡。但等他们回到家乡时发现，自家的承包地已经因种种原因出现了变故，为此，他们就想要回自己的承包地，并由此引发了不少的土地纠纷。[①]

二　余论与讨论

（一）不同耕作条件下单个农户土地"适度规模"经营水平推算

推进土地的"适度规模"经营是我国土地制度政策实施的既有目标。不过，究竟如何把握"适度规模"经营的"度"？如何测算不同生产条件下的土地"适度规模"经营水平？如果能够弄清楚这个问题，对于完善和制定土地流转政策无疑具有重大的参考意义。接下来，本研究以农户自己的耕作经验为推算依据，对此进行探讨。

对于单个农户土地耕作规模，有不少研究者曾经试图就此进行推算。费孝通研究 1936 年的苏南开弦弓村时指出，1 个成年男劳力一年大概可以耕种 6 亩的田地（费孝通，1986：121）；而陈翰笙在研究解放前华南农村土地经营时也认为，"至于在南方，土地的生产力较高，（1 个男劳力）普通进行集约耕作的农田面积少到 5—7 亩"（陈翰笙，1985：140）。以此推算，南方地方一对年轻夫妇一般一年可耕作土地 15 亩左右。这点与本课题负责人 20 世纪 90 年代在福建将乐县调查时测算的基本相似。那

---

① 据统计，截至 2009 年 6 月，曹武镇因外出务工经商回家要田耕作引发的土地纠纷有 33 起，涉及 182 户，调整承包地 147.35 亩。另外还有外来户与本村群众引发的纠纷 2 起，涉及 11 户，调整承包地 27.5 亩；种田大户与少田农户引发纠纷 2 起，涉及 18 户，调整承包地 63 亩；因公益事业、产业开发占地引发纠纷 6 起，涉及 62 户，调整承包地 51.2 亩；因跨村、跨组承包引发纠纷 4 起，涉及 11 户，调整承包面积 9.7 亩。

次调查显示，在当时的耕作技术条件下，一对年轻夫妇，如果全心种田，不雇工，好差田平均搭配，一年种一季，大约可以耕作 1.5 万—2 万斤产量的农田，约合 15—20 亩左右。[①]

撇除其他方面的影响因素，就以当前农村常见的 4—6 口之家的人口规模来算，他们经营土地大致有三种方式。第一种就是农户家庭自我雇佣，以传统的自耕方式来组织生产。调查显示，考虑到农业经营的时节因素，如果是夫妻还当壮年，用传统的自我雇佣的方式耕作且只种植单季稻，则最高一年可耕作 30 亩的地。如果是种植双季稻，则一年最高可耕作 20 亩。这种典型的小农耕作方式，主要是夫妻自己付出劳动力，家里同时有老人或者未成年孩子帮忙，偶尔可以借助耕牛、犁田机、收割机等来替代比较累重的农活。这时候达到规模收益，且边际收益最高。超过这个规模，就不得不雇佣更多的人工，反而陷入边际收益递减状态，农户会觉得不划算。

在南方地区，以 2009 年的种粮的投入产出比来计算（投入包括化肥、种子、农药、地租、雇用畜力等，自己的人工投入不计），以种植 30 亩单季稻且平均亩产 1000 斤稻谷为例，不计各种种粮补贴，农户耕作土地，每亩可获纯利约 400—500 元，这种情况下种田的纯收入约为 1.2 万—1.5 万元。到了 2014 年，由于粮价上涨幅度较大（从 2009 年的平均 95 元上涨到 140—150 元/百斤，2015 年下跌到 120—130 元/百斤），尽管化肥、种子、农药、田租等成本也有上涨，农民种地的每亩纯收益上涨到 600—1000 元，总收益也上升到 1.8 万—3 万元。[②] 福建将乐县安仁乡泽坊村池姓农户 2013 年向别的农户租种了 30 亩的山垅田种植单季稻，因田质相对差而耗工量大（亩产只有 800 多斤稻谷），该农户一年忙下来，纯利不过就是 1 万元多一点。他详细地描述了自己"包地种"的经历：

> 我家只有我们一夫妻种地（受访户主 44 岁，其妻 35 岁），儿子偶尔帮点忙。今年（2013 年）种了 30 亩地，约有 6—7 户人家的地，

① 朱冬亮：《社会变迁中的村级土地制度——闽西北将乐县安仁乡个案研究》，厦门大学出版社 2003 年版，第 295 页。

② 2015 年，全国粮价有所下跌。南方稻谷的平均价格降至约 130 元/百斤。

预计收成有 25000—26000 斤干谷。由于基本都是山垅田，因此只能使用一些小型农业机械或者耕牛什么的，大机器无法使用，地块太小，离家也太远了点。我家有买了 1 台小型拖拉机和小型收割机，可以用来犁田和收割稻子，使用这种机械比人工耕作的效率可以提高 2 倍左右。最忙的时节是插秧和收割稻子，插秧就要 20 天左右，收割如果是人工收割，也要个把月。我现在夫妻俩用小型收割机收割，1 天平均只能收 1000 斤左右，到最后还是要雇工帮忙收割，不然来不及，稻谷太熟透了，谷粒会掉到田里，就白种了。即使这样，也要十几天才能割完。主要是现在雇工太贵，今年雇工，平常 1 天至少要 100 元，女工 80 元，而请人割稻，男工 1 天要 150 元，女工 1 天也要 120 元。仅割稻这一项，就要花去最后收成的 20% 左右，很不划算，能不雇工尽量不雇工吧。仅收割稻子这一项，我自己一家至少要干近 1 个月……按照目前这种耕作方式，我一年种这么多地，成本要 15000 元，纯收入也就 1 万元多一点。总共算起来，我今年耕作这么多地，以实际耕作的天数来平均，1 天也就赚 100 元的工钱。还好这些田都不要地租，不然就基本没有什么赚的了。①

单个农户从事农业生产的第二种经营方式是以传统的方式耕作，但全部依赖雇工来组织生产。如果农户完全采用雇工方式来耕作，耕作的田地质量中等，且用传统的方式来组织粮食种植业生产，根据 2009 年的投入产出比来计算，农户平均每亩可获利 100—200 元。那么要保持家庭自我雇佣的最高限额 1.5 万元的收入水平，户主至少必须耕作 75 亩的地，最多要耕作 150 亩的地，才能获得相应的收入水平。问题的关键在于，在目前的大多数农村，土地和劳动力的供给都是有限的。在人均土地只有 1 亩多的村庄中，要租借 75—150 亩的土地，如果以当前我国农村户均 7.5 亩地来计算的话，意味着租地者至少把 10 户农户的全部承包地租来耕作，才能达到这个水平。最高则要超过 20 户。况且，很多农户并不愿把自己家的土地全部出租流转，这意味着租地经营者实际要与更多的农户协商。这种高额的协商成本很显然一般的单个农户是难以承担的。因此，对于以

---

① 2013 年 10 月 3 日访谈将乐县安仁乡泽坊村村民池某（41 岁）。

传统耕作方式种地，但又试图通过雇工实现规模经营的单个农户而言，最高 150 亩的种植规模已经是其最高上限。不过，前文已经分析过，近年来，由于农业生产成本尤其是劳动力成本的快速上涨，已经把雇佣经营的实际边际利润进一步压缩得所剩无几。因此现实生活中，这种规模经营方式几乎不存在。至少在本研究的实地调查中，没有发现这类案例。

第三种经营方式以农业机械来替代人工投入，尽可能实现机械化耕作。总的来说，使用机械耕作，其成本比雇佣人工更低。以福建将乐县安仁乡为例，2014 年秋季收割水稻时，当地雇佣 1 台中型收割机收割水稻，平均每亩的成本约 140 元。① 如果雇佣人力收割，要花费 250 元以上，是机械收割成本的近 2 倍。从农户的角度来看，使用机械经营方式又有两种推算口径：一种是农户租赁机械来耕作；另一类则是农户自己购置整套农机具来耕作。两种口径的推算结果有很大差异。

如果是以第一种租赁机械的方式来进行耕作，按照 2009 年的投入产出比，种植 1 亩地平均可获利 200—300 元左右；② 如果是以第二种农户自己购置整套农机具方式来耕作，扣除全套农机的购置成本，农户种植 1 亩地可获利 250—350 元左右。假设再以第一种农户自我雇佣并以传统耕作方式最高获利 1.5 万元为参照系，那么农户如果以租赁机械的方式来组织生产，要获得 1.5 万元的收益，他至少也必须耕作 50 亩地。不过，考虑到机械化耕作对土地的要求较高，如山垅田和烂泥田，机械就不能进入，因此农户想要在村庄里租到这么多的好地，对一般农户而言，也几乎是不可能达成的目标。

如果是以农户自己购置整套农机具的方式来组织生产，农户至少也要耕作 42.8 亩地。不过，考虑到其购置机械投入的成本较高，即使是以投入 5 万元计算，如果农户想在 3 年内收回所有农机购置成本，再算上其盈利，那么该农户每年至少要耕作 90 亩以上的土地，才能确保 3 年内收回

---

①　按照平均水平测算，这种中型收割机 1 天可以收割稻谷 20—25 亩左右，而人工收割，4 人组合，1 天一般可收割 1 亩左右。

②　我们在赣北铜鼓县的调查显示，农户种植成本为：犁田 80 元/亩，插秧 100 元/亩，种子 20 元/亩，农药 20 元/亩，化肥 100 元/亩，雇工 50 元/亩，收割机 80 元/亩，地租 100—150 元/亩，总计成本约 550—600 元。而当地亩产平均为 800 斤，以每百斤 90 元计算，一亩地毛收入约 720 元，扣除成本，每亩净收益 120—170 元。

成本，并每年获得 1.5 万元的纯收益。同样，农户要在一个特定的范围内租到这么多的适合机械化耕作的好地，也绝非易事。

上面的推算分析仅仅限于单个 4—6 口之家的"适度规模"经营的分析。这种分析或许过于简单，但我们仍然可以从中看出，如何在当前社会发展形势和耕作技术条件下权衡和把握土地经营的规模经济和规模不经济，是每一个农户都会认真考量的问题。在南方的山区农村地带，如果是农户之间私下协商流转土地经营，最高很难超过 150 亩，否则带来的将是规模不经济。[1] 考虑到当前青壮年劳动力大部分外出务工以及农业生产的季节性因素，农户耕作土地大多是把自我雇佣、互助合作及机械替代等三种经营方式组合起来，因此，单个农户的最佳规模经营水平约为 20 亩左右，相当于我国现有单个农户平均承包土地面积的 3 倍。按照这种投入产出比，以 2014 年为推算年份，农户耕作 1 亩土地，以平均亩产稻谷 1000 斤来计算，不计各种种粮补贴，每亩可获收益 600—1000 元。每个农户以 4 口人计算，耕作 20 亩土地，可得总收入 1.2 万—2 万元，仅占 2014 年农民户均纯收入 39568 元的 30.3%—50.6%。[2] 如果是种植双季稻，虽然收入会有所增加，但单户经营规模必须下降为 15 亩左右。换言之，单纯地耕作土地，并以种粮为业，即使是达到所谓的"适度规模"经营水平，农户也并不能维持全国平均收入水平。因此，他们必须利用农闲时期从事非农产业或者"搞副业"，获取其他收入。

不过，本研究在实地调查中，仍然可以看到少量的"大户"（如江西铜鼓大塅镇的 L. Z. Q.、湖南靖州县贯堡渡村的 D. X. P.、Y. L.、福建沙县夏茂镇的少量外来流动农民）耕作规模超过了这个水平。对此，我们的解释是这些"大户"的规模经营总体上借助了一些其他地方还不具备的因素和力量。特别是地方政府直接参与土地流转的组织工作，并给予多方面激励扶持，这样大大降低了"大户"的各种土地流转组织和协商成本。实际上，当前除了国家对超过 50 亩以上的种粮"大户"有专门的资金补助外，对规模经营更大的，国家和地方政府对其财政资

---

① 实际上，亚洲的如日本、韩国及中国台湾地区的现代小农耕作的标准平均在 50 亩左右（参见郭红东，2003；詹兆雄，2000）。

② 2014 年农民人均纯收入 9892 元（引自《2014 年国民经济和社会发展统计公报》）。

金扶持的力度更大，这样也为规模经营分摊了很大一部分成本。如果没有这些政策支持，很多地方的规模流转的经营效益将大为下降。如铜鼓县的 L. Z. Q. 以雇工方式租种 300 多亩地最终归于失败，很重要的一个原因他无法得到任何外部的支持。而湖南靖州县贯堡渡村的 D. X. P. 和 Y. L. 两个"大户"之所以经营规模超过了 150 亩，一是他们自己资本雄厚，购买了较多的农机具；二是当地劳动力较为便宜；三是恰逢近几年粮食价格大幅度上涨，因此短期内经营有利可图。而从长远来看，情况未必乐观。

由此不难看出，在当前的耕作技术条件下，如果缺乏更多的外部政策支持，结合当前农村的实际情况，农民要想从粮食种植业中获取更多的收益，已经实无可能。这就不难理解，为什么现在的农民粮食种植业意愿越来越低。而现行的以种粮补贴为激励的政策效应已经越来越小。现在的农户，不仅不愿意种粮，即使是地方政府在促进农业产业化过程中，也是以有意或者无意地引导经营主体脱离粮食种植业为首要目标，由此可能危及我国的粮食战略安全甚至是农业安全。

当然，如果农户能够在更广泛的意义上对生产要素进行重组，包括地方政府干预扶持及村集体组织的介入，有更多的土地可供流转，有充足的机械和劳动力资源可以雇佣，则"适度规模"经营的推算方式会有很大的变化。如福建沙县夏茂镇就是属于这类例子。在这个镇，有少量外来农民耕作规模超过 100 亩，是因为当地大量本地农民长期外出经营"沙县小吃"，因此他们把自家的土地通过当地政府组建的信托机构流转给外来农民，这样大大降低了土地流转的协商成本。除此之外，也与当地农业企业、农业专业合作社提供的完善的农业产业化服务以及大量的外地劳动力可以雇佣等因素有关。实际上，凡是土地规模流转经营搞的比较好的地方的实践经验都证明，要提高土地的规模经营水平，必须建构组织化、机械化、信息化服务程度更高的现代农业服务体系，而在这其中，政府、村集体、农户及市场四种因素不可或缺。只有这四者之间相互协作，才可能实现规模经营更高的目标。

需要特别说明的是，上述对单个农户"适度规模"经营的推算只适合于分析南方地区特别是山区的稻作农区，并不适用于分析北方平原的小麦产区。事实上，由于耕作条件便利，北方平原地带的土地经营模式已经基本进入机械化半机械化经营阶段。只不过，这种机械化经营不是以土地大规模承包经营为基础，而是"小户承包＋机械化经营"模式。和南方福建的武平、将乐及江西的铜鼓县被调查村庄相比，河南省郸城县、汝南县被调查的村庄的土地流转率就相对低得多。有数据显示，截至 2007 年年底，河南省农户家庭承包土地流转总面积为 453 万亩，占该省家庭承包经营耕地面积的 4.8%（高雅，2011）。就以我们对河南郸城县黄楼村的调查情况看，尽管该村的大部分耕作程序已经基本实现机械化了，其整体机械化经营水平在调查的 43 个样本村中处于前列，但当地的土地流转面积估计只占全村耕地面积的 7%，比本研究课题组调查的 43 个样本村的平均流转率低了 38 个百分点。之所以出现这个特征，主要原因除了与当地经济相对落后，农民更依赖土地维持生计之外，还有一个主要原因是当地适合机械化耕作。因此，当地农户即使只有留守老人，也能够通过雇佣机械的方式，把自家的地经营管理好。而大规模机械耕作和该村的土地分散承包并不会发生冲突，前提是每个农户都同意统一雇用机械耕作。

有一点必须提及，2014 年 11 月底中央印发《关于引导农村土地经营权有序流转发展农业适度规模经营的意见》（以下简称《意见》）提出了一个带有指导性意义的"适度规模"经营衡量标准。《意见》提出，土地经营规模相当于当地户均承包土地面积 10—15 倍，这主要考虑到我国农户平均承包土地面积不足 8 亩，10—15 倍在 100 亩左右。按照《意见》的解释，如果按农户家庭 2 个劳动力种粮计算，现阶段劳均收入可相当于出外打工获得的收入。实际是种半年地等于打一年工，务农收入相当于当地二、三产业务工收入。这种测算是根据当前农业生产的投入产出比来推算的，并没有考虑其他因素变动的影响。[①]

（二）产权治理与土地流转

实践表明，国家的农业治理政策对土地流转有重要的影响。从宏观角度看，影响当前土地流转的因素主要有产权制度、经济发展水平、法律规范建设、交易成本和社会保障机制等（邓大才，2000；陈曜、罗进华，

---

　　① 如在日本，平均每个现代小农耕作的土地面积约为 40 亩左右，日本政府却必须通过政策扶持，使经营这个面积的农户的收入相当于日本普通城市家庭的收入。

2004）。目前我国土地流转的整体收益一直保持较低水平。农户流转土地的意愿、土地流转价格的高低乃至整个土地流转的绩效取决于多方面的政治、经济、社会和文化因素。如果从政策实施角度来看，农户的土地流转意愿首先取决于国家、地方政府的政策取向，同时也与村集体组织对土地流转的参与力度有关。

在导论开篇中已经指出，讨论土地流转问题，最本质的还是产权治理问题。任何有关土地流转的政策设计都是在明确土地产权问题的基础上进行的。张宏宇指出，我国土地产权问题的核心是土地使用权的问题，而使用权问题的核心是树立农户对土地使用的预期信念和土地资源合理配置问题。因此，政策制定与执行中需充分明确产权界限，尊重农户的权利，明确职能定位，在不断的政策调整中促进土地流转的进行与农业的发展（张红宇，1998）。尽管如此，如果仅仅从法理上讨论明晰土地产权，显然没有多大意义，因为现行的关于土地的法律规制本身就是非常模糊甚至相互矛盾的。因此，我们必须从产权治理实践中看看土地产权是如何被分解和解读的。这样或许能够梳理出一些促进地产权制度改革和实践的"可用"规则。

在当前土地流转实践中，我们始终可以看到国家、地方政府、村集体、农户、土地流转经营者相互妥协又相互博弈的场景。作为土地产权的规制者，国家力量在土地流转中始终发挥着重要的引导作用。一方面，国家通过有意的模糊产权设计，为政策干预尤其是诸如征地拆迁之类的土地流转提供某种制度性的空间；另一方面，也给地方政府介入和干预土地流转提供某种有意无意的制度支持。除了这两点，国家力量在土地制度实践中始终是以维护农民的"集体成员权"权益为基本导向，这种政治导向使得大规模的土地流转基本不受国家的宏观政策鼓励。[①] 至于地方政府，它们出于农业产业结构调整、招商引资的施政导向，更偏向于通过行政手段对本地的土地流转进行干预和引导，目的大多是以促进大规模的土地流转为主要取向。这点和国家顶层的政策导向并不完全一致。闽西武平县的地方政府干预策略就是按照这个思路来推进的。

---

① 国家政策只是鼓励土地的"适度规模"经营，并在此建立现代农业经营体系。

从所有权来看，我国相关法律明确规定，农村土地属于农民集体所有[1]。但在实践中，农民集体这一土地所有权持有者是一个"虚化"的主体概念（彭卫兵、张晓敏，2010）。作为一个实践主体，村干部群体本身缺乏独立性，他们有自己的利益追求。在村干部群体日益专业化和职业化的情况下，他们中有相当一部分人逐渐成为"干部"而与一般的村民脱离，也很容易受到地方政府的约束和干扰，沦为其利用的工具。从村庄治理的角度来看，总体而言，村集体在土地流转是否能够发挥作用以及发挥作用大小取决于国家和地方政府对当地土地流转的干预程度。在实践中，由于村集体组织承担着政府代理人、集体产权代理人、社区管理者三项似乎是相互矛盾的职能，引发了土地制度实施及治理结构问题（陈剑波，2006）。前文分析中有很多案例已经表明，作为村集体土地所有权主体的代理人及委托管理者，村干部在土地所有权（如政府征地）和经营权流转（如搞农业产业化基地）中都可能扮演一个重要的甚至是不可缺少的中介和组织角色。特别是外来的农业产业化企业投资当地的农业产业化项目需要建立农业基地的话，都绕不开村干部这个"守门人"。至于他们在土地流转中所扮演的角色是倾向于维护农户的利益还是维护外来经营主体的利益，抑或是追求自己的利益，或者兼而有之，则取决于村干部自身的利益平衡点。

在实践中，作为村集体土地的法定代理人和委托管理者，村集体也希望通过土地流转来体现自身的——土地所有权——所有者主体的作用，并试图从中"寻租"甚至为村干部谋取私利提供可能。调查显示，总的来看，大部分村庄的村干部倾向于以促进土地流转的方式来发展规模和集约经营。因为只有这样，他们才可能从中获取"规模性"的"寻租"利益，并体现自己作为土地所有权主体的地位和价值，同时以此来对农村的地方社会秩序进行控制，达到"一箭双雕"之功效。再者，由于土地规模流转往往是地方政府干预土地流转所追求的目标，因此村集体的利益诉求与地方政府的利益诉求基本保持一致。这意味着村集体及代理人村干部可以借助政府的力量强化自己的"合法性"地位，并打着政府的旗号来达成

---

[1]　以上法律引自胡德平主编：《〈中国"三农"政策及解读——土地承包·征用补偿〉的政策法律选编》，研究出版社 2004 年版，第 3、17 页。

自己的目的。

目前，绝大多数的规模性土地流转都有地方政府和"村两委"干部的"影子"，利益驱动促进他们干预介入土地流转。例如，福建将乐县安仁乡泽坊村从 2011 年开始发展 100 多亩的花卉种植业。该村村集体组织从 2013 年开始收取 3 万多元的中介费和管理费（前两年免收）。而同县的万安镇万安村村干部之所以愿意为外来的"利农公司"出面，与本村农户协调土地流转事宜，最主要的原因土地流转需求方"利农公司"承诺每年以每亩 50 元的标准，向村集体支付一笔"管理费"。

国家及乡村治理对土地流转的影响可以从土地纠纷中更明显地呈现出来。据湖北京山县地方政府调查，2005 年该县在开展承包地确权登记时引发了不少的土地纠纷。而诱发土地纠纷的原因主要有四点：一是第二轮土地承包不到位；二是土地承包关系不稳定；三是土地流转不规范；四是占地补偿不到位。至于具体的纠纷表现形式则主要可分为以下几种类型：外出务工经商的农户与村组的纠纷；被收回、调整承包地的农户与村组的纠纷；农户之间代耕代种、相互转包引发的纠纷；无田农户和种田较少的农户与种田大户之间的纠纷；林果基地专业户与村组的纠纷；外来户与本地农户的纠纷；人地矛盾突出以及高速公路占地引发的纠纷等八类。其中人地矛盾问题主要表现在，因婚嫁、生死、迁入迁出、自然灾害等原因，造成农户间人均承包的土地差异悬殊。针对这点，当地政府建议，应在"增人不增地，减人不减地"原则下，从实际出发，对个别人少地多矛盾十分突出的农户，经本集体经济组织的村民会议 2/3 以上成员或者 2/3 以上村民代表同意，用村组的机动地、开荒地或依法收回的土地适当进行调剂平衡。

另外，在田野调查中，我们还发现一个问题，就是总体上现在的"村两委"干部特别是村主任、村支书有趋于年轻化的趋势。大部分村庄的现任特别是新选上的村主干年龄在 40 岁以下，很少有超过 45 岁的。他们一般都有外出闯荡打工经商的经验，这个经历使得他们头脑比较活络，也更精于算计，有市场头脑。在村庄中，他们一般都有从事多样化经营，种田之余，也大都会做点小生意。他们的家庭经济收入一般都比当地家庭平均收入多两倍甚至十多倍。最重要的一点是，在村级选举中，村民们普遍认可他们，大家希望他们能够带领村民致富，发展集体经济。这说明现在的农民渴望改善他们的发展境遇，渴望增加收入。这种新的社会评价体系为年轻的农村能人提供了新的发展机遇。从这些村干部的经历中可以看出，作为村庄的新型能人或者精英人物，他们有较为丰富的经历，视野开阔，有较好的经济头脑。可以预见，这些新一代的村干部将在土地流转中发挥更为显著的作用。

对于产权明晰与土地产出假设性探讨，或许我们可以引入另一个参照系进行比较研究。这个参照系就是同样属于农村集体所有，同样也实行承包到户的集体林地产权实践（朱冬亮、贺东航，2009）。依照本课题组近年来对集体林权制度改革的研究经验，尽管自 20 世纪 80 年代初实行林业"三定"以来，全国很多地方都把集体山林承包到户，但林地经营和林地产出并没有因为产权明晰而增加。[①] 和经常调整的耕地承包制不同，农户承包的集体林地（除了毛竹林之外）一开始就比较稳定，很少有进行调整的，但是这种长预期的产权约定在很长时期内并没有激发农户增加对承包林地的投入。这其中还有一个更重要的原因，就是因为在新集体林权制度改革实施之前，林农经营林地基本没有多少利益可图，主要原因除了与林地经营周期长见效慢之外，更重要的原因在于林木税费太高，林木采伐管理制度太严以及国家对林木交易市场的垄断等。正是因为林业生产力得不到释放，我国才在 2003 年开始启动实施新一轮集体林权制度改革。[②] 这次改革以政府大幅度的减税让利、开放林木交易市场、放宽林木采伐限制政策以及推进林权抵押贷款、开展森林保险等为先导，最终是让农户造林有利可图，结果才使得林农的营林积极性被空前地激发出来（朱冬亮，

---

① "集体林权"是指集体林地、林木产权。实际上，在 20 世纪 80 年代初期，全国大部分省份已经基本完成了以"稳定山林权、划定自留山、落实林业生产责任制"（即林业"三定"）——"包山到户"的改革任务，其改革路径与同期推进的耕地家庭承包责任制基本类似。只不过，由于当时"分山"受技术条件、农民不重视等因素制约，工作粗糙，农户承包的山林界址不清晰，由此为新一轮集体林权制度改革实施埋下了伏笔。

② 集体林改由福建省于 2003 年率先试点实施。2008 年，国家出台了《关于全面推进集体林权制度改革的意见》，标志着林改成为国家决策并在全国推广实施。集体林改的顶层设计是通过明晰产权、放活经营权、落实处置权、保障收益权，把集体林地经营权和林木所有权落实到农户，激发农民发展林业生产经营的积极性，进而实现"资源增长、农民增收、生态良好、林区和谐"的改革目标。林改大致可分为主体阶段改革和深化改革两个阶段，其中主体阶段林改工作以明晰林地产权为主要内容，而深化（配套）改革阶段则涉及林业税费减免、林业市场开放、林木采伐管理制度、林业金融支持制度等方面的改革。

2007)。不仅如此，新集体林改还导致一波工商资本投资林业的高潮的兴起。① 反观耕地承包经营，尽管国家试图通过各种政策鼓励农民种粮，但是实施效果依然不尽人意。究其原因，恐怕还在于农民从事粮食种植的比较收益持续下降。在农民看来，种粮是一项收益微薄、无利可图甚至可能是"亏本"的行业，谁会愿意种粮？即使是土地产权明晰，又有何用呢？

（三）　土地流转视角下的国家惠农利农政策实践反思

从国家层面来看，中央政府对土地利用的干预主要是以间接干预为主。近年来，国家取消了各项农业税费的同时，还实施各种补贴政策，目的是提升农业比较收益。这些政策的实施，客观上都促进了土地的流转。总体上看，国家政策对土地利用的干预主要是以保障国家的粮食战略安全为出发点和落脚点，并以扶持粮食产量提升为主要目标。

从地方政府的角度看，提升土地的规模化集约化经营水平是被放在发展地方经济，促进地方农业产业结构调整的高度上来看的。和国家层面的政策干预不同，地方政府尤其是县（市）级政府对土地流转的干预是以提升农民收入，发展农村经济为导向。正如笔者在前文中所分析指出的，由于当前农民种粮比较收益始终处于较低水平，因此农民的种粮意愿弱化也是不争的事实。而地方政府对非粮食种植业的政策激励和引导进一步加剧了这种倾向。

1. 粮食综合补贴政策实践反思

2006 年，农业税费改革取消了农业税费后，我国即实施各项粮食综合补贴政策。1998 年，我国建立了政府指导下的由市场形成的农产品价格的体系。在此之后，对农民种粮直接补贴及减免农业税。目前，中央对种粮农民实行直接补贴、良种补贴、农机具购置补贴和农资综合补贴等综合扶持政策。在地方政策执行过程中，我国的种粮补贴分为四项，其中粮食综合直补和粮食直补两项是由财政局负责发放，而良种补贴和农机

---

①　不过，本课题组在 2016 年 2—3 月对福建、江西、浙江、四川、重庆等地的最新调查中发现，由于国家和地方政府集体林业政策的变动（如福建强化了集体林地利用的生态取向，包括延长林木采伐期限、把原本属于商品用材林划为生态林等）以及宏观经济形势下行趋势凸显，早期进入的林业资本经营出现了不少的困难，这说明随着改革红利的逐步褪色，一些深层次的矛盾也凸显出来，并需要通过进一步深化集体林权改革来加以应对。

（市场）补贴则是由农业局负责发放。不过，这项政策设计在实施过程中却暴露出不少问题。

首先，现行粮食综合补贴政策本是为了鼓励和提升农户的种粮积极性，但在执行中却首先遭遇两个难题，一是难以准确界定种粮农民和种粮耕地，二是补贴演变为一项依附在农户承包地上的特殊福利。[①] 例如，以福建省第一个农业税费改革试点县武平县为例，2009 年课题组负责人在此进行前期调查时，发现该县发放粮食综合补贴的依据是以 2003 年税改确立的耕地总面积进行总体发放。这其中包括旱地 9 万亩，水田 25.32 万亩。而 2009 年中央发文要求以实际种粮面积为粮食综合补贴发放依据，但是实际种粮面积和统计面积却存在误差，主要原因一是过去农业税费时期村集体有意识地隐瞒部分耕地面积，以规避当初繁重的各种税费负担。另一方面，则是当地土地面积测量不准确而产生的误差。由于解放前后当地普遍是以产量来界定耕地面积的（3 担 3 合 1 亩），现在产量却有提升，导致统计数字不准确。另外，不同耕地中有种植小麦、水稻、玉米、马铃薯等作物，不同的作物的补贴也不相同，而操作中却难以对每种作物的播种土地面积进行统计。[②] 鉴于此，为了降低操作成本，各地财政部门普遍都是以农户的承包土地面积为发放依据，不论农户是否种粮还是种植别的农作物，也不论是种单季稻还是种双季稻。这样一来，原本是为了激励农民提高种粮积极性的政策，就变成国家补贴给农民的一项福利补贴，而失去了其政策设定和实施的本意。

当前的粮食综合补贴政策执行存在的最突出的问题是对农民的种粮激励严重不足。首先，以农资补贴为例，本研究课题组在武平县的调查显示，仅农资一项，2008 年当地的价格就比 2007 年上涨了 40% 左右，而国家农资补贴只能说是"杯水车薪"。其次，就种粮补贴而言，现有补贴标准根本弥补不了种粮与其他经济作物之间的收益差距。特别是从 2009 年至今，虽然粮食市场价格上涨了 30%—40%，但是由于劳动力、农资价

----

① 本课题组在田野调查中发现，绝大部分农民搞不清楚也不关心粮食综合直补的具体补贴项目，也不知道政策实施的含义是什么。他们多半认为，那是国家打到每个农户卡上的一笔补贴而已。

② 当地财政局的负责人在受访时甚至测算，如果按照播种面积发放补贴，需要 25000 人力进行测算。

格也随之上涨，加上通货膨胀等因素抵消，农民的种粮比较收益仍在下
降。这就是前文一再强调指出的，土地流转的规模越大，期限越长，土地
经营"非粮化"及粮食种植业退化特征就越突出。因此，仅凭现有种粮
补贴似乎很难调动农户的种粮积极性。

　　很显然，要应对当前土地流转"非粮化"的困局，有一条途径可供
选择，就是大幅度提高粮食价格，而且由此产生的收益必须直接让渡给普
通的粮食种植业主。这个成本中的一部分必须让城市居民直接承担。[①] 党
的十八届三中全会强调指出，要建立城乡生产要素平等交换的市场体制，
整个社会必须建立一套真正的"反哺型"农业治理体系。正如有的地方
干部所认为的，保证国家粮食战略安全，是国家和整个社会的职责，而不
是农民的职责。如果种粮就意味着收入低，意味着贫困，问题出在整个制
度设计，这是我们必须深刻反思的。

　　当前的粮食综合补贴政策还存在另外两个重要问题：一是这项普惠制
性质的政策福利被实际操作化为"撒胡椒面"和"摊大饼"，结果有限的
资金被分散使用，没有发挥应有的作用；二是各项惠农利农强农政策
"政出多门"，各部门为了自身的利益，缺乏一个协调机制，结果在执行
过程中陡然增加了不少行政成本，而且也使得政策实施绩效大打折扣。[②]
调查显示，国家巨额的财政支农资金"分摊"到每亩地上，每年平均只
有 100 元左右，仅相当于农民打一天短工的收入。以当前平均每个农户耕
作 7.5—7.8 亩土地计算，每个农户一年获得的补贴不足 1000 元，在整个

---

　　① 我们测算认为，当前粮食的合理价位应该是现有市场价的 3 倍以上，且是以农资价格保
持稳定为前提。虽然由此产生的利益调整将影响整个社会，尽管其副作用非常大，但这是一条值
得尝试的路径途径。毕竟在新型城镇化短期内难以取得突破性进展，且国家粮食战略安全形势严
峻的情况下，要让农民更好地分享改革开放的现代化成果，唯有提高农业产出特别是粮食种植业
的附加值。中国现代农业发展的参照系不是美国的大农场制，而是日本的现代小农制（日本以高
于国际市场价 10 倍以上的价格来维持农民的种粮积极性）。限于篇幅，我们不再进一步展开讨
论。

　　② 例如，前文分析中就提到，在福建将乐县，仅农田基础设施建设这一块就至少有四个互
不隶属的部门在负责实施，土地整理是土地局负责实施；农田水利是水利局实施；"烟基工程"
是烟草局单独实施；县农办也有一块资金用于农田建设。在武平县，2009 年课题组负责人在此
进行前期调查时，当地财政局负责人曾经反映，现在一头母猪的补贴就由"3 个司管理"，其中
母猪保险由金融司负责，母猪的规模化养殖由经济建设司负责，能繁母猪补贴由农业司和省农业
处负责。

农户家庭收入中的比重非常之低。① 而事实上，在农村，无论是农田水利设施、还是土地平整之类的基础设施建设，都需要大量的资金投入，但却没有这方面的资金扶持或者扶持较少。② 因此，如何把有限的资金更好地达到"惠农利农"甚至是强农的目标，也是国家顶层设计中必须认真反思的一个紧迫问题。

不仅如此，正如有的研究者所指出的，包括粮食综合补贴等一系列惠农政策的实施，反而促使土地流转年限开始趋向短期化流转（包宗顺等，2009；唐茂华、黄少安，2011）。前文的分析表明，当前土地流转中几乎所有的流转模式都约定各项种粮补贴都是归属于土地承包方——农户——所有，在土地承包权固化为"长久不变"的情况下，各项种粮补贴最终就演变为依附在农民承包地上的政策福利。由于农民获取承包地是以是否享有"集体成员权"为准入门槛的，因此如何界定"集体成员权"就成为土地承包制实践中必须处理好的最为关键的一个环节。事实上，目前农村引发的绝大多数土地纠纷，基本是围绕"如何从生而为农转变为身而为农"这点而发生的。这也是为什么国家试图用土地承包权"长久不变"，来抑制农户定期或者不定期根据人口增减变化调整土地的愿望和追求，其目的是通过土地承包经营权长期化设置，以激发农户合理利用土地、保护土地、投资于土地的积极性（钱忠好，2002）。不过，在村民自治的治理框架中，村民仍然可以以群体民主决策的方式来规避国家的政策设计。

由此看来，国家原本是为了鼓励农民增加投入，以提升粮食产出的政策，实践中在某种程度上却走向了其反面。客观而言，当前国家粮食综合补贴政策实施对长期性的土地流转起到了明显的抑制作用，而短期性的土地流转显然不利于土地流转中获得土地经营权的经营主体对土地进行长期性投入，进而也影响到土地经营的产出。未来在国家惠农利农强农政策支持将持续加大的预期下，作为拥有土地承包权的农户将紧紧抓住这项权利，以获取国家的政策福利。从长远的角度看，这种预期不仅会影响土地流

---

① 以 2013 年农民人均收入 8896 元为例，一个 4 口之家获得 1000 元粮食综合直补收入，仅占其家庭收入的 2.8%。

② 不过，在福建省，从 2009 年开始，该省每年耗费数十亿元的资金来推进土地整治、水利设施维修等基础设施建设，平均每个县投入可达数千万元。但其他省份在这方面的投入力度要小得多，有的省份甚至没有这类投入。

转的实施绩效，也会影响中国城镇化进程乃至整个城乡一体化发展进程。

2. "农机下乡"补贴政策反思

自 2004 年我国开始启动实施农机具补贴政策以来，有力地促进了农业机械化水平的进展，这项政策也是当前所有惠农利农政策中被认为实施得最为成功的。特别是从 2009 年开始，我国加大了农机具补贴政策实施力度，很多农户因此从中受益。[①] 本课题研究表明，"农机下乡"补贴政策实施不仅提高了农业机械化水平。借助于机械动力，不仅可以替代农户的劳动力人力投入，降低农业投入成本，同时还可以提高土地耕作的效率，提升农业规模化经营水平。事实上，20 世纪"民工潮"兴起之后的"农业老龄化"现象延续至今已经难以为继。很多农户因老年人年老体衰而退出或者即将退出土地耕作，而农业机械的普及恰好在很大程度上形成了对农业劳动力投入的替代。

从土地流转的角度来看，"农机下乡"可以大幅度地提高土地规模化集约化经营水平，因此对土地流转形成了重要的促进作用。本研究课题组调查显示，土地耕作规模达 20—50 亩以上的农户中，有 95% 的人使用了农业机械，而耕作规模达 100 亩以上的大户或合作社经营者则往往拥有全套的农业机械，有的甚至还购买了大型农业耕作机械。因此，土地经营的规模化经营几乎与农业机械化是同步推进的。

不过，本课题调查也显示，不同农村地区、不同村庄的农户对农机具作用的认识并不完全一样。各地在推进农业机械化过程中也存在一些值得重视的问题。在江西铜鼓县，至 2009 年课题组负责人到当地调查时，本

① 我国的农机补贴政策起始于 2004 年。根据当年 11 月 1 日生效的《中华人民共和国农业机械化促进法》第二十七条规定："中央财政、省级财政应当分别安排专项资金，对农民和农业生产经营组织购买国家支持推广的先进适用的农业机械给予补贴。"按照该法的规定，财政部、农业部于 2004 年共同启动实施了农机购置补贴政策，当年安排了补贴资金 0.7 亿元在 66 个县实施。此后，中央财政不断加大投入力度，补贴资金规模连年大幅度增长，实施范围扩大到全国所有农牧县和农场。2004—2009 年，中央财政累计安排农机购置补贴资金 199.7 亿元，其中 2009 年安排 130 亿元，比 2008 年增加 90 亿元，增长 225%。仅 2009 年一年全国共补贴各类农机具超过 343 万台（套），受益农户逾 300 万户。而在 2012 年这一年，截至当年 8 月 30 日，全国共实施中央财政农机购置补贴资金 142.9 亿元，补贴农机具 405.2 万台（套），受益农户 311.7 万户。该政策实施至今，我国耕种收综合机械化水平持续提高（参见 http：//baike. baidu. com/link? url = YTAmL7KuOOWUW80SZBIyUVPTFL4vxfJ5w4OUR_ K5e686JsER1MDv9tp2Y66up2ZYmw ScGwHiZd uqB3ksk—5k3a）。

地经济相对落后且农户依然在使用耕牛，但是也有少量的农户购置农机具（不到5%），而这些购买农机具的农户一般都是为了扩大耕作的规模。平均而言，购买农机具的农户耕作规模大都在50亩以上。由于经济发展整体水平相对落后，当地农民建立了一套民间互助合作机制，最明显的是兄弟邻里之间共同饲养耕牛或者购买农机具，并一起使用。

　　而在湖北崇阳县所调查的村庄，农业机械化程度比其他地方要高得多。2009年，当地农户95%以上都已购置了小型的"175"犁田机，但当地的农业规模化经营水平在所调查村中却是比较低的。之所以会出现这种看似不合理的现象，一方面是由于当地农户购买小型农机，是为了替代青壮年劳动力，并不单是为了耕作更多的土地，也有一些攀比的心理因素。另一方面，当地农民缺乏互助合作机制，不同农户习惯于独立耕作，因此大家都购买农机具，是为了耕作时"不求于人"，由此带来的无疑是资源的浪费。

　　至于福建的武平县和将乐县，2009年时，当地购买农机具的比例不到10%，农机具对推动土地规模化经营的作用也不明显。不过，在此之后，情况有了很大的变化。2014年10月，课题组到将乐县安仁乡等地调查，发现在过去几年中，当地的机械化半机械化经营水平大幅度提升。当地70%的行政村有农户购买中型收割机①，而90%的在家种地的农户已经购买了不同类型的小型农机具（主要是微型犁田机和收割机）。其中余坑村朱坊自然村有农户在2013年5月组建了1个合作社，当年9月他购买了1台价值9.9万元的中型收割机。② 由于该农户在2014年预计种植300亩的油菜，因此他购买的收割机也能收割油菜。

　　一般而言，购买大型农机具的农户都有一个想法，就是希望用这些机械为别的农户服务，自己则额外获取一些收入。③ 但据调查测算，这种市

---

　　① 该乡地处山区，目前无人购买大型收割机，因为当地田块不大，且有不少山垅田不能用机械收割，因此大型收割机没有必要，也没有市场。

　　② 该户主获得政府农机补贴30%，个人实际支付6.6万元。

　　③ 2009年课题负责人调查显示，铜鼓县农户雇请收割机收割水稻，平均1亩要花费70—80元，因当地田亩产普遍在800斤左右。而在闽西北的将乐县和闽西的武平县，类似的工序要花费90元，其同等面积的稻谷产量约1000斤左右。2013年，在福建省，同样的工序所花费用上涨到100—110元甚至更多。

场容量并不大。以中型收割机为例，在南方水稻产区，平均 1 个村有 1 台就基本能够承担全村的稻谷收割任务（大多数村总有或多或少的山垅田、烂泥田不能使用机械耕作）。有关部门应该有意识地进行测算，否则农户盲目购买农机具，市场过度饱和，浪费的就是国家和农户的资金和资源。

另外，调查也显示，虽然目前农户购买农机能申请政府财政补贴，但对普通农户而言农机具售价仍然偏高。况且地质条件也阻碍了农机具普及。调查中农户普遍反映，大部分的农机具质量问题突出。如果使用超过 3 年，就得大修。况且，如果每家每户都买农机具，不仅占用家庭空间，而且使用率低而折旧快，农户认为很不划算。考虑到这些特点，再结合当前小农耕作的现实，有的农户反映，看能否组建一种新的合作经营模式。例如，为了尽量避免对资源的浪费，由村组出面按照每户承包的土地数量集资购买或者由合作社购买农机具，然后出租给一般农户使用，并向后者收取使用费，所得利润再按同样比例返还给农户。[①]

（四）城镇化发展与土地流转

城镇化与土地流转关系密切。当前，我国土地流转遭遇的一个主要障碍就是城镇化滞后。发达国家的发展经验表明，正是通过城镇化进程把大部分农民从土地里解放出来，变为市民，由此才为农村的土地流转及规模经营创造了前提。但在我国，自改革开放至今，由"民工潮"引发的城镇化进程到目前还处于"难产"阶段。尽管很多农民以"农民工"的方式到城里谋求生存，但我国现行的城乡分割的二元社会结构体制仍在很大程度上只接受作为劳动力的他们，而把他们"社会人"身份属性排斥在城市的大门之外。这种游离漂泊于城乡之间的生存方式对农村土地流转造成了多方面的影响。

正是基于自己到城里打工的经验，很多农民深刻地意识到"土地不会让自己失业"。土地是他们应对社会生存风险的最后的"退路"。也正是因为有了土地，他们才能放心地外出打工，形成一种"进可攻、退可守"的心理预期，也形成中国社会独特的社会稳定机制。不同的农民群

---

① 实际上，有些地方已经开始组建农机专业合作社运作模式，如福建省沙县就有这类合作社。

体，无论是"恋土"还是"厌土"，实际上都是"固土"的情感表达。也正是这种矛盾复杂的意识，使得大部分农民在愿意把土地流转出去的同时，却不愿意把土地长期性地流转出去。[①] 可以预见，在城镇化没有取得实质性突破的前提下，我国的土地流转将在很长的时期内维持现行状态。因此，要进一步推进土地流转，关键还在于如何在城镇化方面进行破题。在城镇化没有破题的情况下，无论是农民自己还是村集体、地方政府乃至国家在推进土地长期规模流转时必须慎之又慎。

很多学者认为，如果给予农民养老保障及其他社会保障，农民就更愿意流转甚至是交出土地，而事实上，农民是否愿意交出土地，涉及的因素非常多。其中既与地理环境差异，也与他们的社会生存处境有关。就当前的情况看，农民认可计划经济延续至今的脱离农民身份和土地的制度化方式（包括考上大中专学校并进入体制内单位就业），而对于其他的方式大都不认可。即使是靠近城郊的农民，他们也不会轻易放弃自己的宅基地和土地。这就可以理解，在既定体制下，为什么政府的征地拆迁始终遭遇到农民群体的强烈抵制。因此，未来我国土地制度变革设计的关键在于如何创新出一种能够让那些已经（打算）融入城镇的农民妥善地退出土地、退出乡村社会的机制。或者是创造另外一种机制，这种机制能够让他们依然拥有土地承包经营权的同时，实现土地的规模化集约化可持续经营。

就当前情况看，中国的土地流转似乎存在一个不可忽视的悖论现象。要实现土地的规模集约经营，不仅必须打破小农的分散细碎化的经营体制，同时也必须使农民在很长的时期内把自家承包地的经营权转让出去。而问题的关键在于，目前大多数农民既不认可"土地换社保"等土地完全退出方式（由此产生的流转交易成本也难以测算），也不愿意把自己的土地经营权长期流转出去。已有的研究普遍设定为只要农民获取了其他的有保障的非农就业途径，农民似乎就愿意把土地长期性地流转出去，甚至通过某种市场交换方式完全出让土地。殊不知，这只是研究者一厢情愿的假设而已。

如果我们把研究的视野放得再广再远一些，可以发现，在工业化的过

---

① 本课题组调查的县级案例中，只有福建省沙县的大部分农民愿意把土地长期流转出去，而这点和当地的"沙县小吃"产业发展相对稳定有直接关系。

程中，无论是英国的"圈地运动"，还是其他国家的土地流转方式，要想让农民离开土地退出乡村，都不是一件容易的事情，甚至可能是充满了血腥和暴力的过程。中国如今在很大程度上也在步其后尘。在多年的田野跟踪调查中，本研究认为，就当前社会发展形势而言，城镇化破题应采取"两头并进"的方式推进。一方面，从城镇的"源头"推进城镇化，即通过扩张现有城镇，做大做强已有的城镇规模，提高城镇化的质量，把城镇郊区的农民转变为城镇居民；另一方面则是从最农村的末梢——最偏远的农村地区着手推进新型城镇化，即把那些偏远村庄的农民直接迁移到城镇集中居住。这样做一方面可以降低城镇化成本，另一方面可以避免将来的二次城镇化问题。① 政府在推进这两种城镇化的过程中，都必须把行政手段与市场手段紧密结合起来，方可达成目标。

对于偏远的村庄而言，政府要做的是以移民建镇为目标，市场手段和行政手段并用，把这些村庄的农民分散迁移到不同的城镇定居。事实上，目前这些偏远山区的村庄因为大量农民外出务工，很多土地和林地已经处于抛荒或者无人管护的境地。如果把当地的农民外迁，则可以引入规模经营主体，通过股份制、专业合作社的形式建立现代农业经营制度，这样可以尽量避免土地林地抛荒现象，同时提升土地的规模化集约化经营水平。② 当然，这种城镇化模式在南方山区农村地带更为适用。

对于政府而言，推进山区农村地带的城镇化可谓一举多得。首先，从农村末梢推进城镇化，可以大大降低城镇化的经济成本，并快速有效地减少农村人口总量。其次，推进偏远农村地区的城镇化，往往可以把城镇化

---

① 例如，福建省曾经在 20 世纪 90 年代实行"造福工程"，把偏远山村的农民整体搬迁到生产生活条件更好的乡（镇）所在地或者中心村居住。不过，以这种方式搬迁的移民将来面临第二次城镇化问题，因为他们可能还将再次迁移到县城或者更大的地方。

② 有不少学者通过土地"证券化"来建立一种可持续的土地流转机制（阳国亮、何元庆，2003；刁怀远、刘峰，2005；王克强，2005；等）。其具体设计思路是把农民承包土地的权利所产生的潜在收益予以贴现，并以此作为使用权的资本价格进入市场交易。如邓大才认为，农用土地使用权的证券化就是把农用土地的使用权利或者土地所能够得到的收益变成资本市场上可销售和流通的金融产品的过程（邓大才，2003）。范恒森则指出，土地证券化，就是以一个自然村拥有的集体连片的土地为一组合，在地籍调查和土地评价的基础上根据土地等级（优等、中等、劣等），以评溢价或折价发行土地证券或土地使用证。这样，土地的流转，就变成了土地证券的供给者与需求者之间的交易关系，这也在一定程度上加快土地流转市场的建立和完善（范恒森，1995）。而曾庆芬则考察了土地银行运作的可行性（曾庆芬，2009）。

与扶贫开发结合起来，达到消除农村贫困的目的。最后，推进偏远山区的城镇化，可以更好地推进土地流转和土地规模经营，提高农业生产效益。

在具体操作中，可以由国家统一地进行布点，选取一些具备条件的山区县作为试点，通过多方面的政策扶持以推进这项试点工程①：（1）采取产业扶持政策，吸引鼓励在本地有发展优势的产业在当地县城、中心镇进行投资，以便为迁移入城创造长期的就业机会，这样可以使迁移入城的农民能够进得来、待得住；（2）政府投资并以成本价向农民提供住房，解决其居住问题；（3）引入现代性农业生产要素，对农民已经迁移入城村庄的农业产业结构进行升级改造，建立现代农业经营体制。

综上所述，如何积极稳妥地推进我国的农村土地流转是我国面临的世纪难题。而其背后反映出的是我国城镇化、现代化可能因此而"难产"的问题。当前，我国的土地流转已经处在一个新的起点，也是处在一个新的转折点。在这个过程中，我们一方面看到农民的土地流转意愿总体而言在不断提升，土地流转的规模在不断扩大，但我们也看到由此带来的农业生产"非粮化"甚至"非农化"倾向越来越凸显进而影响国家的粮食战略安全的问题；另一方面，我们也看到，国家和地方政府都在通过直接或者间接的政策干预，以试图引导土地流转朝良性循环方向发展，但结果往往事与愿违。与此同时，工商资本也瞄准农村土地流转中蕴藏的巨大商机而跃跃欲试进入农村土地流转市场，它们在能够提升农业发展效率的同时，也可能形成对农民构成一种新的市场化剥夺机制。因此，如何积极稳妥地协调处理好土地流转中农民、政府和市场的关系，始终是一项考验各相关利益主体包括研究者智慧的关键议题。

---

① 如福建省在 20 世纪 90 年代至今一直在实施扶贫搬迁造福工程，且总体成效不错。

参 考 文 献

（一）著作文献

A. R. 科恩：《农业均衡增长的制度及组织结构》，《现代国外经济学论文选》第 15 辑（外国经济学说研究会编），商务印书馆 1992 年版。

A. 恰亚诺夫：《农民经济组织》，萧正洪译，中央编译出版社 1996 年版。

H. 孟德拉斯：《农民的终结》，李培林译，社会科学文献出版社 2005 年版。

埃里克·沃尔夫：《乡民社会》，张恭启译，巨流图书公司，1983 年版。

车裕斌：《中国农地流转机制研究》，中国农业出版社 2004 年版。

陈传锋：《被征地农民的社会心理与市民化研究》，中国农业出版社 2005 年版。

道格拉斯·C. 诺思：《经济史中的结构与变迁》，陈郁、罗华平等译，上海人民出版社 1994 年版。

丁关良、童日晖：《农村土地承包经营权流转制度立法研究》，中国农业出版社 2009 年版。

杜赞奇：《文化、权力与国家——1900—1942 年的华北农村》，王福明译，江苏人民出版社 1994 年版。

费孝通：《江村经济——中国农民的生活》，江苏人民出版社 1986 年版。

费孝通：《乡土中国》，北京出版社 2005 年版。

韩立英：《土地使用权评估》，中国人民大学出版社 2003 年版。

胡德平主编：《〈中国"三农"政策及解读——土地承包·征用补偿〉

的政策法律选编》，研究出版社 2004 年版。

胡荣：《社会资本与地方治理》，社会科学文献出版社 2009 年版。

胡霞：《中国农业成长阶段论——成长过程、前沿问题及国际比较》，中国人民大学出版社 2011 年版。

黄宗智：《华北的小农经济与社会变迁》，中华书局 1996 年版。

贾生华等：《中国东部地区农地使用权市场发育模式和政策研究》，中国农业出版社 2003 年版。

科斯、阿尔钦、诺斯等：《财产权利与制度变迁——产权学派与新制度学派译文集》，刘守英等译，上海三联书店 1991 年版。

李成贵：《中国农业政策理论框架与应用分析》，社会科学文献出版社 2007 年版。

廖洪乐、习银生、张照新：《中国农村土地承包制度研究》，中国财政经济出版社 2003 年版。

林毅夫：《制度、技术与中国农业发展》，上海三联书店、上海人民出版社 1995 年版。

刘建平：《农业比较利益论》，华中科技大学出版社 2001 年版。

刘守英：《中国农地制度的结构与变迁》，《中外学者论农村》，华夏出版社 1994 年版。

陆学艺：《当代中国农村与当代中国农民》，知识出版社 1991 年版。

南亮进：《经济发展的转折点：日本经验》，关权译，社会科学文献出版社 2008 年版。

帕金斯：《中国农业的发展（1368—1968 年）（中译本）》，上海译文出版社 1984 年版。

王克强：《中国农村集体土地资产化运作与社会保障机制建设研究》，上海财经大学出版社 2005 年版。

王琢、许浜：《中国农村土地产权制度论》，经济管理出版社 1996 年版。

威廉·阿瑟·刘易斯：《二元经济论》，施炜、谢兵、苏玉宏译，生活·读书·新知三联书店 1989 年版。

西奥多·舒尔茨：《改造传统农业》，梁小民译，商务印书馆 1987 年版。

徐万山等主编：《农村改革的微观透视》，中国人民大学出版社 1991 年版。

叶剑平：《中国农村土地产权制度研究》，中国农业出版社 2000 年版。

张红宇、赵长保：《中国农业政策的基本框架》，中国财政经济出版社 2009 年版。

张乐天：《告别理想——人民公社制度研究》，东方出版中心 1998 年版。

张佩国：《地权分配·农家经济·村落社区——1900—1945 年的山东农村》，齐鲁书社 2000 年版。

张五常：《佃农理论：应用于亚洲的农业和台湾的土地改革》，易宪容译，商务印书馆 2000 年版。

张晓山等：《农民增收问题的理论探索与实证分析》，经济管理出版社 2007 年版。

郑景骥、葛云伦：《中国农村土地使用权流转的理论基础与实践方略研究》，西南财经大学出版社 2006 年版。

钟春平：《中国农业税与农业补贴政策及其效应研究》，中国社会科学出版社 2011 年版。

周其仁：《产权与制度变迁：中国改革的经验研究》，社会科学文献出版社 2002 年版。

周其仁：《农村改革与中国发展（上、下卷）（1978—1989）》，牛津大学出版社 1994 年版。

朱冬亮、贺东航：《集体林权制度改革与农民利益表达——福建将乐县调查》，上海人民出版社 2010 年版。

朱冬亮：《社会变迁中的村级土地制度》，厦门大学出版社 2003 年版。

（二）论文（网络）文献

Turner, R., Brandt, L. and Rozelle, S., Property Rights Formation and the Organization of Exchange and Production in Rural China, 中国农地制度与农业绩效国际研讨会论文，北京，1998 年。

"中国农村劳动力流动"课题组：《农村劳动力外出就业决策的多因素分析模型》，《社会学研究》，1997年第1期。

蔡昉、王美艳：《农村剩余劳动力及其相关事实的重新考察——一个反设事实法的应用》，《中国农村经济》，2007年第10期。

蔡昉：《"刘易斯转折点"近在眼前》，《中国社会保障》，2007年第5期。

蔡继明、程世勇：《农村建设用地流转和土地产权制度变迁》，《东南学术》，2008年第6期。

蔡志荣等：《农村土地流转中的十大关系探讨》，《安徽农业科学》，2010年第6期。

曹正汉：《产权的社会建构逻辑——从博弈论的观点评中国社会学家的产权研究》，《社会学研究》，2008年第1期。

曾庆芬：《村民视角审视农村土地银行的运行基础——以成都"试验区"为个案》，《中国土地科学》，2011年第7期。

陈成文、鲁艳：《城市化进程中农民土地意识的变迁——来自湖南省三个社区的实证研究》，《农业经济问题》，2006年第5期。

陈成文、赵锦山：《农村社会阶层的土地流转意愿与行为选择研究》，《湖北社会科学》，2008年第8期。

陈成文：《农村社会阶层对土地流转的影响研究》，《湖南师范大学学报》（社会科学版），2007年第1期。

陈剑波：《农地制度：所有权问题还是委托——代理关系?》，《经济研究》，2006年第7期。

陈锡文、韩俊：《如何推进农民土地使用权合理流转》，《学习与研究》，2002年第6期。

陈锡文：《当前农村改革发展的形势和总体思路》，《浙江大学学报》（人文社会科学版），2009年第4期。

陈锡文：《加快发展现代农业》，《求是》，2013年第2期。

陈锡文：《土地流转必须先"人"后"动地"》，《领导决策信息》，2002年第8期。

陈锡文：《现行土地政策的症结》，《中国改革》，1998年第8期。

陈晓夫、李孟军：《对农村土地承包经营权抵押贷款试点工作的思考》，《武汉金融》，2010 年第 5 期。

陈曜、罗进华：《对中国农村土地流转缓慢原因的研究》，《上海经济研究》，2004 年第 6 期。

戴中亮：《农村土地使用权流转原因的新制度经济学分析》，《农村经济》，2004 年第 1 期。

邓大才：《"小承包大经营"的"中农化"政策研究》，《学术研究》，2011 年第 10 期。

邓大才：《家庭土地承包权当前所面临的困境》，《农业经济问题》，1999 年第 2 期。

邓大才：《农村土地使用权流转难在何处》，《社会科学战线》，2000 年第 4 期。

邓大才：《试论农村土地承包权证券化》，《财经研究》，2003 年第 4 期。

刁怀远、刘峰：《农地承包经营权证券化：农户与贷款者间的信号博弈分析》，《经济与管理研究》，2005 年第 9 期。

刁孝堂、刘明月、李明其：《土地流转是统筹城乡发展的关键》，《探索》，2007 年第 6 期。

丁关良：《两类物权性质土地承包经营权流转之异同研究》，《农业经济》，2007 年第 11 期。

董国礼、李里、任纪萍：《产权代理分析下的土地流转模式及经济绩效》，《社会学研究》，2009 年第 1 期。

董正华：《小农制与东亚现代化模式——对台湾地区和韩国经济转型时期农业制度的考察》，《北京大学学报》（哲学社会科学版），1994 年第 3 期。

范恒森：《土地证券化与中国农业发展》，《经济研究》，1995 年第 11 期。

冯锋等：《基于土地流转市场的农业补贴政策研究》，《农业经济问题》，2009 年第 7 期。

福建省粮食局调控处课题组（执笔卢兆钟、陈扬玉）：《福建粮食供求趋势分析报告》，《福建粮食经济》，2007 年第 1 期。

付顺、崔永亮：《影响农村土地承包经营权流转的非制度因素分析》，

《农村经济》，2010 年第 2 期。

　　傅晨、范永柏：《东莞市农村土地使用权流转的现状、问题与政策建议》，《南方农村》，2007 年第 2 期。

　　甘庭宇：《土地使用权流转中的农民利益保障》，《农村经济》，2006 年第 5 期。

　　高雅：《河南省农村土地流转模式探析》，《河南农业科学》，2011 年第 2 期。

　　管兵：《管庄的土地转包》，《社会学研究》，2004 年第 1 期。

　　郭红东：《日本扩大农地经营规模政策的演变及对我国的启示》，《中国农村经济》，2003 年第 8 期。

　　郭熠、李富忠、张云华：《对我国土地承包经营权"永佃权化"的几点思考》，《生产力研究》，2009 年第 4 期。

　　国家计委价格司农本处：《我国主要农作物生产成本稳中有降》，《价格理论与实践》，2002 年第 6 期。

　　韩瑞云：《农村土地流转现状、问题及建议》，《经济论坛》，2007 年第 10 期。

　　贺卫华、闻洪涛：《农村土地征用中存在的问题及对策》，《辽宁教育行政学院学报》，2005 年第 9 期。

　　贺雪峰：《回到土地是农民最基础的人权》，《华中科技大学学报》（社会科学版），2009 年第 1 期。

　　贺振华：《农村土地流转的效率分析》，《改革》，2003 年第 4 期。

　　贺振华：《农户外出、土地流转与土地配置效率》，《复旦学报》（社会科学版），2006 年第 4 期。

　　侯东民、王德文、白南生、钱文荣、周祝平：《从"民工潮"到"返乡潮"：中国的刘易斯拐点到来了吗?》，《人口研究》，2009 年第 3 期。

　　胡荣华等：《农村土地流转的现状和对策研究——以南京市为例的分析》，《南京社会科学》，2004 年第 5 期。

　　华彦玲、施国庆、刘爱文：《发达国家土地流转概况》，《新农村》，2007 年第 2 期。

　　黄连贵、刘登高：《我国主要农产品成本收益的变化分析》，《农业技术经济》，1995 年第 3 期。

黄延廷：《论农村土地流转形式中的反租倒包》，《特区经济》，2010年第 4 期。

黄宗智：《三大历史性变迁的交汇与中国小规模农业的前景》，《中国社会科学》，2007 年第 4 期。

黄祖辉、王明：《农村土地流转：现状、问题及对策——兼论土地流转对现代农业发展的影响》，《浙江大学学报》（人文社会科学版），2008年第 2 期。

贾金荣、李瑞、雷小军：《农民收入问题及其农业经营中市场机制作用"被扭曲"的本质》，《西北农林科技大学学报》（社会科学版），2004年第 1 期。

江怡：《我国农村土地流转机制的实践意义及其反思》，《江汉论坛》，2012 年第 12 期。

姜长云：《农产品成本较快上升分析》，《宏观经济管理》，2009 年第1 期。

焦玉良：《鲁中传统农业区农户土地流转意愿的实证研究》，《山东农业大学学报》（社会科学版），2005 年第 1 期。

金松青、Klaus Deininger：《中国农村土地租赁市场的发展及其在土地使用公平性和效率性上的含义》，《经济学》（季刊），2004 年第 4 期。

康雄华：《农户农地流转决策影响因素分析》，《安徽农业科学》，2007 年第 13 期。

孔祥智、刘同山：《论我国农村基本经营制度：历史、挑战与选择》，《政治经济学评论》，2013 年第 4 期。

孔祥智：《"长久不变"和土地流转》，《吉林大学学报》（社会科学学版），2010 年第 1 期。

孔有利、周建涛、何家俊等：《从农业标准化生产角度审视分散经营制度缺陷》，《中国农学通报》，2008 年第 11 期。

冷淑莲、徐建平、冷崇总：《农村土地流转的成效、问题与对策》，《改革探索》，2008 年第 5 期。

李秉濬、谢玉仁：《我国农村土地改制度深化改革的趋向》，《厦门大学学报》（哲学社会科学版），1998 年第 1 期。

李春斌：《失地农民法律保障问题研究——从社会公正视阈》，《理论导刊》，2009 年第 8 期。

　　李功奎、钟甫宁：《农地细碎化、劳动力利用与农民收入——基于江苏省经济欠发达地区的实证研究》，《中国农村经济》，2006 年第 4 期。

　　李鹏：《燃油消费税提高中国农业成本》，http：//www. caijing. com. cn/2008 - 12 - 10/110036909 - . html。

　　李强：《关于国外人口流动研究文献的回顾》，《国外社会学》，1996 年第 3 期。

　　李雅莉：《河南省农村土地流转的现状及对策研究》，《河南师范大学学报》（哲学社会科学版），2011 年第 6 期。

　　李永年：《征地问题及制度改革的探讨》，《南方国土资源》，2003 年第 9 期。

　　林乐芬、赵倩：《推进农村土地金融制度创新——基于农村土地承包经营权抵押贷款》，《学海》，2009 年第 5 期。

　　林卿：《农村土地承包期再延长 30 年政策的实证分析与理论思考》，《中国农村经济》，1999 年第 3 期。

　　林毅夫：《90 年代中国农村改革的主要问题与展望》，《管理世界》，1994 年第 3 期。

　　刘甲鹏：《中国农地流转研究观点综述》，《学术动态》，2003 年第 6 期。

　　刘钧：《我国农业剩余劳动力供给的"刘易斯拐点"争议综述》，《经济学动态》，2011 年第 7 期。

　　刘克春、林坚：《农村已婚妇女失地与农地流转——基于江西省农户调查实证研究》，《中国农村经济》，2005 年第 9 期。

　　刘启明：《关于辽宁省农村土地使用权流转情况的调查报告》，《农业经济》，2002 年第 1 期。

　　刘守英：《中国的二元土地权利制度与土地市场残缺》，《农业经济导刊》，2008 年第 9 期。

　　刘旺洪、刘敏：《永佃权制度与中国农村土地制度创新》，《江苏社会科学》，1998 年第 6 期。

　　刘艳：《农地使用权流转研究》，东北财经大学博士论文，2007 年。

　　刘友凡：《稳定承包权，放活经营权》，《中国农村经济》，2001 年第

10 期。

陆学艺：《农村要进行第二次改革进一步破除计划经济体制对农民的束缚》，《中国农村经济》，2003 年第 1 期。

罗必良：《产权强度与农民的土地权益：一个引论》，《华中农业大学学报》（社会科学版），2013 年第 5 期。

马晓河、崔红志：《建立土地流转制度，促进区域农业生产规模化经营》，《管理世界》，2002 年第 11 期。

农业部课题组：《强化农业财政支持保护政策评析与建议》，《农村工作通讯》，2009 年第 5 期。

彭卫兵、张晓敏：《农村土地流转的再审视——以农村人多地少的基本矛盾为视角》，《中国土地科学》，2010 年第 1 期。

齐春宇：《农村改革：创新农村土地管理制度——〈中共中央关于推进农村改革发展若干重大问题的决定〉之土地制度评价》，《调研世界》，2009 年第 1 期。

钱忠好：《土地承包经营权市场流转：理论与实证分析——基于农户层面的经济分析》，《经济研究》，2003 年第 2 期。

钱忠好：《中国农村土地承包经营权的产权残缺与重建研究》，《江苏社会科学》，2002 年第 2 期。

秦立建、张妮妮、蒋中一：《土地细碎化、劳动力和转移与中国农户粮食生产——基于安徽省的调查》，《农业技术经济》，2011 年第 11 期。

邱幼云、程玥：《新生代农民工的乡土情结——基于杭州和宁波的实证调查》，《中国青年研究》，2011 年第 7 期。

渠敬东：《项目制：一种新的国家治理体制》，《中国社会科学》，2012 年第 5 期。

全国农村固定观察点办公室：《当前农村土地承包经营管理的现状及问题》，《中国农村观察》，1998 年第 5 期。

申静、王汉生：《集体产权在中国乡村生活中的实践逻辑——社会学视角下的产权建构过程》，《社会学研究》，2005 年第 1 期。

沈映春、周晓芳：《关于我国农村土地流转的中介机构研究》，《当代经济管理》，2009 年第 8 期。

史清华、徐翠萍：《农户家庭农地流转行为的变迁和形成根源》，《华南农业大学学报》（社会科学版），2007 年第 6 期。

宋林飞：《中国农村劳动力的转移与对策》，《社会学研究》，1996 年第 2 期。

孙中华、罗汉亚、赵鲲：《关于江苏省农村土地股份合作社发展情况的调研报告》，《农业经济问题》，2010 年第 8 期。

谭淑豪、曲福田、哈瑞柯：《土地细碎化的成因及其影响因素分析》，《中国农村观察》，2003 年第 6 期。

唐茂华、黄少安：《农业比较收益低吗？——基于不同成本收益核算框架的比较分析及政策含义》，《中南财经政法大学学报》，2011 年第 4 期。

王克强、蒋振声：《从地产对农民的生活保障效用谈农村社会保障机制建设的紧迫性》，《农业经济》，2000 年第 2 期。

王利明：《农村土地承包经营权的若干问题》，《中国人民大学学报》，2001 年第 6 期。

王树春、赵义：《农民工返乡对农地流转的影响分析》，《环渤海经济瞭望》，2009 年第 4 期。

王放：《中国城市化过程中的农村征地问题》，《中国青年政治学院学报》，2005 年第 6 期。

韦加庆：《国外土地制度变革对我国的启示》，《河北农业科学》，2010 年第 14 期。

魏沙平、蒋孝亮、田永：《重庆市北碚区三个行政村土地流转模式探析》，《中国发展》，2011 年第 2 期。

魏世军：《农村土地流转的制约因素与对策》，《西南民族大学学报》（人文社科版），2005 年第 8 期。

温铁军：《农民社会保障与土地制度改革》，《学习月刊》，2006 年第 10 期。

温兴琦、赵锡斌：《论城市化进程中失地农民的利益保障》，《宁波党校学报》，2003 年第 6 期。

武翔宇：《关于促进农村土地经营权抵押贷款发展的若干建议》，《农村经济》，2010 年第 11 期。

肖宇宁、徐婷：《关于失地农民权益问题的调查与思考——以武汉市郊县为例》，《南方国土资源》，2005 年第 11 期。

谢正磊、林振山、蒋萍莉：《基于农户行为的农用地流转实证研究》，《农业经济问题》，2005 年第 5 期。

熊万胜：《小农地权的不稳定性：从地权规则确定性的视角》，《社会学研究》，2009 年第 1 期。

阳国亮、何元庆：《土地证券化：土地经营权流转制度的探索》，《经济学动态》，2003 年第 6 期。

杨国玉、靳国峰：《对农村土地使用权流转理论与实践的思考》，《经济问题》，2003 年第 11 期。

杨丽：《农村土地承包经营权流转问题的思考》，《北京科技大学学报》（社会科学版），2009 年第 1 期。

杨学成、曾启：《试论农村土地流转的市场化》，《中国社会科学》，1995 年第 4 期。

杨学成：《关于农村土地承包 30 年不变政策实施过程的评估》，《中国农村经济》，2001 年第 1 期。

姚洋：《非农就业结构与农地使用权市场的发育》，《中国农村观察》，1999 年第 2 期。

姚洋：《中国农地制度：一个分析框架》，《中国社会科学》，2000 年第 2 期。

叶建平、姜研、丰雷：《中国农村土地流转市场的调查研究——基于 2005 年 17 省调查的分析和建议》，《中国农村观察》，2006 年第 4 期。

易晓燕、陈印军、孙俊立：《现行农地使用权流转的模式比较及效应评价》，《农业科技管理》，2009 年第 4 期。

于保平：《中国粮食生产 20 年》，《新华文摘》，2000 年第 5 期。

于建嵘：《当代中国农民的"以法抗争"——关于农民维权活动的一个解释框架》，《文史博览（理论）》，2008 年第 12 期。

于振荣、刘燕：《农地使用权的背景分析》，《大连海事大学学报》（社会科学版），2007 年第 4 期。

俞海、黄季焜、Rozelle，S. 等：《中国东部地区耕地土壤肥力变化趋势研究》，《地理研究》，2003 年第 3 期。

詹兆雄：《日本农业现代化的特点及其成因》，《农业经济导刊》，

2000 年第 11 期。

张丁、万蕾：《农户土地承包经营权流转的影响匀速分析——基于 2004 年的 15 省（区）调查》，《中国农村经济》，2007 年第 2 期。

张红宇：《中国农村土地产权政策：持续创新——对农地使用制度变革的重新评判》，《管理世界》，1998 年第 6 期。

张红宇：《中国农地调整与使用权流转：几点评论》，《管理世界》，2002 年第 5 期。

张静：《土地使用规则的不确定：一个解释框架》，《中国社会科学》，2003 年第 1 期。

张军：《农村土地流转存在的问题与对策思考》，《农业经济》，2007 年第 8 期。

张谋贵：《论我国农村集体土地使用权的流转》，《毛泽东邓小平理论研究》，2003 年第 5 期。

张献、郭庆海：《我国农村土地流转的历史追溯及经验启示》，《当代经济研究》，2012 年第 2 期。

张小军：《复合产权：一个实质论和资本体系的视角——山西介休洪山泉的历史水权个案研究》，《社会学研究》，2007 年第 4 期。

张小军：《象征地权与文化经济——福建阳村的历史地权个案研究》，《中国社会科学》，2004 年第 3 期。

张照新：《中国农村土地流转市场发展及其方式》，《中国农村经济》，2002 年第 2 期。

张正军：《农村土地流转中税收流失应予重视》，《四川财政》，2002 年第 10 期。

赵翠萍：《农村土地制度改革与农民土地权益的保护》，《求实》，2009 年第 6 期。

赵阳：《中国农地制度的产权特征》，《改革》，2004 年第 4 期。

折晓叶、陈婴婴：《产权怎样界定——一份集体产权私化的社会文本》，《社会学研究》，2005 年第 4 期。

折晓叶、陈婴婴：《资本怎样运作？——对改制中资本能动性的社会学分析》，《中国社会科学》，2004 年第 4 期。

浙江大学农业现代化与农村发展研究中心、浙江省农业厅联合调查组：《农村土地流转：新情况、新思考》，《中国农村经济》，2001 年第 10 期。

钟涨宝、陈小伍、王绪朗：《有限理性与农地流转过程中的农户行为选择》，《华中科技大学学报》（社会科学版），2007 年第 6 期。

钟涨宝、狄金华：《农村土地流转与农村社会保障体系的完善》，《江苏社会科学》，2008 年第 1 期。

钟涨宝、汪萍：《农地流转过程中的农户行为分析——湖北、浙江等地的农户问卷调查》，《中国农村观察》，2003 年第 6 期。

钟涨宝：《农地流转过程中的农户行为分析》，《中国农村观察》，2003 年第 6 期。

周天勇：《中国的刘易斯拐点并未来临》，《江苏农村经济》，2010 年第 11 期。

朱冬亮、贺东航：《新集体林权制度改革与耕地承包制改革的对比分析及启示》，《马克思主义与现实》，2009 年第 2 期。

朱冬亮、程玥：《新集体林权制度改革中的林权纠纷及原因分析》，《甘肃行政学院学报》，2009 年第 6 期。

朱冬亮、贺东航：《政策供给与农民需求——征地拆迁难题的原因及机制分析》，《探索》，2009 年第 4 期。

朱冬亮：《村庄社区产权实践与重构——关于集体林权纠纷的一个分析框架》，《中国社会科学》，2013 年第 11 期。

朱冬亮：《当前农村土地纠纷及其解决方式》，《厦门大学学报》（哲学社会科学版），2003 年第 1 期。

朱冬亮：《集体林权制度改革中的社会排斥机制分析》，《厦门大学学报》（哲学社会科学版），2007 年第 3 期。

朱冬亮：《建国以来农民地权观念的变迁》，《马克思主义与现实》，2006 年第 6 期。

朱冬亮：《农民眼中的土地延包"30 年不变"——基于信访材料的分析》，《中国农村经济》，2001 年第 2 期。

朱冬亮：《土地调整：农村社会保障与农村社会控制》，《中国农村观察》，2002 年第 3 期。

朱冬亮：《土地延包"30 年不变"的再认识》，《农业经济问题》，

2001 年第 1 期。

朱冬亮、高杨:《农户种粮意愿弱化与粮食种植业退化状况分析——基于闽赣鄂浙 32 村 486 户的调查》,《集美大学学报》,2013 年第 4 期。

朱玲:《农地分配中的性别平等问题》,《经济研究》,2000 年第 9 期。

祝金甫、冯莉:《农村土地流转存在的问题及对策》,《宏观经济管理》,2011 年第 8 期。

邹伟、吴群:《基于交易成本分析的农用地内部流转对策研究》,《农村经济》,2006 年第 12 期。

贺雪峰:《不要制造大户种粮高产的神话》,http://www. caogen. com/blog/infor_ detail/56893. html. 2014。

(三) 外文文献

Assuncao, J., Ghatak, M., Can Unobserved Heterogeneity in Farmer Ability Explain in the Inverse Relationship between Farm Size Productivity, *Economics Letters*, No. 80, 2003.

Barrows, R. and Roth, M., Land Tenure and Investment in African Agriculture: Theory and Evidence, *The Journal of Modern African Studies*, Vol. 28, No. 2, 1999.

Basu Arnab K. Oligopsonistic Landlords, Segmented Labour Markets, and the Persistence of Tier – labour Contracts, *American Agricultual economics Association*, No. 2, 2002.

Benjamin, D., Brandt, L. Property Rights, Labor Markets, and Efficiency in a Transition Economy: the Case of Rural China. *Canadian Journal of Economics*, Vol. 35, No. 4. 2002.

Berkes, F., *Sacred Ecology – traditional Ecological Knowledge and Resource Management*, Taylor & Francis, USA, 1999.

Berkes, F., Colding, J. and Folke, C., Rediscovery of Traditional Ecological Knowledge as Adaptive Management, *Ecological Applications*, Vol. 10, No. 5, 2000.

Biesbrouck, K., New Perspectives on Forest Dynamics and the Myth of

"Communities": Reconsidering Co – management of Tropical Rainforests in Cameroon, *IDS Bulletin-institute of Development Studies*, Vol. 33, No. 1, 2002.

Binswanger, H, P, Rosenzweig, M, R. Behavioral and Material Determinants of Productions in Agriculture, *Journal of Development Studies*, Vol. 22, No. 22, 1986.

Binswanger, Hans, P. , Deininger, K. , Feder, G. , Power, Distortions, Revolt and Reform in Agricultural Land Relations. *Handbook of Developmet Economics*, 1995.

Blaikie, P. and Brookfield, H. , *Land Degradation and Society*. New York: Methuen, 1987.

Bruce G. Carruthers and Laura Ariovich, The Sociology of Proprerty Rights, *Annual Review of Sociology*, No. 30, 2004.

Carney, J. , Converting the Wetlands, Engendering the Environment, *Economic Geography*, Vol. 69, No. 4, 1993.

Carter, M, R. , Yao, Y. *Administration vs. Market Land Allocation in Rural China*. Mimeo, 1998.

Carter, M. R. , Roth, M. , Liu, Shouying. and Yao, Yang. *An Empirical Analysis of the Induced Institutional Change in Post – Reform Rural China*. Mimeo: Department of Agricultural and Applied Economics, University of Wiscosin – Madison, 1996.

Deininger, K. , Jin, Songqing. , The Potential of Land Markets in the Process of Economic Development: Evidence from China. *Journal of Development Economics*, Vol. 78, No. 1, 2005.

Demsetz, H. Toward a Theory of Property Rights, *The American Economic Review*, Vol. 57, No. 2, 1967.

Dong, X, Y. , Two – Ter Land Tenure and Sustained Economic Growth in Post – 1978 Rural China. *World Development*,

Ellsworth, L. , A Place in the World: Tenure Security and Community Livelihoods, A Literature Review. *Forest Trends*, 2002.

Feder, G. , Onchan, T. , Chalamwong, Y. and Hongladarom, C. ,

Land Policies and Farm Productivity in Thailand. Johns Hopkins Press, 1998.

Fey, C., Review of Legal Frameworks for Community – based Natural Resource Management in Selected Asian Countries (Draft), *World Agro forestry Centre*, 2007.

Hardin, G., "The Tragedy of the Commons", *Science*, No. 162, 1968.

Heltberg, R., Property Right and Natural Resource Management in Developing Countries, *Journal of Economic Surveys*, Vol. 16, No. 2, 2002.

Heltberg, R., Property Right and Natural Resource Management in Developing Countries, *Journal of Economic Surveys*, Vol. 16, No. 2, 2002.

Jodha, N. S., Rural Common Property Resources: Contributions and Crisis, *Economic and Political Weekly*, Vol. 25, No. 26, 1990.

Judd, Ellen R., *Gender and Power in Rural North China*, Stanford University Press, 1994.

Klooster, D., Institutional Choice, Community, and Struggle: a Case Study of Forest Co – management in Mexico, *World Development*, Vol. 28, No. 1, 2000.

Krusekopf, C., Diversity in Land – tenure Arrangements Under the Household Responsibility System in China, *China Economic Review*, Vol. 13, No 2, 2002.

Kung, James K. S., Off – Farm Labor Market and the Emergence of Rental Markets in Rural China. *Journal of Comparative Economics*, Vol. 30, 2002.

Liu, S Y., Carter, M. R, Yao, Y., Dimensions and Diversity of Property Rights in Rural China: Dilemmas on the Road to Further Reform. *World Development*, Vol. 26, No. 10, 1998.

Lovera, S., Pollini, J., Sena, K., Borrini – Feyerabend, G. etal. *The hottest REDD issues: Rights, Equity, Development, Deforestation and Governance by Indigenous Peoples and Local Communities*, CEESP, 2008.

Pearce, D. W. and Turner, T. K., *Economics of Natural Resources and the Environment.* Hemel Hempstead: Harvester Wheatsheaf, 1990.

Prosterman, R., Hanstad, T. and Li, P., Can China Feed Itself? *Sci-*

entific American, Vol. 6, 1996.

Redfield, R., *Peasants and Society: An Anthropological Approach to Civilization*, University of Chicago Press, 1956.

Scott, J., *The Moral Economy of the Peasant*, Yale University Press, 1976.

Seabright, P., Managing Local Commons: Theoretical Issues in Incentive Design, *Journal of Economic Perspectives*, Vol. 7, No. 4, 1993.

Shanin, Teodor, "Short Historical Outline of Peasant Studies", in (Shanin ed.) *Peasants and Peasant Society*, 1987.

Smil, Valav., *China's Agricultural Land*, The China Quarterly Nov. 128, 1999/June.

Terry, V. D., Scenarios of Central European Land Fragmentation, *Land Use Policy*, No. 20, 2003.

Wang, J. R., Cail, L., Cramer, E, J., Production Efficiency of Chinese Agriculture: Evidence from Rural Household Datas, *Agricultural Economics*, No. 15, 1996.

Zhang, Wei Fang., Makeham, J. Recent Development in the Market for Rural Land Use in China. *Land Economics*, Vol. 2, 1992.

后　记

　　历经断断续续的十年特别是近四年的实地调查，作为本课题的总负责人，作者终于有时间静下心来，撰写本课题的阶段性研究成果报告。当重新开始阅读学生们整理出来的这些资料，特别是阅读那数百户农户的访谈录音资料时，作者仍然感慨万千，那是一段段难忘的研究经历，更是一段段难忘的岁月。此刻，自己仿佛又回到那一幕幕的田野调查访问场景，那一片片的田野，一个个的村庄，一个个朴实无华的农民兄弟们，一个个和我们促膝长谈的鲜活的农民特有面孔……正是他们，为我们的课题调查研究提供了丰富鲜活的资料，也正是他们，构成了中国的农民群体，构成了中国的农业和农村，也凝结成延续至今的"三农"问题。回想起他们的谈论或者亲眼看到他们在土地里刨根掘食的场景，我们更加深刻地明白，他们为什么会对土地怀有如此复杂的情感。而正是这种复杂的情感，塑造了这个国家农民生活的人生百态。

　　认真地阅读那数百万字的访谈资料，从那字里行间里，我们仍然深深地感动于农民们对这个国家的付出，对这个社会的贡献。他们不仅生产出廉价的粮食，为社会提供农业安全保障，同时也向城市提供充足的劳动力。他们是这个国家，这个社会和谐稳定、幸福安康的根基。在这个前所未有的现代化转型过程中，或许他们也时有怨言，但那是对自己生活贫困和社会对他们不公的一种特有的表达。在调查中，我们能够切身地感受到，他们几乎每一个人都在努力地试图改变自己的生活，改变自己的命运，一如他们的先辈。就像他们始终在默默地耕耘着脚下的这片土地一样。他们对这片土地依然充满深情，依然充满希望。留守家乡的老人，他们在守望着家乡的土地和山林，不舍不弃。而外出闯荡的青年人，他们相信，家乡的土地和山林始终是他们安心外出遮风避雨的心灵港湾。

在这个时候，作者再一次想起和自己一起走村串户的硕士和博士生们。他们是邱幼云、肖佳、张梅、刘华兰、王威、高杨、李金宇、江金娟、崔云霞、蔡惠花、黄增付、谢冰露、洪利华、朱婷婷、王洪雷、李艺宝、王美英等。他们中的大多数人多年跟随我"走南闯北"，冒着冬寒夏暑，走村入户，与农民促膝访谈，发放调查问卷，并把一个个访谈录音整理出来，这是一项常人难以想象的体力和脑力劳动。如今，他们多半已经走上社会，走上自己的工作岗位。在厦大求学的过程中，他们已经深刻地认识到，读万卷书，更要行万里路。这是人生的一个难得的历练过程。借此机会，作者再次对他们的辛勤付出表示诚挚的感谢。

在此，作者也要对我的爱人表示特别的谢意。由于长期在外出差从事田野调查，她一个人默默地承担了几乎所有的家务，同时还要抚养我们的孩子。而她自己还要攻读并最终完成硕士、博士学位，甚至还从事博士后研究工作。她的辛勤付出让我始终有一种深深的亏欠感，同时也对她充满了钦佩之情。